AF547007

Rolf Hosfeld

Tod in der Wüste

Rolf Hosfeld

Tod in der Wüste

Der Völkermord an den Armeniern

C.H.Beck

Mit 18 Abbildungen und 1 Karte (© Peter Palm, Berlin)

2. Auflage 2015

© Verlag C. H. Beck oHG, München 2015
Satz: Janß GmbH, Pfungstadt
Druck und Bindung: CPI – E & S, Ulm
Umschlaggestaltung: Kunst oder Reklame, München
Umschlagabbildung: Armenische Mutter mit Kindern während der Deportation
© picture alliance/CPA Media Co.
Gedruckt auf säurefreiem, alterungsbeständigem Papier
(hergestellt aus chlorfrei gebleichtem Zellstoff)
Printed in Germany
ISBN 978 3 406 67451 8

www.beck.de

Inhalt

1.
Aghet

Henry Morgenthau, der amerikanische Botschafter in Konstantinopel, dem heutigen Istanbul, telegrafierte am Abend des 31. Juli 1915 an das State Department in Washington: «Dr. Lepsius (...) hat aus verlässlicher Quelle erfahren, dass Armenier, zumeist Frauen und Kinder, deportiert aus dem Erzurum-Gebiet, nahe Kemah zwischen Erzincan und Harput massakriert worden sind.»[1] Johannes Lepsius, der Vorsitzende der vom Auswärtigen Amt unterstützten Deutsch-Armenischen Gesellschaft, war am 24. Juli in der osmanischen Hauptstadt eingetroffen. Die Geschichte dieser Reise ist Thema in Franz Werfels Roman *Die vierzig Tage des Musa Dagh*, und sie beruht auf einer wahren Begebenheit. Es waren Kriegszeiten, und beunruhigende Nachrichten über das Schicksal der Armenier im mit Deutschland verbündeten Osmanischen Reich hatten diese Reise veranlasst.

Der von Morgenthau zitierte Bericht über große Massaker in der Kemah-Schlucht am oberen Euphrat gehörte zu den ersten Schreckensmeldungen, die Lepsius hier von den beiden Augenzeugen Thora von Wedel und Eva Elvers erfuhr. Am 21. Juli waren die Krankenschwestern bei Generalkonsul Johann Heinrich Mordtmann in der deutschen Botschaft erschienen, um ihm über das zu berichten, was sie erlebt hatten. Mordtmann fand ihre Schilderungen durch gleichlautende Zeugnisse des österreichischen Naturforschers und Gebirgsjägers Victor Pietschmann bestätigt[2], und ihn, den in Istanbul geborenen eigentlichen Orientexperten unter dem Botschaftspersonal, wird die Nachricht weniger überrascht haben als Morgenthau. Seit dem Beginn des Weltkriegs hatte sich die Stimmung gegenüber den osmanischen Armeniern spürbar verschlechtert. Es hatte Hausdurchsuchungen, irreguläre Requisitionen, Verhaftungen und politische Morde gegeben. Im Winter wurden armenische Siedlungen im Grenzgebiet zum Iran von Massakern heimgesucht. Im späten Frühjahr 1915 begann eine systematische Deportation der armenischen Bevölkerung aus dem Osten Anatoliens. Ganze Ortschaften, Stadtteile und Landschaften wurden zwangsweise geräumt und die Armenier auf langen Märschen in den Süden geschickt. Das alles blieb nicht unbemerkt. Überall im Land gab es deutsche Konsulate, Militärs, Missionsstationen, Krankenhäuser und Schulen sowie Mitarbeiter der Bagdadbahn und Geschäftsleute, die an die Botschaft in Istanbul berichteten, was sie im Innern des Landes beobachten konnten.

Diese Berichte waren Mordtmann bekannt. Zunehmend verdichtete sich für ihn und die Botschaftsangehörigen das Gesamtbild zu dem Eindruck, dass hier eine ethnische «Säuberung» vor sich ging, die kollektiv eine zum «inneren Feind» erklärte Bevölkerungsgruppe betraf. Bereits am 6. Juni hatte Mehmet Talaat, der osmanische Innenminister, ihm gegenüber offen erklärt, es sei die Absicht seiner Regierung, den Weltkrieg zu benutzen, «um mit ihren inneren Feinden – den einheimischen Christen aller Konfession – gründlich aufzuräumen, ohne durch diplomatische Interventionen des Auslands gestört zu werden».[3] Botschafter Hans von Wangenheim telegraphierte am 7. Juli an Reichskanzler Theobald von Bethmann-Hollweg auf der Grundlage von präzisen Informationen aus den ihm bis dahin aus allen Landesteilen zugegangenen Berichten, es stehe nun außer Zweifel, «dass die Regierung tatsächlich den Zweck verfolgt, die armenische Rasse im türkischen Reiche zu vernichten».[4] Das war eine eindeutige Aussage, und Wangenheim, ein geschulter Diplomat mit langjährigen Erfahrungen im Auswärtigen Dienst, war kein Mann, ein solches Urteil über einen Kriegsverbündeten leichtfertig zu fällen. Es bedeutet nicht mehr und nicht weniger, als dass die deutsche Politik spätestens Anfang Juli 1915 zu der Erkenntnis gekommen war, dass die Deportationen und Massaker, die man verstärkt seit den Frühlingsmonaten in den anatolischen Provinzen beobachten konnte, dem erklärten Ziel dienten, eine ethnische

Gruppe – die osmanischen Armenier – systematisch der Vernichtung zuzuführen – und dies als Ergebnis einer staatlich gelenkten Politik.

An jenem 7. Juli sprach Morgenthau mit dem österreichisch-ungarischen Botschafter Pallavicini über die armenische Frage, und wie man seinem Tagebuch entnehmen kann, war er sich über das Ausmaß der Ereignisse bei weitem nicht so sehr im Klaren wie Wangenheim. Von Exzessen ist dort die Rede, aber keineswegs von systematischer Vernichtungspolitik. Ansonsten galt seine Hauptaufmerksamkeit an diesem Tag in erster Linie der Deportation von 280 000 Juden aus dem baltischen Kurland durch die russische Armee und dem Bedauern darüber, dass britische Interventionsversuche in Petrograd zu dem ernüchternden Ergebnis geführt hatten, man werde unter keinen Umständen eine Einmischung von außen in die inneren Angelegenheiten des Zarenreichs zulassen.[5]

Zivilisten waren in diesem Krieg, wie in den vorausgegangenen Balkankriegen, von Anfang an Ziele der Kriegsführung. Das Osmanische Reich hatte 1912/13 fast alle europäischen Territorien verloren. Vor allem aber waren die Kriege auf dem Balkan ethnische Feldzüge, die in die Hunderttausende gehende Todesraten unter den Betroffenen aller Ethnien und Religionen verursachten, zur Zerstörung ganzer Regionen führten, große Flüchtlingsströme hervorbrachten, und eine Kultur der unkontrollierten Gewalt gegen die Zivilbevölkerungen – Bulgaren gegen Griechen und umgekehrt, Serben gegen Albaner und umgekehrt, Christen gegen Muslime und umgekehrt – zum akzeptierten Mittel der Politik werden ließen.[6]

Der Erste Weltkrieg begann im August 1914 mit den sogenannten belgischen Gräueln, die in Wahrheit auch französische Gräuel waren, als insgesamt 6427 Zivilisten während der Invasion einer deutschen Paranoia über angebliche Hinterhalte von Freischärlern zum Opfer fielen.[7] Später gab es deutsche Pläne, in Osteuropa durch die dauerhafte Zwangsumsiedlung der polnischen Grenzbevölkerung eine «völkische Militärgrenze» gegen die Russen einzurichten[8], die allerdings nie umgesetzt wurden. 143 000 Serben kamen Anfang 1916 bei Todesmärschen im Militärbereich der Habsburger und Bulgaren ums Leben.[9] In

Russland wurden in den ersten drei Kriegsjahren etwa sechs Millionen Zivilisten, Hunderttausende von Juden, deutsche Minderheiten, Bewohner der baltischen Gebiete, Roma und Muslime aus dem Kaukasus und Zentralasien, die man alle aus ethnischen Gründen als potentielle innere Feinde und «unzuverlässige» Bevölkerungsteile betrachtete, Opfer einer militärischen Deportationspolitik.[10] Auch hier gab es Pläne zu einer dauerhaften Russifizierung von Grenzregionen.[11]

Aber, und das war der entscheidende Unterschied zu Talaats Ankündigung gegenüber Mordtmann: Man wollte deshalb nicht gründlich mit bestimmten Ethnien aufräumen, weil niemand die Absicht hatte, das russische Vielvölkerreich im Krieg zu zerstören, selbst wenn es kriegsbedingte Koinzidenzen gab. Bis zu einem gewissen Punkt konnte man Parallelen zwischen der osmanischen und der zarischen Bevölkerungspolitik beobachten, die sich beide im Frühjahr 1915 radikalisierten, als die Kriegslage kritisch wurde.[12] Die Ankündigung des Innenministers Talaat vom 6. Juni bedeutete aber weit mehr als die einer kriegsbedingten Deportation. Es war die Ankündigung einer neuen und im Kern türkischen Ordnung nach dem Krieg, die man nur erreichen konnte, wenn man die sogenannten inneren Feinde nicht nur in andere Regionen des Landes deportierte, sondern sie regelrecht verschwinden ließ. Die Ankündigung einer solchen innenpolitischen Radikalmaßnahme hatte es in der Geschichte bisher nicht gegeben. Sie hatte, im Unterschied zu der zweifellos ebenfalls rücksichtslosen militärischen Deportationspolitik der Russen, eine ausgesprochen apokalyptische Komponente – was unter anderem etwas damit zu tun hatte, dass die modernen und diktatorisch herrschenden zivilen Führungseliten des Osmanischen Reichs stark von ideologischen Motiven geleitet waren. Das unterschied sie von den Militärs, die in Russland für die Deportationen verantwortlich waren und in Petersburg zudem einem traditionellen bürokratischen System von *checks and balances* unterworfen waren.[13] Dieser Unterschied ist für das Verständnis der Vorgänge von wesentlicher Bedeutung. Es ging nicht um Umsiedlung oder Vertreibung, sondern um eine Politik der gezielten Vernichtung.[14] Wangenheim und die deutsche Reichsregierung wussten das spätestens

Anfang Juli 1915. Auch Morgenthau vermutete bald, die Deportationen im Innern Anatoliens könnten auf einen Prozess der «Rassenvernichtung» hinauslaufen.[15] Dieses Bild setzte sich langsam aus einer Vielzahl von Einzelbeobachtungen zusammen.

Folgendes, so der in Morgenthaus Kabel an das State Department zitierte Bericht von Lepsius, hatte sich im späten Frühjahr am oberen Euphrat zugetragen. Am 10. Juni 1915 war eine Kolonne armenischer Deportierter unter Kreuzfeuer genommen worden, als sie die Engpässe nahe der Kemah-Schlucht erreichte. «Vorn sperrten Kurden den Weg, hinten waren Miliztruppen», so Thora von Wedel, die von türkischen Soldaten alle Details erfahren hatte: «Zuerst wurden sie völlig ausgeplündert, dann in der scheußlichsten Weise abgeschlachtet und die Leichen in den Fluss geworfen.»[16] Drei Tage lang hielt das Gemetzel an. Am vierten Tag rückte die 86. Kavalleriebrigade aus, angeblich um das Morden zu beenden. Doch in Wirklichkeit hatten sie in der Schlucht armenische Frauen und Kinder umstellt und niedergemacht. Es sei, berichtete ein türkischer Soldat, der dabei war, so befohlen gewesen.

Vier Stunden hat die Schlächterei der Armee am 13. Juni gedauert, von elf Uhr morgens bis nachmittags um drei.[17] Die Aktion war offensichtlich gut vorbereitet. «Man hatte Ochsenkarren mitgebracht, um die Leichen in den Fluss zu schaffen und die Spuren des Geschehens zu verwischen», so Thora von Wedel: «Nach der Metzelei wurde mehrere Tage in den Kornfeldern von Erzincan Menschenjagd gehalten, um die vielen Flüchtlinge abzuschießen, die sich darin versteckt hatten.»[18] Insgesamt sind allein zwischen dem 10. und 14. Juni 1915 20 000 bis 25 000 Menschen in der Kemah-Schlucht einer Vernichtungsorgie von Militär, Gendarmerie, Spezialeinheiten und irregulären Banden zum Opfer gefallen.[19]

Die Deportationen waren offensichtlich im oberen Euphrattal und, wie Lepsius in Erfahrung bringen konnte, auch an anderen Orten Ostanatoliens, von regelmäßigen Massakern begleitet.[20] Hier lag eindeutig keine militärische Präventivstrategie vor. Es war politischer Vernichtungswille am Werk, dem allein während der Kriegsjahre 1915/16 etwa 1,1 Millionen Armenier und in geringerem Ausmaß auch andere orientalische Christen zum Opfer fielen. Wahrscheinlich mehr als 150 000 Armenier überlebten durch Zwangskonversion zum Islam, indem sie sich zu Türken assimilierten. Einer unbestimmten Zahl gelang die Flucht, meist über die russische Grenze.[21] Die direkte physische Vernichtung setzte im Osten Anatoliens oft schon unmittelbar nach der Vertreibung aus den Dörfern und Städten ein und betraf in diesem Stadium in erster Linie Männer. Die langen Zwangsdeportationen gingen dann unterwegs mit kalkuliert hohen Todesraten einher. Bei der Art und Weise, wie diese Vertreibungen stattfanden, war nach Beobachtungen des deutschen Konsulats in Aleppo ohne Zweifel eine tödliche «Methode» der intentionalen Dezimierung zu beobachten.[22] In den meisten Fällen hatten sie die mesopotamische Wüste zum Ziel, in der ein Überleben ohnehin so gut wie unmöglich war, was einer systematisch durchdachten und die Erfahrungen früherer osmanischer Praktiken aufnehmenden Absicht folgte[23], die sich während ihrer Durchführung kumulativ zu einer zweiten großen Massakerwelle 1916 radikalisierte.

Eine stufenweise Radikalisierung war schon bei der Entscheidung über das Deportationsziel selbst zu beobachten. Die «Exterminierung der armenischen Rasse», urteilte der österreichisch-ungarische Geschäftsträger Graf Trauttmansdorff Ende September 1915, sei zu diesem Zeitpunkt «zu einem großen Teile gelungen», und er führte die schrittweise Entwicklung zu einer Politik der Vernichtung während des Frühjahrs auf die «praktische Undurchführbarkeit» einer Massenausweisung zurück.[24] Dazu gibt es auch in osmanischen Dokumenten deutliche Anhaltspunkte. Am 2. Mai 1915 etwa wurde von Mustafa Ismet (Inönü) als Repräsentant des Oberkommandos der osmanischen Armee noch der Gedanke in Erwägung gezogen, die armenische Bevölkerung der anatolischen Ostprovinzen über die russische Grenze zu vertreiben oder sie in verschiedenen Teilen des Landes mit dem Ziel der Assimilation anzusiedeln.[25] Dabei handelte es sich um regionale Planspiele von militärischer Seite, die in kürzester Zeit der radikaleren Lösung einer totalen Verschickung in die Wüste Platz machten, die dann unter der bevölkerungspolitischen Ägide des Innenministeriums stattfand. Das alles, so der im Herbst 1915 ermordete armenische Gelehrte und Politiker Diran Kelekian, lief schließlich mit mathematischer Genauigkeit ab[26], mit einer Präzision, die nach den Worten der *New York Times* niemand den Türken zugetraut hatte.[27]

Anfang August 1915 schrieb Lepsius aus Istanbul an seine Frau Alice: «Es ist unsagbar, was geschehen ist, und noch geschieht. Die vollkommene Ausrottung ist das Ziel – alles unter dem Schleier des Kriegsrechtes. Vorläufig ist nicht mehr dazu zu sagen.»[28] Es waren die von Franz Werfel geschilderten Tage der Belagerung des Berges Musa Dagh am Mittelmeer, auf den sich etwa fünftausend Armenier auf der Flucht vor ihren Verfolgern zurückgezogen hatten, als Lepsius am 10. August 1915 durch Vermittlung des Auswärtigen Amts und der deutschen Botschaft zu einer Audienz bei Kriegsminister Enver Pascha empfangen wurde. Die Hintergründe dieses keineswegs selbstverständlichen Treffens sind bis heute nicht vollständig aufgeklärt und lassen sich vermutlich auch nicht mehr aufklären. Mit Sicherheit hatte die deutsche Reichsregierung zu diesem Zeitpunkt ein hohes Interesse daran, mäßigend auf ihren türkischen Bündnispartner einzuwirken. Die deutsche Botschaft in Istanbul allerdings bezweifelte jede Aussicht auf Erfolg.[29] Enver seinerseits war an einer gewissen Rückendeckung der Deutschen gelegen[30], bis zunehmende Erfolge bei der Verteidigung der strategisch wichtigen Dardanellen und das damit verbundene wachsende türkische Selbstbewusstsein dazu führten, jede Rücksichtnahme fallen zu lassen. «Die türkische Regierung», so ein zusammenfassendes Urteil des deutschen Botschafters Paul Wolff-Metternich zur Gracht ein Jahr später, «hat sich in der Durchführung ihres Programms: Erledigung der armenischen Frage durch die Vernichtung der armenischen Rasse, weder durch unsere Vorstellungen noch durch die Vorstellungen der amerikanischen Botschaft und des päpstlichen Delegaten, noch durch Drohungen der Ententemächte, am allerwenigsten aber durch die Rücksicht auf die öffentliche Meinung des Abendlandes beirren lassen.»[31] Diese Erfahrung musste bereits Lepsius bei seiner Audienz im August 1915 machen.

Er hat ein Protokoll dieses Gesprächs im Kriegsministerium angefertigt. «Ich übernehme die Verantwortung für alles», sagte der dreiunddreißigjährige Enver in fließendem Deutsch, als ihn Lepsius auf die Vorgänge im Inneren ansprach, und holte dann zu einem langen Vortrag aus, in dem er über die militärischen Notwendigkeiten dozierte, die in der Kriegszeit das Vorgehen gegen die revolutionären Elemente des Reichs zur Pflicht gemacht hätten. «Ich selbst glaube nicht an eine armenische Verschwörung», hielt ihm Lepsius entgegen und fragte, ob es denn dafür irgendwelche handfesten Beweise gäbe. In diesem Augenblick setzte Enver ein überlegenes Lächeln auf und antwortete: «Dessen bedarf es nicht, wir kommen selbst von der Revolution her und wissen, wie so etwas gemacht wird.» Fast wörtlich sagte er dasselbe bei anderer Gelegenheit auch zu Morgenthau.[32] Er fügte gegenüber Lepsius hinzu: «Wir können mit unseren inneren Feinden fertig werden. Sie in Deutschland können das nicht. Darin sind wir stärker als Sie.»[33]

In dem Enver dieses Gesprächs hat Franz Werfel, der Lepsius' Protokoll kannte, einen Typus wiederentdeckt, der ihm auf eine irritierende Weise vertraut vorkam, seit Franz Kafka ihm im Dezember 1914 seine noch unveröffentlichte Erzählung *In der Strafkolonie* vorgelesen hatte.[34] Der dort geschilderte Offizier, der eine Foltermaschine verwaltet, war keineswegs roh oder grausam. Er war amoralisch. Als Psychogramm der jungtürkischen Führungsschicht war diese Charakterisierung keineswegs überzogen. Sie bestand aus Männern mit einer, wie Werfel schreibt, «fassungslosen Verehrung» für alles Moderne.[35] Norman Naimark charakterisierte sie als Avantgarde einer künstlich importierten Hochmoderne in einem vormodernen Staat.[36] Sie verfügten dabei über absolut funktionale Moralvorstellungen. «Ich bin der Überzeugung, dass die Welt es bewundert und moralisch für gerechtfertigt hält, wenn eine Nation die eigenen Interessen an die erste Stelle setzt und damit Erfolg hat», pflegte Innenminister Mehmet Talaat, der neben Enver zweite Hauptverantwortliche für die Armenierverfolgungen, zu sagen.[37] Er wurde von Zeitgenossen als ein vollkommen irreligiöser, kühl berechnender Mensch beschrieben[38], dessen Blicke nie etwas über seine Absichten verrieten.[39]

Ismail Enver, wie Werfel ihn ausgesprochen kenntnisreich schildert, empfand sich in gleicher Weise als Repräsentant einer «alten heroischen

Rasse»[40] und als emotionslosen Vollstrecker eines türkischen «nationalen Willens», den er «rücksichtlos» durchzusetzen entschlossen war.[41] Enver war, schreibt er, das Beispiel einer «atemberaubenden Gattung», wie Kafkas Offizier, die «alle Sentimentalität überwunden hat» und deshalb «außerhalb der Schuld und ihrer Qualen steht».[42] Zwischen Menschen und einem nationalen «Pestbazillus» wie den Armeniern, charakterisiert Werfel Envers genozidales Weltbild[43], konnte es aus Gründen «unvermeidlicher Staatsnotwendigkeiten»[44] nie Frieden geben. Enver wurde mit solchen der deutschen Politik vorerst noch fremden Gedankengängen zu einem Vorbild für Adolf Hitler, der sich im Prozess vor dem Münchner Volksgericht 1924 unter anderem ausdrücklich auf ihn (und natürlich Mussolini) berief. Enver, so Hitler vor dem Gericht, hatte eine neue Nation aufgebaut und das multikulturelle Gomorrha Konstantinopel erfolgreich entgiftet.[45] Das zeigte eine tiefe Übereinstimmung in grundlegenden politischen Säuberungsphantasien. Hitlers «erwachendes» Deutschland sah in den nationalradikalen Jungtürken ein wahlverwandtes Vorbild.[46] Hitler kommentierte schließlich den Völkermord an den Armeniern in seiner in mehreren Versionen überlieferten Geheimrede vor hohen deutschen Offizieren auf dem Obersalzberg vom 22. August 1939, kurz vor dem Überfall auf Polen, mit den Worten: «Wer redet heute noch von der Vernichtung der Armenier»?[47] Wie Enver und Talaat betrachtete er den Erfolg im «Existenzkampf» als höchsten moralischen Maßstab und setzte auf das Vergessen.

Nicht nur Lepsius ist das ganze Ausmaß der Armenierpolitik im Osmanischen Reich während des Ersten Weltkriegs erst langsam klar geworden. Bei der Vernichtung des armenischen «Volks als Volk» habe es sich um «Rassengegensätze» gehandelt, die auf «gewaltige geschichtliche Evolutionen» verwiesen, «deren Zusammenhänge wir heute noch nicht durchschauen können», meinte im Sommer 1918 Siegfried von Lüttichau, Prediger an der Deutschen Botschaft in Istanbul[48], mit fast prophetischen Worten.[49] Niemand erwartete jedoch bei Beginn des Krieges eine Wiederholung, geschweige denn eine Steigerung der großen Armeniermassaker von 1895/96, denen über 100 000 Menschen zum Opfer gefallen waren. Doch die beunruhigenden Nachrichten nahmen zu. In den ersten Monaten des Krieges konnte man noch lokal begrenzte Maßnahmen vermuten, und auch die tödlichen Konsequenzen der angeblich kriegsbedingten Deportationen wurden erst nach und nach deutlich. Dass die osmanische Regierung im Begriff war, ihre christliche Bevölkerung «der Ausrottung preiszugeben»[50], stand Lepsius aber klar vor Augen, bevor er in den Orient reiste.

Ursprünglich hatte er, als er im Juni 1915 seine Reise plante, in Absprache mit dem Auswärtigen Amt[51] und dem Zentralkomitee der armenischen Partei Daschnakzutiun und ihren Repräsentanten in Berlin und Sofia[52], der osmanischen Führung den Vorschlag machen wollen, dass die russischen Armenier gegen den Verzicht auf weitere Deportationen in der Türkei «ihre Sache von der Sache Russlands trennen»[53] würden. Das Auswärtige Amt unterstützte diesen verzweifelten Vermittlungsversuch, vor allem, weil es befürchtete, dass die Armenier durch türkische Repressionen ins Lager der Entente abdriften und revolutionäre Aktivisten das Land durch Attentate und Putschversuche destabilisieren könnten.[54] Humanitäre Überlegungen spielten dabei keine Rolle. Lepsius aber sah darin die Möglichkeit, mit politischer Rückendeckung vielleicht doch noch etwas erreichen zu können, zumal sich das Auswärtige Amt im November 1914, unterzeichnet von Unterstaatssekretär Zimmermann, der Deutsch-Armenischen Gesellschaft gegenüber schriftlich verpflichtet hatte, auch im Krieg gegenüber den Armeniern im Osmanischen Reich eine verantwortungsvolle Politik zu betreiben.[55] Zimmermann fühlte sich daran offenbar im Juni 1915 noch gebunden und schrieb an Wangenheim im Zusammenhang mit der geplanten Reise von Lepsius, man dürfe auf keinen Fall die armenische Sache der politischen Konstellation opfern[56], was man nur wenig später allerdings kaltblütig tat. Lepsius' Unternehmen war eine ziemlich riskante Mission in auswegloser Lage.[57] Vor allem aber kam er zu spät[58], zumal, wie Wangenheim kurz vor Lepsius' Abreise an die Wilhelmstrasse meldete, «die türkische Regierung fest entschlossen» war, unabhängig von Einwänden ihrer Verbündeten, «diese Maßnahmen durchzuführen und sie letzthin noch verschärft hat».[59]

Die deutsche Presse war zu dieser Zeit angehalten, offizielle osmanische Darstellungen zu veröffentlichen, oder sie enthielt sich durch Selbstzensur. Nach Lepsius' Rückkehr aus Istanbul wurde der Reichstag jedoch überraschend am 11. Januar 1916 mit der Anfrage des sozialdemokratischen Abgeordneten Karl Liebknecht konfrontiert, ob dem Reichskanzler bekannt sei, «dass Professor Lepsius geradezu von einer Ausrottung der türkischen Armenier» gesprochen habe.[60] Es gab auch im Krieg auf unterschiedlichen Ebenen, vor allem kirchlichen, eine intensive Kommunikation über das Thema.[61] Unter den meisten deutschen Intellektuellen herrschte allerdings «dröhnendes Schweigen»[62], und selbst in sozialdemokratischen Kreisen, abgesehen von Moralisten wie Liebknecht oder Eduard Bernstein, oft ein erschreckender, dem Geist eines marxistischen Historismus entsprungener Werterelativismus.[63] Zudem machten der grundsätzliche Mangel an Öffentlichkeit, die «ängstliche und rigorose Beschränkung der freien Meinungsäußerung» und die kritiklose Übernahme türkischer Standpunkte, so die *Deutsch-Armenische Korrespondenz* in einem Resümee über die Haltung der Reichsregierung zur armenischen Frage während des Weltkriegs Ende November 1918, es der osmanischen Führung besonders leicht, das Deutsche Reich in die auch international so wahrgenommene Rolle einer bewussten Komplizenschaft zu zwingen.[64]

Insgesamt, so der Historiker Ulrich Trumpener, dessen Urteil trotz gegenläufiger Ansichten[65] von der heutigen Forschung im Wesentlichen geteilt wird, hat die deutsche Reichsregierung die Verfolgung der Armenier weder unterstützt noch willkommen geheißen. Auch benötigte das jungtürkische Regime nie eine Anregung von außen für sein genozidales Programm.[66] Allerdings muss man der Reichsregierung eine extreme moralische Gleichgültigkeit und einen grundsätzlichen Mangel an entschiedenen Maßnahmen gegen die Verbrechen ihres Bündnispartners – selbst im Rahmen des politisch Möglichen – vorhalten.[67] Die Akteure handelten jedoch unterschiedlich. Botschafter Wolff-Metternich fand gegenüber Reichskanzler Bethmann-Hollweg Ende 1915 deutliche Worte, als er ihn aufforderte, der türkischen Regierung wegen der Armenierfrage mit Folgen zu drohen. «Auch soll man in unserer Presse den Unmut über die Armenier-Verfolgung zum Ausdruck kommen lassen und mit Lobhudeleien der Türken aufhören», so Wolff-Metternich: «Wir brauchen gar nicht so ängstlich mit den Türken umzugehen. Leicht können sie nicht auf die andere Seite schwenken und Frieden machen.»[68]

Bethmann-Hollweg war allerdings über solche Vorstöße – in den Augen eines ganz auf den Sieg konzentrierten Politikers gesinnungsethische Träumereien – eher entsetzt. «Ich begreife nicht, wie Metternich diesen Vorschlag machen kann», notierte er an den Rand des Dokuments: «Die vorgeschlagene öffentliche Koramierung eines Bundesgenossen während laufenden Krieges wäre eine Maßregel, wie sie in der Geschichte noch nicht dagewesen ist. Unser einziges Ziel ist, die Türkei bis zum Ende des Krieges an unserer Seite zu halten, gleichgültig ob darüber Armenier zu Grunde gehen oder nicht. Bei länger andauerndem Kriege werden wir die Türken noch sehr brauchen.»[69] Hans von Wangenheim hatte diese Linie im Prinzip schon früh vorgegeben[70], auch wenn er genau wusste, was im Land vor sich ging, und gelegentlich vorsichtig versuchte, dagegen zu intervenieren. Wolff-Metternich trat dagegen mit Bestimmtheit auf. Dem Großwesir teilte er Anfang Dezember 1915 mit, «dass die Verfolgung und Misshandlung von Hunderttausenden unschuldiger Personen keine legitime Abwehrmaßnahme eines Staates» bilde.[71] Andere, vor allem «zu wiederholten Malen höhere deutsche Offiziere, ohne sich der politischen Konsequenzen bewusst zu sein», wie Lüttichau es 1918 in einer Denkschrift formulierte, teilten auf skandalöse Weise die Stereotypen und die Ratio der Vernichtungspolitik ihrer türkischen Bündnispartner, wenn auch in der ihnen eigenen Weise einer radikal militärischen und damit nicht notwendig genozidalen Logik.[72] Christoph Dinkel hat sich mit diesen Fällen in einer Studie ausführlich beschäftigt[73], die Isabel Hull einer differenzierteren Beurteilung unterzogen hat. Alle diese Differenzierungen vorausgesetzt, kann man mit Hans-Lukas Kieser von einer qualifizierten Mitverantwortung des Deutschen Reichs sprechen.[74] «Die Standards einer existentiellen militärischen Auseinandersetzung», meint Hull, «die Deutschland auf sich selbst anwandte, seine

Als Manuskript gedruckt!
Abdruck und Benutzung in der Presse verboten!
Streng vertraulich!

Bericht

über

die Lage des Armenischen Volkes in der Türkei

von

Dr. Johannes Lepsius
Vorsitzender der Deutschen Orient-Mission
und der Deutsch-Armenischen-Gesellschaft.

Tempelverlag.
Potsdam.
1916.

Johannes Lepsius' «Bericht über die Lage des Armenischen Volkes in der Türkei» erschien 1916 in 20 500 Exemplaren unter Umgehung der Kriegszensur.

Truppen, seine Bürger und jene in den besetzten Zonen, wandte es auch auf die Türkei an, wo die Tendenz zum Extremen die Form eines Völkermords annahm.»[75] Das ist eine ziemlich präzise Beschreibung der oben zitierten Kernaussage Bethmann-Hollwegs.

Im Sommer 1916 veröffentlichte Johannes Lepsius einen dreihundertseitigen *Bericht über die Lage des Armenischen Volkes in der Türkei* mit einer präzisen Darstellung der Zeitabläufe und der regionalen Ereignisse sowie genauen Statistiken, die noch heute der Forschung als

Grundlage dienen, und einer ausführlichen, nach wie vor herausfordernden Analyse der Ursachen. Trotz der drohenden Militärzensur gelang es ihm, 20 500 Exemplare davon privat drucken und im ganzen Deutschen Reich verteilen zu lassen. Lepsius war sich bewusst, dass, wenn überhaupt, nur die breiteste Öffentlichkeit etwas bewirken konnte.[76] Das war der Grund seiner ungewöhnlichen Aktion. Am 7. August 1916 wurde die Broschüre verboten, nachdem sie bereits ausgeliefert worden war.

Der *Bericht* war in erster Linie ein Zeugnis ungewöhnlicher Zivilcourage in einer Zeit, als der sogenannte nationale Burgfrieden des Weltkriegs und die Zensur jede öffentliche Äußerung über Kriegsverbrechen, seien es deutsche oder die von Verbündeten, zu einer gefährlichen Sache werden ließen. Aber er markiert auch den Beginn einer Historiographie des Genozids, gewissermaßen als Zeitgeschichtsschreibung mitten im Fluss des dramatischen Geschehens. Methodisch ging Lepsius in seinem *Bericht* ähnlich vor wie in seiner 1896 erschienenen und in verschiedene Sprachen übersetzten Schrift *Armenien und Europa*, die während der Zeit der großen Armeniermassaker unter Sultan Abdul Hamid II. entstand und ihn zu einer bekannten europäischen Persönlichkeit machte. «Wir begeben uns daher zuerst auf den Boden der Thatsachen», schrieb er damals, «und werden in die quaestio juris erst eintreten, wenn unsere Leser in der Lage sind, sich über die quaestio facti ein Urteil zu bilden.»[77] *Armenien und Europa* war zweifellos «eines der einflussreichsten Bücher über die armenischen Massaker»[78] der Jahre 1894–1896.

Die ersten Deportationen während des Weltkrieges begannen im Frühjahr 1915, und ihren Verlauf kann man Lepsius' *Bericht* im Detail entnehmen, jedenfalls was die Ereignisse des zweiten Weltkriegsjahres betrifft. Wieder beschäftigte er sich zunächst mit der quaestio facti. Die Deportationen des Jahres 1915, beginnt sein Buch, setzten in drei verschiedenen Gebieten in drei aufeinanderfolgenden Zeitabschnitten ein, wobei während des zweiten Zeitabschnitts ab Ende Mai eine spürbare Radikalisierung zu beobachten war, die mit dem Einsatz von als Todesschwadronen operierenden Spezialeinheiten in Ostanatolien zusammenhing.[79] Die Eskalation von den ersten Maßnahmen bis zum Genozid vollzog sich deutlich schneller als später Hitlers Angriff auf die Juden.[80] Lepsius stand dieser Vergleich noch nicht zur Verfügung, aber seine Diagnose kam zu dem gleichen Ergebnis. «Die Maßregel der Deportation», schrieb er 1916, «schlug meist sofort in ein System der Vernichtung um»[81], und das Ergebnis war in jedem Fall, auch wenn eine gewisse Zahl Deportierter überlebte, «eine im größten Maßstab durchgeführte Expropriation von anderthalb Millionen Staatsbürgern».[82] Die Vermögenswerte, um die es dabei ging, wurden während der Pariser Friedenskonferenz 1919/20 auf 7,9 Milliarden französischer Francs (Stand von 1919) geschätzt.[83] Ein wesentliches strategisches Motiv bestand darin, so die jungtürkische Schriftstellerin Halide Edib in ihren Memoiren, die wirtschaftliche Vorherrschaft der Armenier mit dem Ziel des Aufbaus einer «nationalen» Bourgeoisie zu brechen[84], und die Expropriationen waren, neben dem Beitrag, den sie zur Finanzierung des Krieges leisteten, dafür so etwas wie eine ursprüngliche Kapitalakkumulation. Das war nicht ohne langfristige Risiken, die man aber zu Gunsten höherer nationaler Ziele und als existentiell notwendiges Vabanquespiel in Kauf nahm. Genozide sind grundsätzlich Heilsverbrechen. «Nach dem, was ich von türkischen Freunden höre», berichtete der deutsche Vizekonsul Hoffmann im November 1915 aus Iskenderun, «verkennt man auf türkischer Seite nicht den großen wirtschaftlichen Verlust durch Ausmerzung der Armenier und die Schwierigkeiten ihrer Ersetzung durch Muhammedaner, hält aber einen allmählicheren und friedlicheren Weg für ungangbar, weil bei jedem friedlichen Wettbewerbe der wirtschaftlich schwach begabte und unausgebildete türkische Muhammedaner sehr bald wieder unter die Räder geriete. Meine türkischen Freunde hoffen daher, dass diese schweren Operationen am Körper der türkischen Volkswirtschaft zu guter Letzt doch eine Gesundung des Reichs in muhammedanisch-türkischem Sinn herbeiführen werden.»[85] Die damit verbundenen gewaltsamen Enteignungen geschahen mit der aktiven Beteiligung eines nicht unbeträchtlichen Teils der Bevölkerung, der vor allem durch Raub extrem gewalttätige Züge entwickelte.[86] Regionale Initiativen hatten ihre Rückwirkung auf Entscheidungen der Zentrale und umgekehrt. Stereotypen, paranoide Ängste, Habgier und Propaganda spielten eine erhebliche Rolle und beeinflussten sich gegenseitig. Insgesamt war der Genozid an den Armeniern das Ergebnis verschiedener, sich überlagernder Prozesse. Der Vernichtung der Eliten folgten tödlich verlaufende Deportationen und Massaker, Assimilationen durch gewaltsame Konversion zum Islam, die Zerstörung der materiellen Kultur und die «Türkisierung» von enteignetem armenischem Vermögen und Besitz in großem Ausmaß.

Im Fall der historischen armenischen Provinzen Ostanatoliens konnte Innenminister Mehmet Talaat bereits im August 1915 gegenüber der deutschen Botschaft in Istanbul verkünden: *la question arménienne n'existe plus,* die armenische Frage existiert nicht mehr.[87] Die Vernichtungsmaßnahmen in dieser östlichen Region hatten von organisierten Massakern wie denen in der Kemah-Schlucht und anderen *Killing Fields* begleitete totale Züge, während sich die ebenfalls tödliche Politik gegenüber den Armeniern Westanatoliens und der angrenzenden arabischen Gebiete in Nuancen davon unterschied. Eine zweite Welle von Massakern fand 1916 in der mesopotamischen Wüste statt. Für die Armenier war das *Aghet,* die große Katastrophe, für die syrischen Christen, die in der Regel ohne Deportation vor Ort den Tod fanden, *Sayfo,* das Jahr des Schwerts.

Der Weg in die Wüste glich, wie der deutsche Offizier und ehemalige Konsul in Täbris, Wilhelm Litten, dem Konsulat in Aleppo Anfang Februar 1916 in einem langen Bericht schilderte, einem «Weg des Grauens». Überall entlang der Bahnlinie hinter Deir es-Zor am Euphrat sah Litten auf dem Weg nach Aleppo Leichen in den Feldern oder am Bahndamm liegen, blutige und halbgebleichte Skelette, herumliegende Wäschefetzen, Kleidungsstücke und Reste von Hausrat. Die Leute waren verhungernd umhergeirrt, viele in einer der kalten Winternächte erfroren. Zwischen Sabha und Meskene begegnete er den ersten Zügen von Vertriebenen. «Ein großer Armeniertransport war hinter Sabha an mir vorbeigekommen, von der Gendarmeriebedeckung zu immer größerer Eile angetrieben», so Litten, «und nun entrollte sich mir in leibhaftiger Gestalt das Trauerspiel der Nachzügler. Ich sah am Wege Hungernde und Dürstende, Kranke, Sterbende, soeben Verstorbene, Tausende neben den frischen Leichen; und wer sich nicht schnell von der Leiche des Angehörigen trennen konnte, setzte sein Leben aufs Spiel, denn die nächste Station oder Oase liegt für den Fußgänger drei Tagesmärsche entfernt. Von Hunger, Krankheit, Schmerz entkräftet taumeln sie weiter, stürzen, bleiben liegen.» Und nun listete Litten minutiös auf, was er im Einzelnen gesehen hatte. Am 31. Januar 1916 war er um 11 Uhr vormittags in Deir es-Zor abgefahren. Nach drei Stunden Fahrt begann eine «grauenvolle Leichenparade» entlang des Wegs, die sich bis zum 4. Februar, also fünf Tage, fortsetzte. Litten beobachtete am 31. Januar um 1 Uhr nachmittags eine junge Frau, die mit dem Rücken nach oben nackt am Boden lag. Eine halbe Stunde später einen auf dem Rücken liegenden nackten Greis und einen nackten Jüngling, «linkes Gesäß herausgerissen». Um 2 Uhr fünf frische Gräber, fünf Minuten später ein Mann mit blutenden entblößten Geschlechtsteilen. Zwei Minuten später ein Mann in Verwesung. Eine Minute später ein Mann mit schmerzentstelltem Gesicht am Wegesrand, zwei Minuten danach ein Mann mit angefressenem Oberkörper. Und so ging es weiter, die ganze fünf Tage lange Strecke über Tibni, Sabha, Hamam, Abu Herera und Meskene bis nach Aleppo. Es war Winter, auch im Orient. Die Nächte waren oft frostkalt. Am 6. Februar 1916 vermerkte Litten starken Schneefall in Aleppo.[88]

All das ließ sich weder durch Exzesse noch durch spontane kriminelle Handlungen erklären. Es handelte sich, wie Lepsius es formulierte, um die Folgen einer politischen Verwaltungsmaßnahme[89], die sich allerdings außerhalb jeder Regel der Rechtsstaatlichkeit vollzog.[90] «Die einzige Erklärung, welche die Maßregel der Behörden nicht als eine sinnlose Handlung erscheinen lässt», hieß es in seinem *Bericht*, «bietet die Annahme, dass es sich um die Durchführung eines innerpolitischen Programms handelte, das sich mit kalter Überlegung und Berechnung die Vernichtung des armenischen Volkselements zur Aufgabe machte»,[91] mit dem Ziel einer gewaltsamen Türkisierung des zunehmend als osmanisches Kernland verstandenen Anatolien. Der

Parteitag des in Istanbul herrschenden jungtürkischen Komitees für Einheit und Fortschritt sprach im Herbst 1916 rückblickend in aller Offenheit davon, dass die alte osmanische Politik der «Einigkeit der Bevölkerungselemente» Bankrott gemacht habe und deshalb seit einiger Zeit eine «Ära der Säuberungen» angebrochen sei.[92] Im Kern ging es dabei, so der in die Schweiz geflüchtete ehemalige Türkei-Korrespondent der *Kölnischen Zeitung*, Harry Stürmer, in einem 1917 in Lausanne veröffentlichten Buch, um «innere Kolonisation», um die «gewaltsame Nationalisierung des bisher gemischtrassigen Landes».[93]

Neuere Forschungen aus osmanischen Quellen, insbesondere Fuat Dündars Untersuchung über die Rolle der Statistik in der armenischen Frage und Taner Akçams Studie *The Young Turks Crime against Humanity*, haben diese Sicht nachdrücklich bekräftigt. Das trifft auch auf die bisher umfangreichste und detaillierteste Darstellung, Raymond Kévorkians voluminöses Werk *Le Génocide des Arméniens* von 2006, zu.[94] Die meisten Zeitgenossen verstanden die bevölkerungspolitische Modernität der Zielsetzungen dieses Genozids jedoch nicht, weil sie ihre Augen hauptsächlich auf die barbarischen Methoden richteten, mit denen er durchgeführt wurde. In Wirklichkeit lag dem aber ein Denken in machtpolitischen Abstraktionen zugrunde, das zwangsläufig zu einer Dehumanisierung der Weltbilder führen musste. Aus Menschen wurden «Bevölkerungen», und aus Gemeinschaften Komponenten größerer demographischer Aggregate, die nun von berechnenden Konstrukteuren neuer Sozialwelten «höheren» politischen Zielen unterworfen werden konnten.[95] Für den osmanischen Innenminister Mehmet Talaat waren die durch ethnische Säuberungen während der Balkankriege entstandenen Nationalstaaten das – noch ungeordnete – Vorbild für solche tödlichen bevölkerungspolitischen Planspiele.[96]

Diesen Planspielen fielen im Übrigen auch viele Muslime zum Opfer, in erster Linie Flüchtlinge aus dem Balkan und dem Kaukasus, die über das Land verteilt an geräumten armenischen Orten angesiedelt und nach einem bestimmten prozentualen Schlüssel assimiliert werden sollten. «Sie waren elende Überlebende, Epidemien und dem Hunger ausgesetzt», schrieb der armenische Deportierte Krikoris Balakian, der die Empathie auch für diese Opfer trotz des eigenen Schicksals nicht verloren hatte, beim Anblick eines Haufens Umherirrender an der cilicischen Mittelmeerküste, «weil die türkische Regierung, beschäftigt mit Kriegsoperationen, sich als unfähig erwies, das Problem der türkischen, kurdischen und anderen muslimischen Flüchtlinge angemessen zu verwalten, und sie dem Schicksal des Untergangs überließ. Von dem Tag an, als sie wie die Armenier zerstreut wurden, bestand der einzige Unterschied darin, dass die Armenier durch vielfältige Massaker der CUP-Regierung vernichtet wurden, während die Muslime ihren eigenen Tod sterben mussten.»[97] Aber auch sie waren Opfer des demographischen Menschenexperiments einer von der fixen Idee der Türkifizierung des anatolischen «Kernlands» besessenen nationalrevolutionären Elite.

Lepsius' *Bericht über die Lage des Armenischen Volkes in der Türkei*, der die Auswirkungen dieses Abstraktionsprozesses mit Blick auf das armenische Schicksal beschrieb, konnte nach dem Krieg in zweiter Auflage unter dem Titel *Der Todesgang des Armenischen Volkes*[98] ohne Veränderungen und lediglich um ein Vorwort ergänzt neu aufgelegt werden. Das war angesichts seiner Entstehungsgeschichte erstaunlich. Noch 1968 bezeichnete Ulrich Trumpener in seinem grundlegenden Werk *Germany and the Ottoman Empire* Lepsius' *Bericht* als «das beste synthetische Werk über diesen Gegenstand».[99] Die seit den achtziger und verstärkt den neunziger Jahren des letzten Jahrhunderts einsetzende intensive Forschung über den Völkermord an den Armeniern hat Lepsius' *Bericht* viele Details und neue Perspektiven hinzugefügt, an Trumpeners Einschätzung aber nichts geändert.

1919 erschien eine von Lepsius zusammengestellte und kommentierte Auswahl diplomatischer Akten des Auswärtigen Amts unter dem Titel *Deutschland und Armenien*,[100] eine der ersten systematischen Quellendokumentationen zum Völkermord an den Armeniern überhaupt. Diese Akten sind nach wie vor ein belastbares Zeugnis für eine eindeutige Bewertung der Vorgänge im Osmanischen Reich, und Lepsius' umfangreiches Vorwort dazu noch einmal eine präzise Darstellung und Analyse der Vorgänge, in die er jetzt auch die Ereignisse nach 1915 mit einbeziehen konnte.

2005 veröffentlichte Wolfgang Gust eine erheblich erweiterte Auswahl dieser Dokumente des Auswärtigen Amts[101], die von dem Istanbuler Verlag Belge auch in türkischer Übersetzung publiziert wurde. Der offizielle Leugnungsdiskurs der türkischen Politik, der staatlicherseits seit den 1980er Jahren zunehmend professionalisiert wurde[102] und die Bezeichnung der Vorgänge als Völkermord sogar mit juristischen Mitteln verfolgt, wurde damit massiv herausgefordert. «Ohne ins Detail zu gehen», schrieb der bekannte Kolumnist Mehmet Ali Birand nach Lektüre dieser deutschen Akten in der Zeitung *Hürriyet*, «wenn Sie dieses Buch lesen und sich die Dokumente ansehen, und wenn Sie ein Mensch sind, der durch dieses Buch in den Gegenstand eingeführt wird, dann gibt es keine Möglichkeit, nicht an Genozid zu glauben.»[103] Die offene Auseinandersetzung mit der Geschichte der osmanischen Armenier wird von wachsenden Teilen der türkischen Zivilgesellschaft seit einigen Jahren als Voraussetzung für eine demokratische Zukunft ihres Landes gesehen. Das beinhaltet auch eine kritische Sicht auf nationalstaatliche Gründungsmythen. Taner Akçam formulierte schon Mitte der 1990er Jahre die These, die Legitimität der modernen Türkei beruhe auf einem Genozid.[104] Damit stellte er die auf Mustafa Kemal «Atatürks» 36-stündige *Nutuk* («Rede») von 1927 zurückgehende offizielle Staatsideologie in Frage, wonach die türkische Republik das Ergebnis des heroischen Überlebenskampfs einer dem Untergang nahen Nation war.[105] In Wirklichkeit, so Akçam an anderer Stelle, fand die türkische Nationsbildung im Kampf gegen eine soziale Realität statt, die durch ethnische, konfessionelle und kulturelle Differenzen gekennzeichnet war, die man in paranoider Verkennung als gefährliche Bedrohung empfand.[106] Ugur Ümit Üngörs detaillierte Studie *The Making of Modern Turkey* von 2011 hat Akçams Thesen noch einmal aus anderer Sicht eindrucksvoll bestätigt.[107] Der Genozid an den Armeniern, so Üngör, war Teil einer gern verleugneten «dunklen Seite» der türkischen Nationsbildung, zu der auch antigriechische, antikurdische und andere gewaltsame Maßnahmen gehörten, die alle darauf hinausliefen, Loyalität mit Ethnizität gleichzusetzen[108], ein Prozess, der sich bis in die jüngste Zeit fortgesetzt hat.[109] Regierbarkeit und demographische

Homogenität, so noch einmal Akçam, wurden schon vor dem Ersten Weltkrieg zunehmend zu Synonymen und erzeugten Machbarkeitsphantasien der sozialen Lebenswelt mit den Methoden eines *social engineering*[110], das die vitale Frage der Macht, wie Michel Foucault es einmal formuliert hat, «auf der Ebene des Lebens» stellte.[111] Alle diese Faktoren sind heute noch die Haupthindernisse einer offenen Vergangenheitsbewältigung in der Türkei.

Der Genozid während des Kriegs war aber nur der Endpunkt einer über Jahrzehnte mit Gewalt ausgetragenen «armenischen Frage», die schon den Berliner Kongress von 1878 beschäftigte. Wenn man die Etappen der kumulativen Radikalisierung bis zum vollendeten Genozid genau beschreiben will, was in den folgenden Kapiteln dieses Buchs geschehen soll, muss man diese Ausgangspunkte im Auge behalten. Mark Levene spricht von einer «Richterskala» der Gewalt, die sich – nicht zwingend, aber faktisch – auf einen Höhepunkt zubewegt hat.[112] Das war kein gradliniger Prozess. Phasen der Gewalt wurden durch Phasen der Kooperation und der kalkulierten Eindämmung abgelöst, deren Scheitern wiederum die Gewaltoptionen radikalisierte, wobei die Rahmenbedingungen des Ersten Weltkriegs eine erhebliche Rolle spielten. Die Unfähigkeit – um nicht zu sagen Unwilligkeit – des osmanischen Staats, seine armenischen Bürger und insbesondere die armenische Landbevölkerung Ostanatoliens vor Raub, Mord und illegaler Enteignung zu schützen, hatte das Thema 1878 auf die internationale Bühne gebracht und auf dem Berliner Kongress nach dem russisch-osmanischen Krieg von 1877/78 zu Aufforderungen an den osmanischen Staat nach Rechtssicherheit und Reformen in seinen armenischen Provinzen geführt. Eine der Gegenreaktionen auf diese Internationalisierung waren große Massaker Mitte der neunziger Jahre. Die Gewalt des späten 19. Jahrhunderts wurde in Europa und den USA zum öffentlichen Thema einer neuen Moralpolitik. Nach dem Weltkrieg stellte sich zum ersten Mal die Frage, ob die Welt nicht in Fällen von groben Menschenrechtsverletzungen durch Staaten eine internationale Rechtsordnung benötigte.

2. Krise und Gewalt

Am 29. Dezember 1894 bekam die Kirche der Gemeinde Hawarden im Nordosten von Wales von einer armenischen Delegation aus London und Paris einen silbernen Kelch geschenkt. Anlass dafür gab ein Besuch der Delegation auf Hawarden Castle, dem Landsitz des ehemaligen britischen Premierministers Gladstone. Er feierte an diesem Tag seinen 85. Geburtstag, und hatte Anfang Juli verkündet, nicht mehr für das Parlament zu kandidieren. Doch das bedeutete keinen vollständigen Rückzug aus der Politik. Seit Anfang November meldete die britische Presse beunruhigende Nachrichten über Massaker an Armeniern im Osten Anatoliens, die eine Welle öffentlicher Sympathien für die Opfer hervorriefen. Besonders der *Spectator* und die *Contemporary Review* beschuldigten die Regierung, diese Nachrichten bewusst zu unterdrücken.[1] Am 6. August 1895 hielt Gladstone in der Town Hall von Chester eine seiner letzten großen Reden, und es ging dabei um die jüngsten Ereignisse in den armenischen Provinzen des Osmanischen Reichs.

Bei Massakern im Gebiet von Sassun in der Provinz Bitlis waren zwischen dem 12. August und dem 10. September 1894 Tausende von Armeniern jeden Alters und Geschlechts umgebracht worden. Der französische Botschafter sprach von 7000, britische Quellen von 10 000 bis 20 000 Toten. Die Hohe Pforte in Istanbul leugnete die Vorkommnisse auch noch, als der britische Botschafter Philip Currie am 2. November ein Memorandum vorlegte, das die Vorkommnisse auf der Basis von Berichten des Vizekonsuls in Van, C. M. Hallward, eindeutig dokumentierte. Der Großwesir wies das Memorandum als unglaubwürdig zurück. Sultan Abdul Hamid II. zog sogar eine Parallele zu den

Ereignissen in Bulgarien 1876, als William Gladstone nach Massakern mit etwa 15 000 Opfern durch irreguläre *Bashi-Bazouks* in Batak und verschiedenen anderen Orten öffentlich von *Bulgarian Horrors* sprach.

Der Palast in Istanbul reagierte, wie 1894, mit einem Leugnungsdiskurs. Damals wie heute, so der Sultan, wurden erfundene Gräuelgeschichten verbreitet, um in Europa Sympathien für die jeweiligen Rebellen zu erzeugen. Am 24. November 1894 kündigte die Pforte die Einsetzung einer Untersuchungskommission an, um die «grausamen Aktionen armenischer Briganten» im Sassun zu untersuchen. Die britische Regierung bestand daraufhin unter Verweis auf den Artikel 61 des Berliner Vertrags vom 13. Juli 1878, in dem sich das Osmanische Reich zu Reformen in seinen armenischen Provinzen verpflichtet hatte, auf einer unabhängigen Paralleluntersuchung. Ihre Ergebnisse, beruhend auf den Berichten von fast zweihundert Augenzeugen, lagen am 16. Juli 1895 vor. Demnach hatte im Sassun ein großflächiges Massaker an der armenischen Bevölkerung stattgefunden. Auch Armeeeinheiten waren beteiligt. Der Bericht ging außerdem davon aus, dass weitere Massaker zu befürchten wären, wenn die Großmächte nicht intervenierten. Das war jedoch zu dieser Zeit wegen der wachsenden gegensätzlichen Interessenlagen kaum vorstellbar. Aus diesem Grund, so der alte Gladstone, musste vorrangig die europäische Öffentlichkeit mobilisiert werden.[2] Das war der Hintergrund seines Auftritts in der Town Hall von Chester.

Gladstone, so der *Spectator* vom 10. August, sprach dort mit der ihm eigenen Leidenschaft und Eloquenz, gleichwohl moderat und staatsmännisch davon, man müsse nach den vorliegenden Erkenntnissen eigentlich darüber nachdenken, die türkische Regierung ihres Amtes zu entheben, nicht wegen ihrer islamischen Grundlagen, sondern weil sie «vermutlich die schlechteste Regierung auf der ganzen Erde» sei. «Die Leugnung der türkischen Regierung in Bezug auf diese Verbrechen», paraphrasierte der *Spectator* die Rede, «muss die öffentliche Meinung nicht irritieren. Sie tat dasselbe 1878. Nach den bulgarischen Ausschreitungen, die im Nachhinein durch einen Lord Cromer vorgelegten authentischen Bericht bestätigt wurden, ließ der türkische

Botschafter im Namen seiner Regierung ein formales Statement zirkulieren, in dem die Ausschreitungen vollkommen geleugnet wurden, mit dem Argument, es sei notwendig gewesen, ein paar aufsässige Personen in Bulgarien zur Ordnung zu rufen, aber die Art und Weise, wie die Sache behandelt werde, sei eine Fälschung.» Gladstone schloss mit den Worten: «Tatsache ist, dass die türkische Regierung Fälschungen als Waffe benutzt, und dass Fälschung eine Waffe ist, die sie nur allzu gut kennt.»[3]

William Ewart Gladstone war ein früher Repräsentant ethisch begründeter Außenpolitik. Als Mitglied des britischen Kabinetts hatte er 1854 für den Eintritt Großbritanniens in den Krimkrieg gegen Russland an der Seite des Osmanischen Reichs votiert. Im Ergebnis dieses Kriegs, der nach der Kapitulation von Sewastopol, das ein ganzes Jahr belagert wurde, 1856 mit dem Frieden von Paris endete, wurde das Osmanische Reich in das europäische Staatensystem und damit in den Bereich des *Ius Publicum Europaeum* aufgenommen. Gleichzeitig wurde seine Integrität garantiert. Artikel sieben des Pariser Vertrags legte fest, dass sich die osmanische Pforte damit einverstanden erklärte, an den Fortschritten des öffentlichen Rechts und des politischen Systems in Europa teilzuhaben.[4] Gladstone, der das Europäische Konzert immer als «das wichtigste Ergebnis des Krimkrieges»[5] bezeichnete, fühlte sich deshalb in gewisser Weise verantwortlich für das, was im Innern des Osmanischen Reichs geschah. Im Zweifelsfall war es die Aufgabe des «Vereinigten Europa», die Türkei zu radikalen rechtsstaatlichen Reformen und zur Einhaltung der Menschenrechte zu zwingen.[6]

Grundsätzlich war er der Ansicht, es sei das Recht des Europäischen Konzerts, in die inneren Angelegenheiten anderer Staaten einzugreifen, schon deshalb, weil es die unter realpolitischen Gesichtspunkten bestmögliche Vertretungsinstanz der universalen Moral in internationalen Angelegenheiten darstellte, was umgekehrt bedeutete, dass Macht allein kein Interventionsgrund sein konnte. Seine «Insistenz auf Moralität», meint der Politikwissenschaftler Martin Ceadel, «bildete eine Brücke, auf der die konservative und im militärischen Sinn defensive Idee des Europäischen Konzerts sich in eine liberale und pazifis-

Der Liberale und ehemalige britische Premier William Gladstone war eine der wichtigsten Stimmen der proarmenischen Bewegung Ende des 19. Jahrhunderts.

tische Idee internationaler Organisation» und internationalen Rechts verwandeln konnte. Gladstone, so Ceadel, «trug so zur Verwandlung des Systems des Konzerts aus einem Klub von Monarchien (...) zu einem System mit größerer öffentlicher Legitimationsbasis bei».[7] Doch spätestens seit sich Großbritannien noch vor dem Berliner Kongress 1878 hinter dem Rücken der europäischen Mächte mit dem Osmanischen Reich über die Abtretung Zyperns geeinigt hatte, konnte von einem funktionierenden Konzert keine Rede mehr sein. Erst recht nicht in Zeiten zunehmender Großmachtrivalitäten Mitte der neunziger Jahre.

Die europäische öffentliche Meinung sollte in dieser Situation wenigstens teilweise das bewirken, was der Politik der Kabinette zunehmend weniger gelang. Bereits 1877 hatte die *Eastern Question Association* eine erste Broschüre über die Lage der Armenier im Osmanischen Reich veröffentlicht. James Bryce gründete 1893 die *Anglo-Armenian Association,* und auf konservativer Seite setzte sich der Duke of Westminster für die armenische Sache ein. Die *Friends of Armenia* unterhielten ein Informationsbüro und formulierten es als ihre erklärte Absicht, zur Wiedergeburt der armenischen Nation beizutragen. Die französische Presse veröffentlichte engagierte Beiträge von erklärten *Philarméniens,* darunter Anatole France, Jean Jaurès und des jungen Georges Clemenceau, der Sprachwendungen Gladstones über das leidende Volk unter der Knute einer inhumanen Regierung fast wörtlich zitierte. Büros von *Pro Armenia* entstanden in London, Paris und Rom und waren miteinander vernetzt. Russische Intellektuelle wie Tschechow meldeten sich zu Wort. In der Schweiz war Armenien ein großes Thema. Überall sprach man eine neue Sprache der Menschenrechte, deren Gültigkeit universal zu sein hatte, auch in erst halbwegs «zivilisierten» Ländern wie dem Osmanischen Reich.[8] Am 24. September 1896 bezeichnete Gladstone bei seinem letzten öffentlichen Auftritt in Hengler's Circus in Liverpool Sultan Abdul Hamid II. als «großen Mörder».[9] Zu dieser Zeit betrug die Zahl der Opfer der Massaker, die erst nach den Ereignissen im Sassun ihren Höhepunkt erreichte, bereits um die 90 000. 646 Dörfer waren zwangsweise zum Islam konvertiert, 568 Kirchen und 77 Klöster zerstört, 328 Kirchen in Moscheen verwandelt worden. Eine halbe Million Menschen hatten durch die Verwüstungen ihre Lebensgrundlage verloren.[10]

Die Zahlen stammen aus detaillierten Statistiken von Johannes Lepsius, die ihrerseits auf einem gemeinsamen Bericht der Botschafter der europäischen Mächte beruhten. Sein zur gleichen Zeit erschienenes Buch *Armenien und Europa* wurde im Frühjahr 1897 von dem Quäker und Altsprachenforscher J. Rendel Harris aus Cambridge in englischer Übersetzung herausgebracht. Gladstone las das Werk auf Hawarden und sah sich zu einem persönlichen Dankschreiben an Lepsius veranlasst, in dem er dem «Autor des wertvollen Buchs über die Massaker an den Armeniern, das mir selbst von großem Nutzen war», seinen persönlichen Respekt bekundete. Das von imperialen Großmachtinteressen statt von politisch-moralischen Maßstäben geleitete Bild, das die Regierungen Europas über die Massaker verbreiteten, so Gladstone in Übereinstimmung mit Lepsius, sei «eine der traurigsten, wenn nicht die traurigste Tatsache dieser Zeit».[11]

Lepsius hatte sich wie Harris im Frühjahr 1896 auf den Weg in die Türkei begeben, um an Ort und Stelle die Hintergründe der Massaker zu recherchieren, und sie hatten sich dort vermutlich in Urfa getroffen.[12] «Als aus den englischen Zeitungen Berichte nach Deutschland kamen, die den schauderhaften Umfang und den bestialischen Charakter der Blutbäder nicht mehr verschwiegen», erinnerte sich Lepsius später, «schrie die deutsche Presse wie mit einem Munde: Englische Lügen! Englische Lügen!»[13] Solchen Bewertungen wollte er das eigene Urteil entgegensetzen. Nach seiner Rückkehr reiste er wochenlang mit Vorträgen über die armenischen Massaker durch Deutschland. Am 12. August 1896 erschien der erste Artikel seiner Serie *Die Wahrheit über Armenien* in der Zeitung *Der Reichsbote.* Im Herbst kam sein Buch *Armenien und Europa* heraus, das bis 1897 sieben Auflagen erreichte, in mehrere Sprachen übersetzt wurde und in Europa eine erhebliche öffentliche Wirkung entfaltete. Lepsius' Schrift bezeichnete sich als eine «Anklageschrift».[14] Er verwendete hier die zeittypische neue Sprache der Moralpolitik. Zwei Jahre später wird Émile Zola während der französischen Dreyfusaffäre mit seinem offenen Brief an Staatspräsident Félix Faure unter der Überschrift *J'accuse* eine ähnliche Sprache sprechen.

Die armenischen Massenmorde, schrieb Gladstone unter Berufung auf Lepsius im März 1897 an den Duke of Westminster, «mit ihren geschickt eingehaltenen Ruhepausen, haben in ihrem Umfang, sowie mit dem hohen Grade und der Mannigfaltigkeit der dabei an den Tag

Johannes Lepsius' Anklageschrift «Armenien und Europa» erschien 1896. Sie wurde in mehrere Sprachen übersetzt.

gelegten Ruchlosigkeit alle Erfahrungen der neueren Zeit, ja, wohl alle Erfahrungen der Geschichte überhaupt hinter sich gelassen».[15] Die von Gladstone genannte Mordwelle begann im Herbst 1895, und in ihr kulminierte ein Zusammenspiel innenpolitischen Versagens und außenpolitischen Drucks, dem der osmanische Staat offenbar nur noch durch einen Rückfall in kalkulierten oder zugelassenen Atavismus glaubte entkommen zu können, weil er über keine geregelten Konfliktlösungsfähigkeiten verfügte. Englische, russische und französische Diplomaten hatten die Ereignisse im Sassun 1894 mit Aufmerksamkeit verfolgt.

Rufe nach Rechtssicherheit für die christlichen Minderheiten wurden auf internationalem Parkett immer lauter. Der Bevölkerung, vor allem in Anatolien, wurde zunehmend bewusst, dass die schwache Regierung des Sultans unter internationalem Druck stand. Die Regierung wiederum tat alles, um durch eine Politik des unbestimmten Gerüchts das Bild einer existentiellen Bedrohung des Reichs und aller Muslime heraufzubeschwören.[16] Beginnend mit diesen Ereignissen war in der Türkei plötzlich überall eine große Beunruhigung in den Gemütern zu spüren. Ende Januar 1895 wurden im Istanbuler Viertel Pera (Beyoglu), in dem auch viele Armenier lebten, siebzehn Personen im Laufe einer Stunde ermordet, ohne dass die Polizei eingriff. Anfang Februar wurde ein junger Grieche, der gerade das Theater am Piccolo Campo verlassen wollte, durch Messerstiche niedergestreckt. «Die Anarchie macht sich in der Regierung mehr als jemals fühlbar», berichtete der französische Botschafter Paul Cambon, «die Verwaltung, die Behörden selbst erregen durch ihr Beispiel und ihre Sprache den Fanatismus.»[17] Die Botschafter der europäischen Mächte verlangten von der Pforte Maßnahmen zur Beruhigung der Bevölkerung und die Aufstellung eines Polizeicorps, das die öffentliche Sicherheit garantieren konnte. Doch nichts passierte.

Der von Dekadenzängsten geplagte Sultan Abdul Hamid II. hatte seit vier Jahren alle politische Macht an sich gerissen und führte vom Palast aus ein persönliches Regiment. Das Ergebnis war ein undurchschaubares Kompetenzenwirrwar. Beamte verweigerten Anweisungen des Großwesirs und seiner Minister und korrespondierten direkt mit den Sekretären des Sultans. Niemand in der Regierung hatte mehr die Kontrolle über das, was im Land vor sich ging, als im Ausland der Palast und damit der Sultan selbst für die Ausschreitungen gegen die Armenier im Sassun verantwortlich gemacht wurde.[18] Der Sultan, so die Annahme, musste informiert gewesen sein, denn die telegrafische Kommunikation zwischen Zentrum und Peripherie war seit dem Krimkrieg systematisch ausgebaut worden, auch um den permanenten Zustand einer inneren Krise so weit wie möglich unter Kontrolle halten zu können.

Das Osmanische Reich hatte 1875 den Staatsbankrott erklären müssen, unter anderem eine Folge der weltweiten Wirtschaftskrise, die in den siebziger Jahren begann und fast zwanzig Jahre andauerte. Der Balkan rebellierte. 1878, nach der Niederlage im Krieg gegen die Russen, dem auch viele Muslime auf dem Balkan zum Opfer fielen und der zur bulgarischen Sezession sowie der russischen Annexion von Teilen des armenischen Ostanatolien mit den Städten Kars und Ardahan führte, hatte Abdul Hamid das kurzlebige erste osmanische Parlament wieder aufgelöst. Wahrscheinlich um die 100 000 muslimische Flüchtlinge aus den Kriegsgebieten im Balkan und dem Transkaukasus – die genauen Zahlen sind unbekannt – hatten Anatolien überströmt und erheblich zum Anwachsen populärer antichristlicher Stimmungen beigetragen, die das späte 19. Jahrhundert prägen sollten. Sie waren Vertriebene, weil sie Muslime waren, deren Herkunftsländer jetzt von christlichen Staaten beherrscht wurden, und sie entwickelten deshalb eine besondere Empfindlichkeit gegenüber allen Anzeichen einer Desintegration des osmanischen Staats.

In dieser von Untergangsstimmung geprägten Zeit entdeckte der Sultan einen osmanisch definierten Islam als kulturelle Integrationsideologie und als Waffe gegen den Westen und Russland. Im Prinzip hatte dies etwas von dem defensiven Versuch einer «inneren Reichsgründung» mit den Methoden eines Kulturkampfs an sich. Für ihn waren die Ursachen des Niedergangs der islamischen Welt nicht so sehr in ihren inneren Schwächen oder Fehlern zu suchen, sondern in der aggressiven imperialistischen Natur des christlichen Europa, das – unterstützt durch die christlichen Minderheiten des Reichs – die Muslime versklaven und den Islam zerstören wollte.[19] Anders konnte und wollte Abdul Hamid auch europäische Forderungen nach rechtsstaatlichen Reformen und Minderheitenschutz in den armenischen Gebieten des Reichs nicht sehen, die nach den Metzeleien im Sassun immer lauter wurden.

Im Mai überreichten die Botschafter Englands, Frankreichs und Russlands ein Memorandum zur armenischen Frage, das der Palast Anfang Juni jedoch umgehend ablehnte. Die Verhandlungen zogen sich hin. «Besonders entrüstet war der Sultan über das Verlangen», meinte Johannes Lepsius, «dass in solchen Bezirken, wo es eine zahlreiche christliche Bevölkerung gab, Christen als Adjunkten muhammedanischer Beamten angestellt werden sollten.»[20] Als im September 1895 armenische Sozialisten in Istanbul eine Demonstration ankündigten, um diesen Forderungen Nachdruck zu verleihen, entfaltete das die Wirkung eines explodierenden Pulverfasses. Es war die erste öffentliche nichtislamische Protestveranstaltung, die es hier je gegeben hatte, und ihr kam deshalb eine enorme symbolische Bedeutung zu.[21] Am 30. September, morgens zwischen zehn und elf Uhr, war eine Gruppe von 2000 Armeniern auf dem Weg zur Hohen Pforte, dem Regierungssitz am Gülhane-Park. Sie wurde unterwegs von einem Gendarmeriemajor aufgehalten, der seiner Truppe Schießbefehl erteilte, als die Armenier sich weigerten, die Demonstration aufzulösen. Fünfzehn Gendarmen und sechzig Armenier wurden bei einem anschließenden Schusswechsel verletzt. «Nachdem der Auflauf zerstreut war, wurde den ganzen Tag von Polizisten und Mullahs, die zum größten Teil mit Stöcken und Revolvern bewaffnet waren, auf die Armenier Jagd gemacht», berichtete Paul Cambon: «Die ganze Nacht dauerte dies wüste Treiben.»[22] Der Aufmarsch eines Haufens armenischer Radikaler war als Angriff eines ganzen Volks auf die islamischen Grundfesten des Reichs verstanden worden.

Gerüchte machten die Runde und schaukelten sich hoch, dass die Europäer mit ihren Reformplänen nur den Zweck verfolgten, den Armeniern zu einer bevorzugten Stellung auf Kosten der Muslime zu verhelfen. Paranoia breitete sich aus, die in Phantasien einer letzten Möglichkeit präventiver Notwehr zur Rettung des Reichs gipfelte, gepaart mit der Trotzreaktion, die Ungläubigen wieder auf den ihnen zugehörigen Platz einer geduldeten Minderheit in der gesellschaftlichen Rangordnung verweisen zu müssen. Der Ruf des Djihad ging um, und viele fürchteten tatsächlich einen armenischen Aufstand, was einiges über geradezu psychotische Modernisierungsängste in dieser Zeit des Umbruchs verrät. Zwar lebten die weitaus meisten Armenier in bescheidenen Verhältnissen als Bauern auf dem Land, aber in den Städten und in manchen Regionen stellten sie eine wirtschaftliche Macht und vor allem eine kulturelle, westlich orientierte Avantgarde dar. Es war die Toleranz der Muslime, dachten viele, die es soweit hatte kommen lassen, dass sie sich ihre eigenen Ausbeuter heranzogen. In Wahrheit zeugte die Angst vor einem Aufstand von panischer Abwehr eines künftigen Pluralismus, dem man sich nicht gewachsen fühlte und der zudem das Ehrgefühl der muslimischen Eliten verletzte, die es gewohnt waren, sich als die herrschende und überlegene Nation zu sehen.[23] Entsprechend wurde die wirtschaftliche und kulturelle Dynamik der armenischen Minderheit als tödliche Bedrohung und nicht, was unter anderen mentalen Voraussetzungen denkbar gewesen wäre, als Chance für den Fortschritt wahrgenommen.[24] «In geheimen Versammlungen erörtern sie, scheint es, die unheilvollsten Pläne», so ein französischer Bericht aus Diyarbakir: «Unser Vertreter bezweifelt, dass der Vali (Gouverneur) im Stande sei oder die Absicht habe, eine Erhebung, wie man sie für drohend hält, zu verhindern.»[25] Am 17. Oktober unterschrieb der Sultan, der dem diplomatischen Druck nicht mehr ausweichen konnte, ein ihm von England, Frankreich und Russland vorgelegtes Reformprogramm. Es sollte nie verwirklicht werden. Es wurde nicht einmal veröffentlicht. Stattdessen versank das Land in einer Welle bis dahin unbekannter Gewalt.

Am 21. Oktober wütete der Mob in Erzincan, am 23. Oktober in Marasch, am 25. Oktober in Baiburt, Arapkir und Bitlis, am 30. Oktober in Erzurum, Anfang November in Harput, Sivas, Diyarbakir und Malatya und Mitte November in Amasia, Marsowan und Kayseri. Am 8. Oktober war es als Reaktion auf die Ereignisse in Istanbul bereits in Trapezunt zu Ausschreitungen gekommen.[26] Alles das, meinte der französische Botschafter Paul Cambon beobachten zu können, war «vorbedacht und von langer Hand vorbereitet».[27]

In Arapkir wurde seit Anfang September ein Anwachsen der Spannungen beobachtet. Gerüchte schossen ins Kraut, Verdächtigungen machten die Runde, Verschwörungstheorien bemächtigten sich der Wortführer in den Teehäusern, als sei mit den bevorstehenden Reformen eine armenische Machtübernahme und der Untergang des Islam zu befürchten. In Malatya, Harput und anderen Orten hatte die Polizei bereits Waffen an Kurden und Türken verteilt. Jetzt wurden auch die Türken von Arapkir mit Martini-Gewehren ausgerüstet. Vor der Stadt kam es zu Übergriffen. Viele Armenier in Arapkir verbarrikadierten ihre Läden und Buden, wurden jedoch von der Polizei gezwungen, sie wieder zu öffnen. Am Mittwoch, dem 25. Oktober, erhielt der oberste christliche Geistliche der Stadt die Anweisung, dass alle Armenier ihre Waffen abzuliefern hätten. Doch nicht einmal dazu ließ man ihnen die Zeit. Am Mittwochnachmittag war Arapkir bereits von 5000 kurdischen Irregulären und 1600 türkischen Soldaten besetzt. «Sie begannen mit dem Viertel von Garogh», berichtet ein Augenzeuge, «niemand von den Unsrigen konnte mehr das Haus verlassen; das Volk, die regulären Truppen und die Reserven hatten sich in Massen in den Straßen angehäuft. Das Blutbad begann.»[28] Ausrufer waren zuvor durch die Dörfer gezogen und hatten im Namen des Sultans an alle Gläubigen eine Lizenz zum Töten verteilt. In Trabzon (Trapezunt) hatte ein Trompetenruf das Signal zum Losschlagen gegeben. Überall im Land setzte die Nacht der langen Messer durch öffentliche Ankündigungen ein und wurde durch solche auch wieder beendet. In Arapkir wurden dabei nach einem gemeinsamen Bericht der Botschafter der sechs europäischen Großmächte 2800 Armenier ermordet. 2400 Häuser wurden geplündert, mehrere Kirchen entweiht.[29] «Mein lieber Bruder», schrieb einer der Überlebenden: «Das, was das Schmutzigste ist in dieser Sache, ist dies, dass man uns jetzt, nach all dem, was wir haben leiden müssen, noch zwingen will, Dankesschriften an den Sultan zu unterzeichnen! Man will uns sogar sagen machen, dass wir, Armenier, es gewesen seien, die all dies getan haben!»[30]

Eines der letzten und schrecklichsten Blutbäder ereignete sich Ende Dezember in Urfa. Am 28. Dezember 1895 hatten 3000 reguläre und irreguläre Truppen das armenische Quartier der Stadt umzingelt. Bis morgens gegen zehn Uhr herrschte unter den Belagerern eine angespannte Ruhe. Doch plötzlich brach eine unkontrollierte Raserei aus. Das Viertel wurde gestürmt. Türen wurden eingeschlagen, Mauern niedergerissen, Brände gelegt, die Männer ermordet, die Frauen auf dem Markt zum Kauf angeboten.[31] Ein Scheich namens Celal rühmte sich damit, im Namen der Religion an die hundert männliche Kleinkinder eigenhändig abgeschlachtet zu haben; der örtliche Mullah Sait Ahmed hatte eine Fatwa erlassen und öffentlich zu diesem Anlass einen Armenier geköpft.[32] Am nächsten Tag wurden fast alle Armenier, die sich in die Kathedrale geflüchtet hatten, bei lebendigem Leibe verbrannt. Die mächtige armenische Kathedrale, einst das beherrschende Gebäude Urfas, war nach der Gewaltorgie nur noch ein Trümmerhaufen. «Das geschwärzte Deckengewölbe, von grauen zerbröckelnden etwas plumpen Säulen getragen, lastete unheimlich auf dem wie ausgestorbenen Raum», berichtete ein Augenzeuge nach dem Brand: «An den Seitenwänden ragten verkohlte Balkenstümpfe hervor. Augenscheinlich waren die hölzernen Emporen zu beiden Seiten ein Raub der Flammen geworden.»[33] Vor der Mordlust der in der Stadt tobenden Meute waren viele Armenier in ihre Kirche geflohen. Am Morgen des 29. Dezember wurde sie von einem Mob umstellt, der die Kirche mit Petroleum begoss und sie unter lautstarker Anrufung des Propheten und des Sultans in Brand steckte. Die steinernen Seitenstiege des Gotteshauses hatte man verbarrikadiert, um das Entweichen der Opfer aus dem Inferno zu verhindern. Körbe mit frischem grünem Pfeffer wurden in die Flammen geschüttet, um Qualm zu erzeugen, an dem die Menschen, die noch nicht verbrannt waren, ersticken sollten. «Ich sah, wie die Flammen am Boden entlang leckten und die Betäubten erwachten und aufschrien, wenn Feuer sie ergriffen hatte», berichtete ein Davongekommener: «Vor mir stand eine Frau wie eine Feuersäule auf, brannte einige Augenblicke wie eine Fackel und sank dann zu einem verkohlten und qualmenden Haufen zusammen.»[34] Die Gesamtzahl der armenischen Opfer in Urfa betrug etwa 10 000. Mehrere Tage lang blieben die Leichen übereinandergeschichtet auf den Straßen der Stadt liegen, bis die Juden Urfas von den Behörden dazu gezwungen wurden, die Kadaver zu entfernen und in die Stadtgräben zu werfen.[35]

Alles war möglich geworden in diesen Zeiten der Gewalt, sobald die Dämme einmal gebrochen waren. Grausamkeit erzeugte neue Grausamkeiten. «Das eintönige Geschäft, Hunderte von waffen- und wehrlosen Armeniern aus ihren Häusern und Schlupfwinkeln zu zerren, Mann für Mann zu köpfen, zu erstechen, zu erdrosseln, zu erhenken, mit Knütteln, Äxten und Eisenstangen zu erschlagen, ermüdete bald», entrüstete sich Lepsius über den orgiastischen Nihilismus dieser apokalyptischen Tage: «Der joviale Pöbel verlangte nach Abwechslung. Das einfache Totschlagen war zu langweilig – man musste die Sache unterhaltender machen. Wie wäre es, ein Feuer anzuzünden und die Verwundeten drin zu braten, etliche an Pfählen die Köpfe nach unten aufzuhängen, andere mit Nägeln zu spicken oder ihrer fünfzig zusammenzubinden und in das Menschenknäuel hinein zu schießen. Wozu hat ein Armenier so viel Glieder, als dazu, dass man sie einzeln abhackt und ihm die blutigen Stümpfe in den Mund stopft. Das Ausstechen der Augen, das Abschneiden der Nasen und Ohren wird zur Spezialität ausgebildet.»[36] Essig wurde in Wunden geschüttet, Menschen mit Kerosin übergossen und angesteckt, abgeschlagene Köpfe auf Bratspießen ausgestellt, Ermordete an Fleischerhaken aufgehängt, Schwangeren die Bäuche aufgeschlitzt.

Die psychischen Folgen dieser Gewaltorgie sind kaum zu überschätzen. In einem gesetzlosen Freiraum hatte sich Atavismus ungestraft ausbreiten können. «Mein Bruder, ich kann dir berichten, dass wir 1200 Armenier getötet haben, die nur noch Hundefutter sind», schrieb ein türkischer Soldat in einer Feldpost nach Hause.[37] Dieser Soldat, der Schlächter in Aintab, der sechs Armenierköpfe auf seine Bratspieße steckte, oder jener, der Armenier wie Hammel schlachtete und an Fleischhaken aufhängen ließ – all diese Leute waren Teil einer sich plötzlich ausbreitenden mörderischen Subkultur, die von oben nicht nur nicht gebremst, sondern bewusst gefördert worden ist. «Ist es wirklich nur ein durch nichts motivierter Einfall der türkischen Behörden von acht großen Provinzen gewesen, ihren armenischen Untertanen *a tempo* den Krieg bis aufs Messer zu erklären?», fragte Lepsius in *Armenien und Europa*: «Mehr als unwahrscheinlich – unmöglich! Das türkische Reich ist absolut und centralistisch regiert. *Suprema lex regis voluntas*. Der Palast und nicht die Valis regieren das Reich.»[38] Das Ergebnis war mehr als fatal. Denn der Geist des Massakers, das Erlebnis der rituellen Entgrenzung, die Erlaubnis zum Vandalismus verschwanden nicht aus den Köpfen, als die Mordaktionen selbst vorüber waren. Umso weniger, als die Täter von niemandem zur Rechenschaft gezogen wurden. «Dadurch verbreitete sich eine Mentalität», so Vahakn N. Dadrian in einem bedenkenswerten Kommentar, «die Elemente einer kryptischen Kultur beinhaltete, die Massaker als Mittel der staatlichen Politik für etwas Selbstverständliches hielt.»[39] Nach dem Ende der großen Pogrome machte sich 1897 in der muslimischen Unterschicht Istanbuls erneut eine angespannte Erregung bemerkbar. Grund war das Gerücht, dass einem Gendarmen nachts ein Heiliger erschienen sei und ihn aufgefordert habe, in der alten Eyüp-Moschee am Goldenen Horn das heilige Schwert zu holen, da die Zeit zur Niederwerfung der Ungläubigen nun endgültig gekommen sei.[40] Die Büchse der Pandora blieb geöffnet.

Die Welle von Massakern unter der christlichen Bevölkerung Anatoliens, meinte der russische Liberale und damalige Finanzminister Sergej Witte, erwies sich bei nüchterner Betrachtung als akutes Symptom für den fortschreitenden Zerfall des Osmanischen Reichs.[41] Lepsius erblickte hinter den brutalen Auswüchsen von scheinbar spontaner Volkswut einen durch den Palast des Sultans organisierten Vorgang und der inneren Ratio nach «ein rein politisches Ereignis; genauer gesagt eine administrative Maßregel»[42], eine gegen den Zerfall des Reichs gerichtete gewaltsame demographische Politik mit dem Ziel, den Einfluss der christlichen Minderheiten im Osten Anatoliens wirkungsvoll zu minimieren. Es war, so Lepsius, ein «im tiefsten Frieden ausgeführter Massen-Raubmord», bei dem sich ein «selten erreichtes *génie du mal*» betätigte.[43] Ein deutscher Reisender gewann sogar den Eindruck, dass die Türken ganz Anatolien türkisieren wollten und auch vor neuen Massenmorden nicht zurückschrecken würden.[44] Doch die Grenzen waren eindeutig festgelegt. Es verhielt sich so, wie Lepsius feststellen konnte, dass die Morde durch ein öffentliches Signal ausgelöst und nach einer bestimmten Zeit wieder beendet wurden.[45] Abdul Hamid war kein Revolutionär. Eine «totale Lösung» lag außerhalb seiner Vorstellungskraft. Als Sultan und Kalif verfolgte er das Ziel, sein Reich auf

Ermordete Armenier bei Erzurum 1895. In dieser Zeit fanden Massaker mit mehr als 100 000 Toten im Osten Anatoliens statt.

der Grundlage der Scharia notfalls mit Gewalt zu stabilisieren und der nichtmuslimischen Bevölkerung wieder ihren in der göttlichen Weltordnung vorgesehenen Status einer kraft Eroberungsrecht geduldeten Minderheit zuzuweisen.[46]

Dabei war er ursprünglich einmal mit dem Versprechen einer konstitutionellen Monarchie und staatsbürgerlicher Gleichheit angetreten. «Er redete wie ein aufgeklärter Christ», meinte der britische Botschafter Sir Henry Layard, der ihn zu Beginn seiner Regentschaft als «einen der liebenswürdigsten Menschen» bezeichnete, «die mir je begegnet sind, ohne einen einzigen schlechten Charakterzug».[47] Doch Abdul Hamid, den nicht nur Layard als Freigeist erlebt hatte und dem die wirtschaftliche und vor allem die militärische Modernisierung des Landes am Herzen lagen, entwickelte zunehmend despotische Züge. Autokratie, ein paranoider Überwachungsstaat und immer stärker ausgeprägte antiwestliche Ressentiments bestimmten den Stil seiner Regierungszeit. Die orientalische Krise 1875–1878 hatte die meisten europäischen Eliten von der Unreformierbarkeit des Osmanischen Reichs überzeugt, ebenso wie sie das Misstrauen Abdul Hamids und der osmanischen Eliten gegenüber Europa deutlich verstärkte.[48] Sie sahen in der bulgarischen Sezession und der russischen Annexion von Kars und Ardahan einen Bruch der Versprechungen des Pariser Vertrags von 1856. Abdul Hamids Vorstellungswelt wurde fortan von den Erfahrungen des russisch-osmanischen Krieges geprägt.

Zentralismus, Autokratie, die statistische Erfassung der Bevölkerungsgruppen, ein umfangreiches inneres Überwachungssystem und der zielgerichtete Einsatz der Presse als Propagandainstrument wurden zum Kennzeichen seiner Regierungszeit.[49] 1881 bis 1893 führte man die erste moderne Volkszählung durch, die im Einzelnen zwölf verschiedene ethnoreligiöse Gruppen identifizierte, klassifizierte, quantifizierte und damit sichtbar machte.[50] Zum ersten Mal war so die Bevölkerung auf der Grundlage ihrer unterschiedlichen staatspolitischen Validität und Loyalität katalogisiert worden. Abdul Hamid, der die Vereinigten Staaten von Amerika bewunderte und als einen modernen, wohlhabenden und im Unterschied zu den meisten europäischen Großmächten erklärtermaßen religiös fundierten Staat betrachtete, wünschte sich ein ebenso modernes, erklärtermaßen muslimisch fundiertes Osmanisches Reich.[51] Er wusste, dass der Balkan auf lange Sicht verloren war. Immer mehr wurde nun Anatolien zum eigentlichen Kern des Imperiums, zu einem neu zu gestaltenden islamischen «Lebensraum» für Türken und muslimische Flüchtlinge aus dem Balkan und dem Kaukasus. Durch seine strikt zentralistische Politik wollte Abdul Hamid Anatolien vor dem Schicksal des Balkans bewahren. Doch dort lebten nicht nur Türken, sondern auch Armenier, andere Christen und Kurden.

Kurdische Stämme unter ihren meist kriegerischen Aghas beherrschten Teile der Bergregionen in den Ostprovinzen Anatoliens, ohne sich jemals wirklich der osmanischen Zentralgewalt zu unterwerfen. Die meist in den Tälern lebenden armenischen Bauern waren solchen Stammesfürsten tributpflichtig. Nahezu vollständig rechtlos, wurden sie auch regelmäßiges Ziel von Raubzügen zur Erntezeit, bei Hochzeiten oder an Markttagen. So war es klaglos über Jahrhunderte gewesen, bis im 19. Jahrhundert liberale Reformen im Osmanischen Reich, die kulturelle Wiedergeburt und wachsendes politisches Selbstbewusstsein der Armenier zu ständig neuen Spannungen zwischen Armeniern und Kurden führten. Seit den achtziger Jahren kam es, in Erzurum und Van, zu vereinzelten bewaffneten armenischen Widerstandsaktionen. Anfang der neunziger Jahre machten die in Genf gegründeten Huntschakisten in Anatolien von sich reden. Sie betrachteten sich als Sozialisten, waren aber trotz ihrer Verbindungen zu den russischen Exilanten Georgi Plechanow und Vera Sassulitsch keine eigentlichen Marxisten. Der Ruf nach dem Volk in der Tradition der russischen *Narodnaja Wolja* verwandelte sich bei ihnen in den Ruf nach der traditionellen armenischen Erde und vermischte sich mit marxistischen Ideen von Klassenkampf, Modernisierung und Internationalismus.[52] Terroristische Neigungen waren ihnen wie ihren russischen Vorbildern nicht fremd, und sie kultivierten in kryptochristlicher Tradition einen gewissen Märtyrermythos des Desperados. Ohne Opfer würde es keine Befreiung und Erlösung geben. Sehr bedeutsam war ihr Einfluss unter der armenischen Landbevölkerung Ostanatoliens nicht, aber sie verkündeten neue Botschaften. Ihre Opposition zum Status quo war weniger durch die Tatsache motiviert, dass sie in keinem armenischen Staat lebten, sondern durch die unterdrückerische und ausbeuterische Natur des Osmanischen Reichs und seiner rückständigen Gesellschaftsstruktur.[53] Abdul Hamid betrachtete die armenischen Revolutionäre zweifellos im Licht der Balkansezessionen und seiner zunehmenden Paranoia wie durch ein Vergrößerungsglas.

Auch die Spannungen zwischen den Kurden und der Zentralregierung nahmen zu. Abdul Hamid sah sich mit aufständischen Kurdenstämmen konfrontiert, die Autonomieforderungen innerhalb des Osmanischen Reichs erhoben und selbstbewusst «Privilegien wie andere Nationen» forderten.[54] Seine strategisch durchdachte Reaktion bestand darin, die sunnitischen Kurden – nicht alle Kurden waren sunnitisch – durch die Gewährung von Privilegien an Thron und Kalifat zu binden.

Um sie für sich zu gewinnen, machte der Sultan einige ihrer Stammesführer zu Chefs einer ihm persönlich unterstellten militärischen Spezialorganisation.

Im Jahre 1891 gründet er seine sogenannten «Hamidiye-Regimenter» nach dem Vorbild russischer Kosakenverbände. Die nach Sultan Abdul Hamid benannten *Hamidiye* bestanden ausschließlich aus kurdischen Stämmen sunnitischen Glaubens und sollten, so ihre Gründungsstatuten, der «Verteidigung gegen ausländische Übergriffe und Bedrückungen» dienen. Sie waren vom regulären Militärdienst ausgenommen, genossen Steuerfreiheit und blieben ihren in den Rang von Obersten erhobenen Stammesführern unterstellt. Ihre Verwendung gegen «ausländische Übergriffe» war von Anfang an sehr vieldeutig zu verstehen. Natürlich sah Abdul Hamid in ihnen irregulär einsetzbare Einheiten, die sich im Grenzgebiet vorteilhaft gegen Russen und schiitische Perser verwenden ließen. Doch in des Sultans Kopf setzte sich zunehmend auch die Vorstellung eines mit den imperialistischen Mächten verbündeten «Feindes im eigenen Land» durch. Alle Reformen, die von seinen Vorgängern zu Gunsten der nichtmuslimischen Minderheiten im Reich vollzogen worden waren, hatten in seinen Augen letztlich zu nichts anderem geführt als zu einer Stärkung des Einflusses ausländischer Mächte eben durch diese traditionell mit dem Westen oder Russland verbundenen christlichen Minoritäten. Sämtliche armenischen Beamten, die es seit den liberalen Reformen des frühen 19. Jahrhunderts in den anatolischen Ostprovinzen gab, wurden jetzt zeitgleich mit der Gründung der *Hamidiye* aus ihren Ämtern entlassen.[55] Abdul Hamid gewährte diesen Kurden zwar keine Autonomie, doch er setzte sie «von seinen Gnaden» als marodierende Herrscher der anatolischen Ostprovinzen ein und spielte sie damit bewusst und sehr erfolgreich gegen die Armenier aus.

Für die kurdischen Aghas hatte sich durch Abdul Hamids Politik eine erhebliche Statusveränderung vollzogen. Das labile Gleichgewicht in Ostanatolien wurde durch nichts so sehr in Frage gestellt und zerstört wie durch die Entscheidung des osmanischen Staats, eine Allianz mit den Kurden einzugehen, die für die Zentralgewalt eigentlich eine wesentlich größere Gefahr darstellten als die Armenier.[56] Aus lokalen Clanführern wurden plötzlich Stützen des Reichs, die ihre Privatinteressen jetzt leicht unter dem Mantel einer vorgeblichen nationalen Sicherheit verstecken konnten. Das war 1894 der Fall, als sich die Armenier des Sassun gegen die bedrückende doppelte Steuerlast sowohl ihrer kurdischen Feudalherren als auch des Staats erhoben. Der Aufstand hatte damit begonnen, dass sich die relativ wohlhabenden armenischen Schafzüchter und Bauern der Bergregion unter dem Einfluss von einem Dutzend Huntschakisten geweigert hatten, weiterhin Schutzgelder an kurdische Stammeshäuptlinge zu zahlen. Gewöhnlich hätte ein solcher Vorfall zu einer lokalen Auseinandersetzung zwischen Kurden und Armeniern geführt. Doch im Zeitalter von Abdul Hamids staatlichem Zentralismus wurde daraus nun eine nationale Angelegenheit. In einer raffinierten Vermischung ihrer privaten räuberischen Interessen und ihrer neuen Stellung als Repräsentanten des Reichs beschuldigten die kurdischen Aghas die Armenier des Sassun, sie seien «Separatisten», die eine Abspaltung planten, und forderten Verstärkung aus Istanbul an. «Übereifrige Beamte glaubten in Sassun ein Zentrum der Verschwörung entdeckt zu haben», meldete damals die *Frankfurter Zeitung*, «worauf die erschreckten Machthaber im Palais zu Konstantinopel den Befehl zum entschiedenen Dreinschlagen gaben.»[57] Reguläre Truppen kreisten in einem riesigen Aufmarsch gemeinsam mit vier Regimentern *Hamidiye* und kurdischen Banden die Bergdörfer des Sassun ein. Einen Monat lang dauerten die Kämpfe.

Die Legitimation und das Muster für die Gewaltorgien der Jahre 1895 und 1896 waren damit vorgegeben, aber auch das Muster für die eigentümliche Vermischung von staatlicher Politik und mörderischer Subkultur, mit dem Abdul Hamid Geschichte schreiben sollte. Der Einsatz der kurdischen *Hamidiye* war wild und brutal, doch selten von jenem orgiastischen Fanatismus getragen, mit dem die meist türkischen Stadtbewohner ihre Nachbarn dem Inferno ausgeliefert haben. «Die Kurden töteten nicht so viel wie die Türken, sie zogen die Plünderung dem Morden vor», berichtete ein Augenzeuge.[58] Ohne die irregulären kurdischen *Hamidiye* jedoch wäre wahrscheinlich kaum eine Stimmung entstanden, in der jede Regelverletzung als legitimes Mittel staatlicher Politik, jede Grenzüberschreitung als gottgewollt, jeder sadistische Reiz als heiliger Akt der Befreiung empfunden werden konnte. «Morde, Plünderungen von Gehöften und Weilern, Raub von Vieh», meldete der französische Botschafter Paul Cambon: «Alles bleibt ungestraft.»[59] Die armenische Bevölkerung war nach der Mordwut dezimiert, die Überlebenden eingeschüchtert. Insbesondere kurdische Aghas hatten sich während der Pogrome in großem Stil armenischen Grundbesitz angeeignet.

Im August 1896 überfielen armenische Revolutionäre in einem Akt der Verzweiflung die Osmanische Bank in Istanbul. «Die Zeit der diplomatischen Spiele ist vorbei», hieß es in zeitgemäßem revolutionärem Tonfall in einem an die europäischen Mächte adressierten Flugblatt: «Das Blut, das unsere hunderttausend Märtyrer vergossen haben, gibt uns das Recht, die Freiheit zu verlangen.»[60] Die Spitzel des Palasts waren offenbar vorab informiert. Bereits in der Nacht vor dem Anschlag waren armenische Häuser mit Kreide gekennzeichnet worden. Am 26. August, als die Besetzung der Osmanischen Bank begann, zogen Todesschwadronen durch die Straßen. Istanbul erlebte noch einmal eine Massenschlächterei, weit schlimmer als im Vorjahr. Überall standen schon zu Beginn der Morde Karren bereit, um die Toten abzutransportieren. Die Polizei hatte alles unter Kontrolle, tat aber nichts, um die Ausschreitungen zu verhindern. «Wer dieser Nation angehörte, wurde eben abgeschlachtet, gleichviel wo man ihn fand oder ihm begegnete. Jeder Niedergeschlagene wurde solange getreten, gestochen oder geschossen, bis der letzte Atemzug entflohen war», berichtete der deutsche Botschafter von Saurma-Jeltsch: «Bestialische Verstümmelungen der entseelten Körper fanden häufig statt (...). Während all dieses Mordens und Tobens des Pöbels war die Sicherheit der Fremden nicht einen Augenblick gefährdet. Sowohl von den Truppen als auch von der Polizei, als sogar von dem mit den Keulenstöcken arbeitenden Volk wurde denselben stets mit Höflichkeit begegnet.»[61] Es war eine für jedermann sichtbare gezielte Aktion. 6000 Armenier sind dieser «Bartholomäusnacht von Konstantinopel» zum Opfer gefallen.

In einer Depesche der nun erst zu einer gemeinsamen Antwort bereiten sechs Großmächte an den Sultan vom 27. August 1896 hieß es, während die Massaker noch andauerten, diese Ereignisse, die «alle Anzeichen einer speziellen Organisation» aufwiesen, müssten «sofort aufhören, oder stellen den Bestand der Türkei und ihrer Dynastie in Frage».[62] Lord Salisbury und für einen kurzen Augenblick selbst Wilhelm II. gingen in diesen Tagen so weit, die sofortige Absetzung Abdul Hamids zu fordern.[63] Der Schock, den die entfesselte Mordlust bei den Botschaftern der europäischen Großmächte auslöste, war ein nicht unwesentlicher Grund dafür, dass die versuchte Erpressung der Regierung des Sultans durch Geiselnahme unblutig ausging. Über die Vermittlung der russischen Botschaft gelang es, die Geiselnehmer zum Aufgeben zu bewegen, indem ihnen freies Geleit zugesichert wurde. Unter starkem Druck willigte die Pforte ein. An Bord des französischen Dampfers *La Gironde* verließen sie einige Tage später Istanbul Richtung Marseille.

Nichts war nach diesen zwei Jahren mehr so wie vorher. Die Folge der Gewalt und Verwüstung war in weiten Teilen der anatolischen Ostprovinzen eine Hungersnot, die ihrerseits neue Opfer forderte. Der Mangel führte zu einer zweiten Welle von Enteignungen. Bauern, die ihre Steuern nicht zahlen konnten, wurden zum Verkauf ihrer Ländereien gezwungen. Viele Armenier emigrierten nach Russland, Persien, Europa oder in die USA.

Abdul Hamid aber hatte es gelernt, mit den Großmächten russisches Roulette zu spielen. Möglicherweise sei er «der Letzte der Kalifen», hat er einmal den russischen Botschafter Nelidov wissen lassen: «Aber ich will niemals ein zweiter Khedive werden» (wie der von den Engländern abhängige Statthalter in Ägypten).[64] Er glaubte sich sicher zu sein, dass die Interessengegensätze der Großmächte groß genug waren, um ihm nicht gefährlich werden zu können, und stritt die Vorgänge in Istanbul einfach ab, indem er die Opfer zu Tätern machte. Eine kleine Sensation war, dass sich die Botschafter der sechs Mächte 1897 weigerten, ihre Häuser wie üblich zum Geburtstag des Sultans zu illuminieren.[65] Doch sonst passierte nichts. Zu sehr divergierten die Interessen der Großmächte. Russland war durch seinen neuen Rivalen Japan immer mehr im Fernen Osten gebunden, dem britischen Empire das Mandat über Ägypten und den Suezkanal wichtiger als die armenische Frage.[66]

1897 erklärte Abdul Hamid diese für beendet.[67] Das Selbstbewusstsein des Palasts war im Frühjahr nach einem kurzen, erfolgreichen Krieg mit Griechenland enorm gestiegen.[68] «Die Gläubigen des Propheten durchleben in diesen Tagen unter der ruhmreichen und unvergleichlichen Regierung Abdul Hamids II. ein seltenes, kaum erwartetes Glück», verkündete das Palastorgan *Malumat*: «Durch die gesamte islamische Welt (...) geht das eine Gefühl, dass jetzt die Zeit gekommen ist, das Reich des Propheten in seiner alten Herrlichkeit wieder aufzurichten.»[69] Die ausgestreckte Hand des deutschen Kaisers wird den Sultan in dieser Zuversicht bestärkt haben.

Wilhelm II., der 1896 noch gemeinsam mit Lord Salisbury der Meinung gewesen war, der Sultan gehöre abgesetzt, schickte wenig später Abdul Hamid mit freundschaftlicher Geste ein Bild der kaiserlichen Familie, als wäre nichts geschehen. Für die deutsche Politik war das Osmanische Reich längst zu einem Faktor der «Weltpolitik» geworden. «Die Türkei ist sehr lebendig und kein Land, das im Sterben liegt», schrieb er an den Zaren: «es ist nicht ratsam, die nationale Ehre der Muselmanen oder ihren Kalifen anzutasten».[70] Als wolle er das seinem russischen Cousin unter Beweis stellen, ließ er sich von der Agentur Thomas Cook eine pompöse Orientreise zur Einweihung der Erlöserkirche in Jerusalem organisieren, um sich anschließend in der Großen Moschee von Damaskus zum Schutzherrn aller Muslime der Welt zu erklären. «Möge Seine Majestät der Sultan und mögen die 300 Millionen Mohammedaner», so Wilhelm dort am 8. November 1898, «welche auf der Erde zerstreut lebend in ihm ihren Kalifen verehren, dessen versichert sein, dass zu allen Zeiten der deutsche Kaiser ihr Freund sein wird.»[71] Geschickt hatte er sich in Jerusalem dem frommen Kalifen als «christlicher Kaiser» präsentiert, für den Gehorsam gegenüber dem gottgewollten Herrscher eine zentrale Tugend war. Ebenso geschickt inszenierte er in Damaskus die künftige deutsche *pénétration pacifique* des Osmanischen Reichs durch Anspielungen auf seinen mittelalterlichen Vorgänger Friedrich II. von Hohenstaufen, dem es gelungen war, Sultan Saladin mit rein diplomatischen Mitteln zur Übergabe der Stadt Jerusalem zu bewegen.[72]

Er kultivierte damit aber auch einen gefährlichen Werterelativismus, der tiefe Wurzeln in den historistischen Traditionen des deutschen Geisteslebens hatte. Die ganz eigene Kultur des Orients, so gewaltsam sie auch sein mochte, dürfe man nicht mit westlichen Maßstäben messen. Verbunden war damit die Zusicherung, sich nicht in die inneren Angelegenheiten fremder Staaten einzumischen. Da rankte sich der Mythos eines deutschen «Unimperialismus» ein, so interessengeleitet und zynisch er auch sein mochte. Die europäische Öffentlichkeit war irritiert, nicht nur wegen der Weltmachtansprüche der Rede und angesichts der Tatsache, dass die Mehrheit der Muslime im britischen Empire lebte, sondern auch, weil Wilhelm sich hier unumwunden mit dem Regime des geächteten Abdul Hamid identifizierte. Abdul Hamid bedankte sich mit weitreichenden Konzessionen für den Bau einer Bahn von Konya nach Bagdad und einer Hafenanlage in Haidar Pascha auf der asiatischen Seite des Marmarameeres. Von den armenischen Gräueln war bei dieser Reise nicht die Rede – und wenn, dann höchstens in verstiegenen Theodizeen wie der des mitreisenden nationalsozialen Politikers Friedrich Naumann, der den armenischen Opfern einen höheren Sinn abgewinnen wollte, der in Deutschlands angeblicher Bestimmung zur Weltpolitik begründet lag. «Hier», so Naumann, nämlich in Deutschlands antienglischer Sendung, liege «der tiefe sittliche Grund, weshalb wir gegen die Leiden der christlichen Völker im türkischen Reiche politisch gleichgültig sein müssen». Wer international wie Lepsius denke, und damit meinte Naumann: «englisch», der möge es mit den Armeniern halten.[73]

3.
Revolution

Nach der Reise des Kaisers in den Orient druckte Martin Rades *Christliche Welt,* das damals einflussreichste Journal des liberalen Kulturprotestantismus, einen Artikel der in Paris auf Französisch erscheinenden jungtürkischen Oppositionszeitschrift *Mechveret* ab. *Mechveret* hatte gegen die Pilgerreise des Monarchen nach Jerusalem nichts einzuwenden, verurteilte aber in scharfen Tönen angesichts der «unzähligen Metzeleien, die in Armenien stattgefunden haben», das Treffen mit Abdul Hamid. «Was», las man dort, «sollen die, die jene blutigen Gräuel überlebt haben, die Eltern und Kinder der unglücklichen Opfer davon denken, wenn sie den deutschen Kaiser dem Mann, der Tausende von menschlichen Existenzen hingemordet hat, die Hand reichen und den Bruderkuss geben sehen?»[1] Seit Ende September 1897 erschien das Journal offiziell als Organ des jungtürkischen *Comité Union et Progrès* (CUP), des Komitees für Einheit und Fortschritt.[2] Herausgeber war Ahmed Riza, der intellektuelle Kopf der osmanischen Exilanten im Paris des späten 19. Jahrhunderts. 1895 hatte das CUP anlässlich der Demonstration in Istanbul zunächst das kritisiert, was es ein armenisches Abenteuer nannte, dann aber zu gemeinsamen Aktionen von Muslimen und Christen gegen die Autokratie des Sultans aufgerufen, weil es befürchtete, dessen Politik könne eine ausländische Intervention zur Folge haben. Ein Flugblatt des CUP in Istanbul Ende 1896 und Ahmed Riza auf der Haager Friedenskonferenz 1899 bezeichneten Abdul Hamid aus dem gleichen Grund und in Anlehnung an Gladstone als einen «großen Mörder».[3] Er war in ihren Augen mit seiner mörderischen Politik in erster Linie eine Gefahr für die Einheit des Reichs.

Solche proarmenischen Äußerungen, die zudem mehr staatspolitischen als menschenrechtlichen Überlegungen folgten, waren in den Reihen des CUP aber keineswegs unumstritten. *Mechveret* spiegelte diese inneren Differenzen wider, als es im August 1897 die Armenier beschuldigte, «die Fahne des Separatismus» gehisst zu haben.[4]

Riza war der Sohn eines in der Verbannung gestorbenen liberalen osmanischen Politikers, der wegen seiner perfekten Englischkenntnisse «Ingiliz Ali» genannt wurde, und einer zum Islam konvertierten Ungarin. Er hatte in Paris studiert, sprach fließend Französisch und lebte als Direktor des Erziehungswesens in Bursa (Brussa), als er 1889 Hals über Kopf vor den Nachstellungen der Polizei des Sultans nach Paris fliehen musste. Seine von der positivistischen Philosophie Auguste Comtes beeinflussten Artikel in der französischen Presse und seine Konferenzen über die Emanzipation der osmanischen Frau erregten erhebliche Aufmerksamkeit. Ahmed Riza war ein Schüler und Freund des Positivisten Pierre Laffitte, der am Collège de France lehrte und nach dessen Vorstellung die «kritische» Zeit, die durch die Französische Revolution ausgelöst worden war, eines Tages durch das «positive Zeitalter» überwunden würde; gewissermaßen als Negation der Negation des als «organisch» verstandenen Mittelalters so etwas wie dessen verjüngte und zivilisierte Wiederkehr.

Es war die Faszination der Überwindung von Zerfall und Zerrissenheit und die tröstende Hoffnung, die Vergangenheit in einer modernisierten Neuausgabe wiedergewinnen zu können, die Riza bei den Positivisten verspürte. Sie schien ihm einen Schlüssel zu den Problemen des untergehenden Osmanischen Reichs und dessen Rettung zu versprechen. «Durch den Fortschritt zur Ordnung» war die Devise dieses sehr modernen und dynamischen Konservatismus, für den die «Union», also das Wort «Einheit» im Parteinamen, so etwas wie das unauflösliche Kollektiv einer säkularen *umma* darstellte. Ernst Haeckels monistischer Vulgärdarwinismus und seine scheinbar wissenschaftlichen Welterklärungsformeln beeindruckten diese Kreise ebenso wie Colmar von der Goltz' Vision eines zum Überlebenskampf geeinten Volks in Waffen.[5] Große Kämpfernaturen wie die Türken, entnahmen sie Goltz, waren geborene Herrscher.[6] Ein Kult der Machbarkeit der Welt war das Ergebnis.

Im Pariser Milieu machten die türkischen Intellektuellen auch Bekanntschaft mit der Verbindung von Positivismus und Nationalismus,[7] wie sie von Charles Maurras und der protofaschistischen *Action Française* repräsentiert wurde. Maurras' französisch-katholischer Integralismus, ein antisemitischer «Kulturkatholizismus» mit allen Kennzeichen einer religiös aufgeladenen Politik, der sich um 1899 in Paris endgültig formiert hatte,[8] wirkte stilbildend auf das Verhältnis der jungtürkischen Intelligenz zum Islam. Die Erneuerung des Osmanischen Reichs sollte für Riza aus einem wie auch immer gearteten islamischen Geist erfolgen, der für ihn viele Berührungspunkte mit der «positiven Religion» Auguste Comtes aufwies, die er in Paris kennengelernt hatte.

Mit diesen Impulsen vermischten sich Inspirationen aus dem Werk zweier islamischer Denker des 19. Jahrhunderts zu einem Amalgam. Sowohl der Ägypter Muhammed Abduh als auch der Iraner Jamal al-Din al-Afghani hatten sich angesichts der Stagnation der islamischen Welt mit dem Problem einer neuen Verbindung von Islam und moderner Rationalität beschäftigt, und ihre Ideen über Religion und Wissenschaft sowie ein auf die Ursprünge des Islam zurückgehendes Verständnis der Scharia übten einen großen Einfluss auf die Opposition gegen Abdul Hamid aus. Ahmed Riza appellierte an den Sultan und Kalifen, dass die richtig verstandene Scharia eine Verbesserung der gesellschaftlichen Zustände durch repräsentative Mechanismen geradezu fordere, und benutzte dies als ein Argument, für die Wiedereinführung der Verfassung von 1876 und eine konsequente «Osmanisierung» von Staat und Gesellschaft zu plädieren. Der Dagestaner Murad Bey stimmte mit ihm darin überein, dass die Scharia der Autorität des Kalifen Grenzen setze. Prinz Sabahaeddin schließlich, ein Neffe des Sultans, der 1898 nach Paris geflohen war, fand in einer modern ausgelegten Scharia Argumente für eine stärkere Betonung individueller Initiative. Der beste Weg aus der Krise des Reichs, so seine Ansicht, ließe sich durch westliche Standards in der Bildung und Lebensführung, liberale Marktwirtschaft, eine substantielle Dezentralisation staatlicher Macht und eine Stärkung lokaler Autoritäten erreichen. Allen diesen Strömungen ging es aber im Kern darum, den nationalen Irredentismus vor allem der christlichen Minderheiten zu reduzieren und weitere territoriale Verluste des Reichs zu verhindern, die ihrer Meinung nach unter Abdul Hamids autokratischem Regierungsstil unvermeidlich waren.[9]

Ein wesentlicher Differenzpunkt war die Frage ausländischer Intervention zur Unterstützung eines Regimewechsels. Auf einem Kongress der osmanischen Opposition in Paris 1902 kam es wegen dieser Frage zu einem Bruch. Die Mehrheit unter Sabahaeddin setzte, gemeinsam mit Vertretern der christlichen Minderheiten, auf britische Intervention, während Ahmed Riza jede Einmischung von außen strikt ablehnte. Sabahaeddin vertrat zudem ein integratives und inklusives Konzept von Osmanismus, Riza dagegen ein integrales. Es orientierte sich an dem Vorbild des integralen Nationalismus der *Action Française* und ihrer Vorstellung einer Suprematie der mediterranen Rasse, und ersetzte sie durch die Vorstellung einer türkisch-sunnitischen Suprematie im Osmanischen Reich. Sie stellte traditionelle Hierarchien zwischen den ethnoreligiösen Gruppen nicht grundsätzlich in Frage, sondern formulierte sie nur zeitgemäß um. Neu war insbesondere eine meritokratische, an militärischen Effizienzkriterien orientierte Weltsicht, die sich gegen den alten osmanischen Klientelismus richtete. Die Integralisten verstanden sich als Modernisierer und Konstitutionalisten, aber sie waren antiliberale, konservative Revolutionäre mit einem ausgeprägten Elitebewusstsein. Ihr Ziel bestand in einem starken zentralisierten Staat.[10]

1905 gründete Sabahaeddin seine Liga für Privatinitiative und Dezentralisation, die für einige Zeit erfolgreich bei einer Reihe von lokalen Aktionen in Anatolien mit der 1890 in Tblissi gegründeten Armenischen Revolutionären Föderation Daschnakzutiun zusammenarbeitete, die 1896 als Beobachter am Vierten Kongress der Sozialistischen Internationale teilnahm und ihr 1907 gegen den Widerstand der russischen Bolschewiki beitrat. «Wenn die Muslime die Armenier aufgefordert hätten, gemeinsam mit ihnen die Rechte der Osmanen zu verteidigen, statt eilends armenische Dörfer zu plündern», schrieb das Organ der Liga mit Bezug auf die Massaker der neunziger Jahre, «hätten sie ihrem Vaterland zweifellos einen größeren Dienst erwiesen.»[11] Für die armenischen Parteien waren die ersten Jahre des 20. Jahrhunderts eine Zeit neuer Hoffnungen auf politische und soziale Veränderungen im Osmanischen Reich, besonders in Ostanatolien. Die Daschnakzutiun erklärte 1907 einen demokratischen Föderalismus zum Hauptziel ihrer osmanischen Politik. Die Huntschakisten proklamierten wenig später ihre Option für einen Zentralstaat mit Regelungen für die kulturelle Autonomie der Minderheiten.[12]

Beide Parteien waren im Prinzip internationale Organisationen, die auf die komplexen Herausforderungen in Russland und im Osmanischen Reich jeweils anders reagieren mussten. Sie waren in die Kulturen und Ökonomien beider Länder in unterschiedlichem Maße integriert und agierten und fühlten sich als Teil dieser Welten. Ihre Hoffnungen richteten sich deshalb sowohl auf eine Demokratisierung Russlands als auch des Osmanischen Reichs. Im frühen 20. Jahrhundert war die dezentral organisierte Daschnakzutiun[13] eindeutig die einflussreichere und moderatere von beiden sozialistischen Parteien. Ihre Forderungen nach Gerechtigkeit sahen sich dabei aber stets denkbaren Antinomien ausgesetzt, die Lösungen schwierig machten, und die etwas mit den Ungleichheiten der Nationen und Ethnien des Osmanischen Reichs zu tun hatten. «Klassenkampf», hieß es im Programm der Daschnaken von 1907, «wird eine komplexere Frage in solchen Ländern, wo die Repräsentanten des herrschenden ethnischen Elements, die den Staat und die öffentlichen Institutionen kontrollieren, die schwächeren Nationen und Minderheiten unterdrücken.»[14] Hier lag der Kern des Problems, besonders im Osmanischen Reich.

Das CUP entwickelte sich unter der Führung von Bahaeddin Schakir, dem ehemaligen Privatarzt des oppositionellen Prinzen Yusuf Izzeddin, immer mehr zu einer aktivistischen nationalistischen Kampforganisation. Im Herbst 1905, als Schakir in Paris eintraf, waren die Aktivitäten des Komitees auf einem Tiefpunkt angelangt. Schakir spielte in dieser Situation für das Komitee, so der türkische Historiker Şerif Mardin, eine ähnliche Rolle wie Josef Stalin für die bolschewistische Partei in Russland.[15] Eine erfolgreiche Revolution, verkündete er, benötige nicht in erster Linie intelligente Federn, sondern ausschließlich Stärke. Das Zentralorgan des Komitees sollte ein «Kampfblatt» werden.[16] Fedajin, die bereit und in der Lage waren, für die Sache des Komitees ihr Leben zu opfern, sollten gezielt rekrutiert und politischem wie militärischem Training unterworfen werden. Femegerichte gegen «Verräter» und «Feinde des Vaterlands» wurden eingeführt, Codes ausgegeben, die sich von Zelle zu Zelle unterschieden, so dass diese nie untereinander, sondern nur mit dem Zentralkomitee kommunizieren konnten. Vor allem aber wurde alles dem Diktat des Zentralkomitees unterworfen, das auch die Losung ausgab, dass das Komitee in Zukunft «rein türkisch»[17] zu bleiben habe. «Er erfüllte die jungtürkische Bewegung in Paris mit neuem Leben», beschrieb ein ehemaliger Mitkämpfer diese Aktivitäten: «Binnen zwei Jahren schuf er ein revolutionäres Komitee und erhöhte die Mitgliederzahl der Organisation.»[18] An die Stelle der sublimen konservativen Theorien Ahmed Rizas trat zunehmend ein handfester und aktivistischer Nationalismus.

Eine erste türkisch-nationalistische Welle hatte sich zu dieser Zeit bemerkbar gemacht und Teile des CUP erfasst. 1903 war in Kairo das Journal *Türk* gegründet worden, das zum ersten Mal die «türkische Rasse» zum Thema machte. Ägypten, das als osmanische Provinz unter britischer Verwaltung stand, war der Zensur Abdul Hamids entzogen, weshalb Kairo zu dieser Zeit zu einem wichtigen Verlagsort für die oppositionelle Presse wurde. Für *Türk* war der osmanische Staat immer ein türkisches Reich gewesen, das es ohne die großen türkischen Siege wie auf dem Amselfeld im Kosovo, Selims Eroberung von Kairo oder die Einnahme von Konstantinopel durch Mehmed den Eroberer nie gegeben hätte. *Türk* war strikt antiarmenisch eingestellt und machte den Armeniern den Vorwurf, ihren Reichtum im Bündnis mit den westlichen Mächten auf Kosten der Türken erlangt zu haben.

1904 erschien in *Türk* unter der Überschrift *Drei Arten der Politik* ein Aufsatz des Wolgatataren Yusuf Akchura, der von vielen wie ein erlösendes Grundsatzprogramm wahrgenommen wurde. «Die Idee eines türkischen Nationalismus, der auf ethnischen Prinzipien beruht, ist ganz neu», hieß es da: «Ich glaube nicht, dass diese Idee im Osmanischen Reich oder in irgendeinem anderen früheren türkischen Staat jemals existiert hat.»[19] Alle Versuche, unterschiedliche Rassen und Religionen in einem Staatsgebilde zu vereinen und zu assimilieren, so Akchura, seien in der Vergangenheit gescheitert. Diese Gründungsschrift des türkischen Nationalismus entfaltete eine ungeheure Wirkung.

Seit etwa 1906 gewann diese Richtung in den Reihen des Komitees an Gewicht, auch wenn sie zunächst nur eine energische Minderheit bildete. Auf jeden Fall aber sah sich das CUP als eine erklärtermaßen osmanisch-muslimische Organisation[20], die Akchuras Diagnose eines gescheiterten Multikulturalismus im Prinzip teilte. Nie verfügte das Komitee über ein durchdachtes Konzept für die Zukunft der christlichen Minderheiten des Reichs, dessen Rettung sein wichtigstes Anliegen war. Unter den Vertrauten Schakirs bildete sich aus diesem Grund ein gewisses *doublespeak* aus. Im Umgang und in der Korrespondenz mit Vertretern christlicher Minderheiten wurde eine «osmanische» Terminologie gepflegt, in den inneren Zirkeln eine «türkistische».

Der Armenier Diran Kelekian, der spätere Chefredakteur der Zeitung *Sabah* und Professor an der Osmanischen Universität in Istanbul, gab Schakir 1906, als sie noch auf gutem Fuß miteinander standen, zu verstehen, seiner Ansicht nach könne das Reich nur auf der Basis eines osmanischen Liberalismus gerettet werden und nicht durch «Türkifizierung». Eine Politik der Assimilation, warnte er ihn, würde verhängnisvolle Folgen haben.[21] Das CUP aber wusste zu dieser Zeit nur, was es nicht wollte. Es wollte keine «österreichischen» Verhältnisse, also «keine Nationalitäten in der Türkei», wie es Mehmet Nazim, Schakirs engster Mitarbeiter, 1908 Max Nordau als Vertreter der zionistischen Bewegung unmissverständlich zu verstehen gab.[22]

Der Vorwurf galt auch Sabahaeddins Liga. Sabahaeddin Bey, so Schakir, akzeptiere mit seinem politischen Konzept stillschweigend eine Suprematie der Christen über die Muslime im Osmanischen Reich,[23] die er für eine zwangsläufige Folge von dessen liberalem Kosmopolitismus[24] hielt. Der Türkismus der Jungtürken entwickelte sich ursprünglich weniger aus «völkischen» Impulsen als aus dem «türkischen» Staatsdenken einer in ihrem Status gefährdeten ehemaligen Eroberernation. «Letztlich», meint Kemal Karpat, «lag ihrer Politisierung des Türkentums ein Zusammenstoß von Staatszentriertheit und Individualismus zugrunde, oder von Zentralisation und Dezentralisation.»[25] Dass Schakir ein Bündnis mit den armenischen Daschnaken suchte und auch mit den Huntschakisten verhandelte, hatte etwas mit diesem staatszentrierten Denken zu tun. Er wollte um jeden Preis einen schon früh als potentiellen Feind verstandenen – und in seinen Augen mächtigen – Partner so weit wie möglich einbinden und damit neutralisieren. Er wusste zudem, dass das Überleben des Reichs, einstweilen jedenfalls, von den wirtschaftlichen und intellektuellen Kompetenzen seiner christlichen Minoritäten abhängig war. Die Stärkung der eigenen Organisation war deshalb umgekehrt eine vordringliche Aufgabe. Immer wieder schärfte er das seinen Leuten ein, warnte sie 1906 vor unüberlegten Aktionen, solange die Feinde überlegen waren, solange die Organisation sich «in diesem Zustand der Schwäche» befinde, und riet zu einer leisen und subversiven Taktik der Adoption westlichen Know-hows nach dem Vorbild der Japaner.[26]

1907 unternahm er deshalb von Paris aus, unter falschem Namen und mit falschem Pass, eine Reise ins Reich, um die Sache selbst in die Hand zu nehmen. Das wichtigste konspirative Treffen während dieser Reise fand im Mai 1907 in Istanbul statt. Mehmet Talaat, der spätere Innenminister und Großwesir des Kriegskabinetts, hatte sich von Saloniki aus in einer verschlüsselten Botschaft an Mehmet Nazim in Paris gewandt, um Schritte zu einer Verbesserung der Koordination zwischen dem Komitee in Paris und den Organisationen im Inland einzuleiten. Eine Verabredung in Budapest schlug fehl, weil es Talaat und seinen Leuten nicht gelang, das Reich unbemerkt zu verlassen. Schakir traf sich deshalb in Istanbul mit einem Konfidenten.[27] Was hier besprochen wurde, war nichts weniger als die von Talaat angeregte Verschmelzung der einflussreichen Osmanischen Freiheitsgesellschaft, die in Saloniki ihre wichtigste Basis hatte, mit dem Pariser Komitee für

Mehmet Talaat, später osmanischer Innenminister und Großwesir, war die eigentlich starke Hand des jungtürkischen Komitees für Einheit und Fortschritt.

Einheit und Fortschritt. Seit 1906 hatte er in Saloniki diese Untergrundorganisation aufgebaut[28], und Schakir konnte bei seinen Erkundungen schnell feststellen, dass beide Seiten dieselben Ziele verfolgten und die gleichen Ideen hatten.[29]

Talaat war es in kürzester Zeit gelungen, mit seiner Freiheitsgesellschaft unter den jungen Offizieren der Dritten Armee Fuß zu fassen. Die wichtigste Figur, die er in dieser Zeit rekrutierte, war der junge Hauptmann Ismail Enver, der spätere Kriegsminister Enver Pascha.[30] Unter den Hauptleuten und Majoren in Makedonien befanden sich nicht wenige, die bereits als junge Kadetten an der Kriegsakademie durch ihre Lehrer mit den Ideen des Komitees in Berührung gekommen waren.[31] Für viele von ihnen, die meist aus den unteren Mittelschichten stammten, war die Armee der einzig gangbare Weg zum sozialen Aufstieg gewesen.[32] Es waren Offiziere mit einem eher kleinbürgerlichen Hintergrund, anfällig für nationalistische Ideen und jedem aristokratischen Dünkel abgeneigt. Sie waren Kinder eines Krieges, der seit Jahrzehnten auf dem Balkan schwelte und immer wieder zu Gefechten, Scharmützeln oder militärischen Strafaktionen geführt hatte. Ende Oktober 1903 erst war ein Bauernaufstand der makedonischen Bulgaren, der im April mit einer Serie von Bombenanschlägen in Saloniki begonnen hatte, brutal niedergeschlagen worden.[33] Häuser wurden niedergebrannt, das Vieh der Bauern vertrieben.

In solche Auseinandersetzungen waren auch Offiziere wie Ismail Enver verwickelt, und der schmutzige Kleinkrieg hat ihre martialische, stets zu gewaltsamen Lösungen neigende Mentalität entscheidend geprägt. Sie neigten sogar dazu, die Gewalt in hohem Maß zu romantisieren. Mehmet Nazim etwa betrachtete den berühmten Banditen Gemici Hasan, genannt Hassan der Seemann, als Vorbild einer Kampfethik von politischen Banden des CUP, die, nicht unbeeinflusst von einer rechtsromantischen Mythisierung der archaischen Impulse des einfachen Volks, grundsätzlich auch totale Optionen mit in Betracht zog. «Hassan der Seemann hat sich vorgenommen», schrieb er voller Bewunderung an Schakir, «zehn Bulgaren für jeden ermordeten Muslim abzuschlachten. Er macht keine Unterschiede, um dieses Ziel zu erfüllen.»[34] Ein vitalistisches Gift war in solchen Aussagen des Arztes Dr. Nazim wirksam, das sich unter Leuten, die in Pariser Cafés vom *survival of the fittest* zu schwadronieren gelernt hatten, leicht ausbreiten konnte und unter den in die Kleinkriege auf dem Balkan verwickelten Offizieren ohnehin verbreitet war.

Enver trat Talaats Freiheitsgesellschaft am 9. Oktober 1906 bei.[35] Schon bald wurde seine Untergrundzelle im Hauptquartier der Dritten Armee in Monastir fast so einflussreich wie Talaats Organisation in Saloniki. In dieser Zeit wurden die Grundlagen für das politische System gelegt, das die Türkei nach der Revolution von 1908 und im Ersten Weltkrieg bestimmen sollte. Alle Vorbereitungen waren getroffen, um durch die von Schakir implementierten Maßnahmen und die Aktivitäten des Inlandshauptquartiers unter Talaat die Organisation in einen Zustand zu versetzen, in dem sie sich für das Jahr 1909 stark genug fühlen konnte, einen allgemeinen Aufstand zu riskieren.[36] Doch die Ereignisse kamen dem zuvor. Der österreichische Griff nach einer Konzession des Sultans für die Bahnverbindung zwischen Sarajevo und Saloniki hatte plötzlich die makedonische Frage wieder auf die Agenda gesetzt, weil zu befürchten war, dass Österreich-Ungarn durch diesen Deal aus dem Europäischen Konzert ausbrechen würde, das sich gerade um die türkische Zustimmung zu einem Reformplan für Makedonien bemühte. Der britische Außenminister Sir Edward Grey beschloss daraufhin, die Sache selbst in die Hand zu nehmen. «Seine Reaktion übertraf unsere Erwartungen»[37], so der liberale Parlamentsabgeordnete und Historiker George Peabody Gooch über die Rede Greys im britischen Unterhaus, in der dieser das Bandenunwesen in Makedonien geißelte und die Einsetzung eines von den Großmächten anerkannten und akzeptierten Gouverneurs mit weitreichenden Vollmachten forderte. «Ich denke an einen Gouverneur, der von den Großmächten eingesetzt wird», so Greys deutliche Worte, und «ohne ihre Zustimmung für eine Periode von einigen Jahren nicht abgesetzt werden kann.»[38]

Die Rede Greys hat eine regelrechte Untergangspanik in den Reihen des Komitees ausgelöst. «Sie bedeutet die Teilung und Vernichtung des osmanischen Staats und die Vertreibung der Türken aus Europa», beschwor Schakir in Paris die Folgen: «Ohne Mazedonien wird auch Albanien verloren sein. Da unsere Grenze bis vor die Tore von Konstantinopel zurückweichen muss, kann unsere Hauptstadt nicht mehr in Konstantinopel bleiben. Die Verlegung unserer Hauptstadt von Europa nach Asien würde uns aus den europäischen Mächten ausschließen und uns zu einem zweit- oder sogar drittklassigen asiatischen Land machen.»[39] Das korrupte Regime Abdul Hamids, so das Komitee, sei diesen Herausforderungen, die für Schakir «die Existenz der Türken» in Frage stellten, bei weitem nicht gewachsen. Als sich durch ein Treffen des britischen Königs Edward VII. mit dem Zaren Nikolaus II. Anfang Juni 1908 in Reval solche Befürchtungen weiter zu bestätigen schienen, platzte die Bombe.[40] Das Zentralkomitee ordnete die beschleunigte Aufstellung politischer Banden an, der interne Polizeidienst des Komitees führte im Laufe des Monats in mehreren Orten Makedoniens eine Reihe von politischen Morden durch, und die Zelle im Hauptquartier der Dritten Armee in Monastir bereitete die militärischen Maßnahmen für einen Aufstand vor. Für den Fall, dass sich der Sultan widersetzte, war ein Marsch auf Istanbul geplant. Abdul Hamid aber kapitulierte. In der Nacht vom 23. auf den 24. Juli 1908 wurde die Verfassung von 1876 durch einen Erlass des Palastes wieder in Kraft gesetzt. Europa, das sich an die Geschichte seiner eigenen Revolutionen und Freiheitsbewegungen erinnert fühlte, verfiel in staunende Bewunderung.

«Nirgendwo außerhalb der Türkei wurde die Jungtürkische Revolution mit solcher Begeisterung aufgenommen wie in England», erinnerte sich Gooch: «Niemand konnte dankbarer sein als der Außenminister, der sich von der mühsamen Aufgabe befreit sah, eine anständige Regierung für die Christen auf dem Balkan sicherzustellen. Unser Balkankomitee teilte seine Befriedigung, denn wir wussten, dass der ‹rote Sultan› unverbesserlich war.»[41] Das allerdings war bestenfalls ein liebenswertes Missverständnis. Deutlich realistischer war dagegen der Kommentar des in Realpolitik geschulten deutschen Journalisten Ernst Jäckh. «Vor allem», stellte er nüchtern fest, «verstand man Freiheit als Befreiung von der Intervention fremder Mächte, als Schutz der osmanischen Integrität.»[42]

Dennoch erschien die Revolution in ihren Anfangstagen wie ein europäisches Wetterleuchten im Orient. Als am Morgen des 24. Juli 1908 die Lanzenträger des Sultans wie üblich durch die Stadt Richtung Yildiz-Palast unterwegs waren, um Abdul Hamid auf seinem Weg zum Freitagsgebet in die Moschee zu begleiten, wurden sie, wie der in Istanbul lebende Amerikaner Harrison Griswold Dwight beobachtete, plötzlich von einigen Griechen freundlich begrüßt.[43] Das war bemerkenswert, weil es sonst nie passierte. Gerüchte hatten im Laufe des Morgengrauens die Runde gemacht über ein nächtliches Treffen des Sultans mit Abgeordneten der aufständischen Garnison in Saloniki und die bevorstehende Wiedereinsetzung der Verfassung, doch niemand wusste Genaueres darüber. Als am Nachmittag einige kühne Händler im Basar ihre Stände mit der Mondsichelfahne beflaggten, schrieb die Polizei noch wie üblich alle Namen der verdächtigen Personen auf. Doch am nächsten Tag war ganz Istanbul ein Flaggenmeer.

An jeder Ecke trat ein Erzähler auf, der die unerhörten Neuigkeiten berichtete, die Zeitungen vervierfachten ihre Auflage, und überall gab es plötzlich rote Abzeichen mit der goldenen Aufschrift «Freiheit, Ge-

Jungtürkische Truppen während der Revolution im Juli 1908 in Istanbul. Europa setzte große Hoffnungen in diese konstitutionelle Bewegung.

rechtigkeit, Gleichheit, Brüderlichkeit» zu kaufen. In Saloniki waren tags zuvor zehn notorische Spitzel des alten Regimes gehängt worden, in Bursa wurde ein Spitzel von der Menge gelyncht, aber in Istanbul blieb alles ruhig. Unverschleierte Frauen, die sich am Tag zuvor nicht einmal allein aus dem Haus gewagt hätten, waren unversehens überall auf den Straßen anzutreffen. Satirische Cartoons mit der Grimasse des Sultans fanden reißenden Absatz, doch das Komitee ließ sie umgehend verbieten und einziehen. Es hatte die Parole ausgegeben, dass der Sultan nur ein Opfer seiner verräterischen und korrupten Hofkamarilla gewesen sei. Am nächsten Freitag, als Abdul Hamid wieder auf dem Weg in die Moschee war, trug er deutlich sichtbar für jeden, der am Straßenrand Spalier stand, die rot-weiße Rosette der Konstitution auf seiner Schulter.[44] Er hatte offenbar schnell eingesehen, dass er nicht in der Lage war, die Krise selbst zu lösen. Auch Wilhelm II. gab ihm zu verstehen, dass im Absolutismus keine Zukunft lag, und riet ihm zur Wiedereinführung der Verfassung.[45] Ein Regimewechsel war das zunächst einmal nicht, sondern mehr ein Versprechen des Palasts, sich in Zukunft an konstitutionelle Regeln zu halten.[46] Doch Veränderungen wurden sofort spürbar.

Das Erstaunlichste waren die Verbrüderungen zwischen den Konfessionen. Muslimische und christliche Geistliche begegneten sich in diesen Tagen auf den Straßen mit der zuvorkommendsten Höflichkeit. Europa hielt den Atem an, als Nachrichten von überall stattfindenden öffentlichen Gedenkveranstaltungen für die armenischen Opfer der Massaker von 1895/96 durchdrangen. «Eine muselmanische religiöse Versammlung fand in Stambul statt, welche die armenischen Opfer des Jahres 1896 beklagte», berichtete die *Frankfurter Zeitung* Ende Juli 1908. «Die Versammlung begab sich auf den armenischen Friedhof in Baluk. Auf Verlangen des jungtürkischen Komitees trug hier ein armenischer Priester das ‹De Profundis› auf dem Grabe der Opfer dar. Zahlreiche Anwesende küssten die Erde.»[47] In Urfa fand Anfang August im Hof der wieder aufgebauten armenischen Kathedrale zum Gedenken an das schrecklichste aller Pogrome im Winter 1895 eine Freiheitskundgebung statt.[48] Urfa war kein Ausnahmefall. «Der plötzliche Wandel einer Nation» hatte sich anscheinend über Nacht vollzogen, wie der Amerikaner James Barton feststellte.[49]

Bei den Wahlen für das künftige Parlament stellten das CUP und die Daschnaken gemeinsame Listen auf. Diese Zusammenarbeit war bereits Ende 1907 auf einem Kongress der osmanischen Oppositionsparteien in Paris vereinbart worden. «Die Armenier», meinte Schakir, «hatten keine andere Möglichkeit, als sich mit uns zu verbünden.»[50] Versprengt über das ganze Land, bildeten sie nicht einmal eine Bevölkerungsmehrheit in den historischen armenischen Provinzen Ostanatoliens. Sie hatten keine andere Option zur Verfügung als die osmanische, in der Hoffnung, dass sich die multikulturelle Vielfalt des Reichs in ein demokratisches Zeitalter überführen ließe, in dem sie nicht mehr nur Ungläubige zweiter Klasse und damit eigentlich Fremde im eigenen Land, sondern gleichberechtigte Bürger mit dem Anspruch auf Bewahrung ihrer nationalen

Identität sein könnten. Der Osmanismus war für sie mehr als für alle anderen nichttürkischen Völker des Imperiums eine Überlebensfrage.

«Aus armenischer Sicht war eine nationale Entente mit den Türken von entscheidender Bedeutung», meinte der Zeitgenosse Arnold Toynbee: «Kein Teil des osmanischen Territoriums wurde ausschließlich von ihnen bewohnt, und sie hatten auch nirgendwo die absolute Mehrheit außer in bestimmten Teilen der Provinz Van, so dass sie keine natürliche Ausgangsbasis für eine nationale Revolte besaßen, wie die Griechen auf den Inseln und dem Peloponnes. Sie waren überall im Osmanischen Reich verstreut; das ganze Reich war ihr Erbe, und dieses Erbe mussten sie mit den Türken teilen, die zahlenmäßig überlegen waren und die Zügel der politischen Macht in den Händen hielten. Die Alternative zu einem osmanischen Staat war kein armenischer Staat, sondern eine Aufteilung unter den Großmächten, was den Ambitionen von Türken und Armeniern gleichermaßen ein Ende bereitet hätte.»[51] Im Grunde wusste das CUP das auch, obwohl es selbst nach dem Abschluss des Bündnisses den armenischen Daschnaken nie vertraut hat. Bahaeddin Schakir setzte seine Zuversicht nicht in die gemeinsamen strategischen Interessen an der Erhaltung des osmanischen Commonwealth, sondern in das Gesetz der Stärke.[52] Die Daschnaken verabschiedeten sich nach der Wiedereinführung der Konstitution zwar von ihrem revolutionären Programm, und sie wiesen ihre Fedajin an, ihre Waffen abzugeben, doch sie wurden nie mehr als der mit stetigem Misstrauen beäugte Juniorpartner des Komitees.

Noch aber wurden sie gebraucht. Das CUP wusste, dass auch nach dem erfolgreich durchgeführten Machtwechsel das Land weiterhin regiert, die Wirtschaft geführt, die Verwaltung organisiert werden muss. Armenische Geschäftsleute, Ärzte, Techniker, Wissenschaftler und Juristen waren für den Aufbau des Landes lebensnotwendige Modernisierungspartner. Die einzige Domäne, in der das Komitee selbst über Kompetenzen verfügte, war das Militär. Damit allein allerdings ließ sich kein Reich regieren.[53] Auch im Parlament war das CUP oft auf die Expertise der in der Regel besser ausgebildeten nichtmuslimischen Abgeordneten angewiesen. Einige, wie Hagop Babikian und Bedros Balajan, kandidierten auf der Liste des Komitees. Der liberale armenische Schriftsteller und Jurist Krikor Zohrab, dem das *Comité juif* während der Zeit seines Pariser Exils eine Goldmedaille wegen seiner Verteidigungsschrift für Alfred Dreyfus verliehen hatte, wurde zu einem von allen Seiten parteiübergreifend anerkannten Volksvertreter.[54]

Auch der Daschnakenführer Agnouni (Khachador Maloumian) war aus dem europäischen Exil nach Istanbul zurückgekehrt. In Karabach geboren, hatte er in Tblissi studiert, und er war einer der Hauptorganisatoren der osmanischen Oppositionskongresse von 1902 und 1907. Die Dachnakzutiun beendete nach der Wiedereinführung der Konstitution alle ihre Forderungen nach europäischer Intervention und bestand auch nicht mehr auf dem Artikel 61 des Berliner Vertrags. *Pro Armenia* stellte seine Propagandaarbeit in Europa ein[55], und am 1. September 1908 veröffentlichte die Partei ein Memorandum, in dem sie die Unabhängigkeit und territoriale Integrität des Osmanischen Reichs, das nun über ein liberales, konstitutionelles Regime verfügte, ausdrücklich anerkannte. «Türkisch Armenien», hieß es dort, «besteht aus einem untrennbaren Teil des Reichs und verwaltet seine inneren Angelegenheiten auf der Grundlage eines Systems der Dezentralisation, wovon alle im Reich lebenden Völker in gleichem Maße profitieren.»[56] Agnouni, der die Mehrheit der Daschnaken hinter sich wusste, war fest entschlossen, auf dieser Grundlage mit dem CUP zusammenzuarbeiten. Er glaubte, im Osmanischen Reich sei nun ein der Französischen Revolution von 1789 vergleichbares Zeitalter angebrochen[57], selbst wenn er sich dessen bewusst war, dass dies nicht die Herrschaft der reinen Vernunft bedeuten würde.

Doch das Komitee behielt sich vor, die eigentlichen Fäden der Politik niemals aus der Hand zu geben. Es mischte sich von Anfang an als eine Art «Nebenregierung», als «tiefer Staat», in alle wichtigen Angelegenheiten ein.[58] Oder wie es der britische Journalist Charles Roden Buxton im August 1908 lakonisch formulierte: «Sie hatten eine Regierung an die Macht gebracht. Jetzt kontrollierten sie, was diese Regierung tat.»[59] Vom ersten Tag an hat das Komitee unmissverständlich klargemacht, dass es über alles im Land die vollständige Kontrolle behalten wollte.

Beschlüsse der Regierung erfolgten «auf Antrieb des Komitees»[60], wie es eines seiner prominenten Mitglieder, Djemal Pascha, in seinen Memoiren ausdrückte. In Wirklichkeit betraf auch dies nur den kleinen Kreis des Zentralkomitees, dem zwischen 1908 und 1918 sechsundzwanzig Mitglieder angehörten, darunter die einflussreichen Veteranen und «Stalinisten» Bahaeddin Schakir und Mehmet Nazim, sowie vor allem Mehmet Talaat als zunehmend dominierende Figur und Ismail Enver als Repräsentant des militärischen Flügels. Ahmed Riza hatte man bald in den einflusslosen osmanischen Senat hochgelobt.[61]

Auf diese kleine Gruppe hatte die Erfahrung, plötzlich ein ganzes Imperium in der Hand zu halten, eine geradezu aphrodisische Wirkung, und sie bestärkte sie in dem Glauben an eine fast unbegrenzte Macht des Willens, wenn man nur auf der richtigen Seite der wohlbegriffenen Geschichte stand.[62] «Die jungtürkische Bewegung war Avantgarde»[63], so M. Sükrü Hanioglu, und sie hatte davon im Prinzip kaum eine andere Vorstellung, als sie sich auch bei Lenin und den Bolschewiki zur gleichen Zeit in Russland ausbildete. Opposition gegen das Komitee betrachtete man als Ausdruck von Rückschrittlichkeit und Unwissenheit, und die Partei selbst als «die Seele des Staats».[64] Sie war die Retterin des Vaterlands. Der Unfehlbarkeitsanspruch, der in solchen Anmaßungen lag, wurde nur noch übertroffen durch die Charakterisierung der eigenen politischen Organisation als «heiliges Komitee».[65]

Mit dem Beginn der Revolution hatte sich sofort eine Gruppe gebildet, bestehend aus Talaats Inlandshauptquartier und Mehmet Nazim, der sich zu dieser Zeit in Saloniki aufhielt, um den Machtwechsel politisch zu dirigieren. Bahaeddin Schakir, der noch in Paris weilte, schloss sich ihr später an. Unter Talaat, Schakir und Nazim wurde dieser interne Kreis des Komitees in den ersten Monaten der Revolution zu einer Art türkischem Wohlfahrtsausschuss, der sich befugt fühlte, überall und in allen Fragen Anweisungen zu geben.[66] «Diese okkulte Gruppe, das Komitee», schrieb der britische Botschafter in seinem Jahresbericht für 1908, «hat sich von Anfang an wie eine Geheimorganisation verhalten.»[67] Weder die Namen der Drahtzieher noch die Art und Weise und die Wege ihrer Anweisungen waren öffentlich bekannt. Postämtern wurde die Anweisung erteilt, keine verschlüsselten Telegramme mehr zu versenden, die nicht vorher vom Komitee überprüft worden waren. «Jeder, der sich diesen Beschlüssen widersetzt», hieß es in einer Erklärung, «wird auf der Stelle hingerichtet.»[68] Selbst die Erlaubnis, welche Theaterstücke aufgeführt werden dürfen, behielt sich dieser innere Zirkel des Komitees vor.

Mit anderen politischen Parteien gleichberechtigt und auf Augenhöhe zu operieren, war für das Komitee nicht nur unvorstellbar, sondern hätte in seinen Augen sogar einen Verrat an der «Rettung des Vaterlands» bedeutet, die ohne seine Führung zum Scheitern verurteilt wäre. Alle anderen Parteien, einschließlich Sabahaeddins liberaler Liga, galten deshalb als potentielle, wenn nicht offene «Verräter» und «Separatisten». Trotzdem war die plötzliche Blüte der Gedankenfreiheit, die nach der Julirevolution einsetzte, noch lange nicht vorüber. Prinz Sabahaeddins Liga beschuldigte das Komitee, die Verfassung zu missachten und auf eine Diktatur hinzusteuern. Gläubige Muslime, die den politischen Wechsel begrüßt hatten, wurden von den oft provokativ vorgetragenen atheistischen Tendenzen des Komitees und dem Nihilismus seiner Machtausübung zunehmend abgestoßen. Proteste gegen eine Willkürherrschaft, die nicht davor zurückschreckte, missliebige Kritiker und Journalisten durch die geheime Parteipolizei hinrichten zu lassen, wurden immer lauter, besonders in der liberalen Presse. Als der Chefredakteur der oppositionellen Zeitung *Serbesti*, der Albaner Hassan Fehmi, am 6. April 1909 auf der Galatabrücke einem Mordanschlag zum Opfer fiel, zweifelte kaum jemand daran, dass das CUP dahinter steckte. Sein Begräbnis einen Tag später verwandelte sich in eine Massendemonstration gegen das Komitee.

Die Geschichtsschreibung, besonders die türkische, hat die Ereignisse, die am 13. April folgten, in der Regel als Konterrevolution bezeichnet und damit eine Sprachregelung des Komitees übernommen, nach der zwangsläufig jede gegen seinen Avantgardeanspruch unternommene Handlung konterrevolutionär sein musste. Die Ereignisse waren jedoch in Wirklichkeit weit vielschichtiger. Vermutlich standen die Liberalen unter Sabahaeddin und anderen hinter dieser Bewegung und gingen davon aus, sie könnten Teile der nach wie vor religiös orientierten Massen gegen die diktatorischen Ambitionen des Komitees mobilisieren, funktionalisieren, doch die Sache glitt ihnen aus der Hand.[69] «Hatte das Komitee für Einheit und Fortschritt die Fehler gemacht, die seine Freunde befürchtet hatten?», fragte sich der Beobachter H. G. Dwight: «Hatten die oppositionellen Liberalen unbewusst den Reaktionären in die Hände gespielt? Hatte der Sultan, der die Revolution anscheinend lammfromm hingenommen hatte, bloß abgewartet?»[70] Meuternde Infanterieeinheiten der Ersten Armee hatten am frühen Morgen, gefolgt von einigen Mullahs, einen Marsch zum Yildiz-Palast unternommen und die Entlassung des Ministeriums, die Auflösung des CUP und die Wiedereinsetzung der Scharia gefordert. Am 15. April war das Ministerium nicht mehr im Amt, fast alle Büros des Komitees waren geplündert und die meisten CUP-Mitglieder aus der Hauptstadt geflohen. Etwa zwanzig Unionisten wurden von Islamisten ermordet.[71] Als Sieger des Tages triumphierten nicht Sabahaeddins Liberale, sondern die alten Anhänger des Sultans und Islamisten verschiedenster Richtungen, unter ihnen besonders die «revolutionären islamischen Internationalisten» des Derwischs Vahdeti[72], denen sich auch Murad Bey, ein Renegat des Komitees, angeschlossen hatte, und die einen nach den Grundlagen der Scharia aufgebauten islamischen Staat forderten.

In diesen Zeiten eines Machtvakuums kam es in Adana und Umgebung zu großen Massakern, denen etwa zwanzigtausend Armenier zum Opfer fielen. «Am 14. April», berichtete der deutsche Konsul Christmann aus Adana, «zeigte sich in der Stadt eine ungewöhnliche Gärung. Abends zuvor sahen die Wächter der im Westen von Adana, an der großen nach Tarsus-Mersina führenden Heerstraße gelegenen Tabaksfabrik viele mit Knütteln und Waffen versehene Bauern der umliegenden Dörfer, die nach der Stadt zogen. Auf Befragen antworteten dieselben, dass sie von ihren Softas benachrichtigt worden seien, zu kommen, weil jetzt die Sache anfangen werde. Alle diese Knüppelleute trugen als Abzeichen einen weißen Turban.»[73] Sichtlich hatte die Agitation schon lange vorher begonnen, sonst wäre dieser pünktliche Aufmarsch kaum möglich gewesen, doch die durch Telegraphen über-

Le Petit Journal

Le Petit Journal
CHAQUE JOUR – 6 PAGES – 5 CENTIMES
Administration : 61, rue Lafayette
Les manuscrits ne sont pas rendus

5 CENTIMES SUPPLÉMENT ILLUSTRÉ 5 CENTIMES
Le Petit Journal agricole, 5 cent. ~~ La Mode du Petit Journal, 10 cent.
Le Petit Journal illustré de la Jeunesse, 10 cent.
On s'abonne sans frais dans tous les bureaux de poste

ABONNEMENTS
SEINE et SEINE-ET-OISE. 2 fr. 3 fr. 50
DÉPARTEMENTS. 2 fr. 4 fr.
ÉTRANGER 2 50 5 fr.

Vingtième Année DIMANCHE 2 MAI 1909 Numéro 963

Schon ein Jahr nach der Revolution kam es in Adana und Umgebung zu Massakern an über 20 000 Armeniern. Hier der Titel eines französischen Journals.

mittelte Nachricht von den Ereignissen in Istanbul war offenbar als Freibrief zum Losschlagen verstanden worden. In der Nacht zuvor, meldete Christmann, habe ein Hodscha vom Minarett einer Moschee ausgerufen, man müsse jetzt die Armenier töten. Spannungen dieser Art wurden aus dem ganzen Reich gemeldet. Henry Riggs berichtete aus Harput von einem «teuflischen Plan, die lästige armenische Frage loszuwerden»[74], Clarence Ussher aus dem ostanatolischen Van von Massakerplänen reaktionärer muslimischer Kreise[75], und in Urfa wurden zweiundzwanzig armenische Lehrer und Pfarrer ermordet.[76]

In Adana zirkulierte seit langem das Gerücht, die Armenier wollten die Türken der Provinz ausrotten und hier ihr altes cilicisches Königreich aus der Zeit der Kreuzzüge wieder errichten.[77] Die Massaker begannen in der Stadt Adana und breiteten sich bis Ende Mai in weiten Teilen Ciliciens aus. Über zweihundert Dörfer wurden zerstört, mindestens zwanzigtausend Armenier, andere Christen und etwa zweitausend Muslime getötet.[78] Es kam auch zu Maschinenstürmereien, was viel über die Motive der an den Pogromen beteiligten Bevölkerung aussagt. Cilicien war eine wirtschaftlich verhältnismäßig hoch entwickelte Region mit kommerziell und technologisch betriebener Landwirtschaft sowie Textilindustrie in oft armenischer Hand, was zu einem anhaltenden Zuzug qualifizierter armenischer Arbeitskräfte aus Anatolien, zur Verarmung muslimischer Bauern und zu Konkurrenzneid führte. Wirtschaftliche Faktoren trugen neben grundsätzlichen Modernisierungsängsten und Furcht vor einer Umkehr der gottgewollten Sozialhierarchie zu Gunsten der Christen erheblich zu den Gewaltausbrüchen bei.[79]

In diesen blutigen Tagen hatte sich in Saloniki, dem Sitz des Hauptquartiers des Komitees und der Dritten Armee, der Widerstand gegen den Staatsstreich in Istanbul zu organisieren begonnen. Die Reaktion war schnell, und sie war kalkuliert demagogisch. Mit einer gezielten Desinformationskampagne, kabelte der britische Botschafter an Sir Edward Grey, habe das CUP durch seine Emissäre im ganzen Reich zum Widerstand gegen seine Entfernung von der Macht durch einen «geheimen Plan der Reaktionäre, die Verfassung abzuschaffen»[80], aufgerufen. Der Aufruf hatte Erfolg. Am 21. April wurde der Orient-Express, mit dem H. G. Dwight von Zagreb nach Istanbul unterwegs war, kurz hinter der bulgarischen Grenze durch Truppentransporte aufgehalten. «Papa Hamid ist am Ende», hörte er dort aus dem Mund eines jungen Offiziers, der in die Hauptstadt unterwegs war.[81] Am 24. April marschierte die Dritte Armee Mahmud Schevket Paschas in Istanbul ein und setzte Abdul Hamid ab. Bis zum Juli 1912 stand das Land nun unter Kriegsrecht, was auch eine gewisse Schwächung der Ausnahmeposition des CUP-Zentralkomitees nach sich zog.[82]

Überall im Land sorgte die Armee für die Wiederherstellung der

Verhältnisse vor dem Staatsstreich. Loyale makedonische Truppen wurden nach Adana verschifft. Doch zur Überraschung des deutschen Konsuls waren es «diese Truppen», wie er entsetzt an die Botschaft in Istanbul meldete, «welche der Stadt Adana den Rest gegeben haben, die die gesamten armenischen Quartiere, auch das Quartier unschuldiger chaldäischer Christen, niederbrannten, die Bewohner erschossen und im Verein mit den wilden Horden plünderten, welche auch das Leben der Griechen und christlichen Syrer nicht schonten».[83] Die armenischen Quartiere Adanas, so Christmann, seien dabei mindestens so gründlich wie nach einem großen Erdbeben zugerichtet worden.

Was hier geschehen ist, wurde nie wirklich aufgeklärt. Hatten sich die Truppen durch den Anblick noch nicht weggeschaffter Barrikaden im armenischen Quartier und durch Gerüchte, von dort sei auf sie geschossen worden, zum Angriff verleiten lassen? Waren sie davon überzeugt worden, dass die Christen sich gegen die Konstitution auflehnten, wie der in Urfa lebende Schweizer Jakob Künzler vermutete?[84] Hatten die politisch an die Wand gespielten Liberalen Sabahaeddins ein Interesse, die Massaker anzuzetteln, um eine ausländische Intervention zu provozieren, wie gewisse Verschwörungstheoretiker behauptet haben?[85] Alles das erklärt nicht die ungezähmte Grausamkeit und das gnadenlose Rasenmäherprinzip, mit dem hier eine reguläre Truppe gegen eine Zivilbevölkerung vorgegangen ist. Die Vorgänge haben indes ihre eigene Sprache. Es ist vernichtet worden, also sollte vernichtet werden. War es, wie bei den ungezügelten Massenschlächtereien jakobinischer Truppen in der französischen Vendée, eine plötzlich ausgebrochene Psychose, die sich einredete, dass «die Nation in Gefahr» geraten war? Dass es dabei die Armenier und nur in geringerem Umfang andere Christen und Europäer getroffen hat, sagt viel darüber aus, wer als eigentlicher Todfeind der Nation empfunden wurde, selbst wenn die Massaker ein lokales Ereignis blieben.

Es las sich wie die Nachricht aus einer geschlossenen Anstalt, was in den nächsten Tagen in der lokalen jungtürkischen Presse verbreitet wurde. «Es gibt Leute, die behaupten wollen, der Aufstand wäre von den Armeniern vorbereitet gewesen, um eine fremde Intervention hervorzurufen», schrieb das in Adana erscheinende, dem CUP nahestehende Blatt

Itidal am 28. April, «aber unter der konstitutionellen Regierung, die die Gleichheit aller Rassen im Reiche garantiert, glauben wir nicht, dass die fremden Mächte auch nur im mindesten an eine solche Intervention denken, waren sie doch sogar einig, aus dem Berliner Vertrag den Artikel zu Gunsten der Armenier zu streichen.»[86] Die Großmächte, entnimmt man diesen konfusen Zeilen im Klartext, hatten den Artikel zu Gunsten der Armenier, der ihnen das Recht zum Aufstand gab, gestrichen – was nicht der Wahrheit entsprach – und damit die Gleichheit der Rassen im Reich anerkannt. Nun hatten die Armenier trotzdem einen Aufstand angezettelt und somit gegen das Prinzip der Gleichheit verstoßen. Also mussten sie bestraft werden. Auch eine andere Botschaft wusste *Itidal* seinen Lesern dadurch mitzuteilen: Gleichheit unter der konstitutionellen Regierung bestand vor allem in dem Verzicht der Armenier, sich auf internationale Verträge und Rechtsnormen zu berufen. «Keine fremde Regierung hat das Recht», bilanzierte *Itidal* mit trotzigem Selbstbewusstsein die 20 000 Toten der cilicischen Apokalypse, «sich in die inneren Angelegenheiten eines anderen Staates einzumischen.»[87] Das Bild, das *Itidal* zeichnete, sprach Bände über die mentale Verfassung mancher CUP-Organisationen in der Provinz, deren Einfluss auf die Entscheidungen der Zentrale in den nächsten Jahren eher zunehmen würde. 1909 hatte sich das CUP zu einer populistischen Massenpartei entwickelt, die nach den Angaben von Hanioglu über 850 000 Mitglieder verfügte, ohne seine konspirativen Züge damit aufzugeben. Nach wie vor blieb der kleine Kreis des Zentralkomitees die eigentliche Entscheidungsinstanz, doch eine Kontrolle über die Aktivitäten der lokalen Instanzen war kaum noch zu gewährleisten.[88]

Das CUP, inzwischen in Istanbul wieder an den Schaltstellen der Macht, war sich der Tragweite der Ereignisse, mit denen es leicht in Verbindung gebracht werden konnte, voll und ganz bewusst. Es gab viel internationalen Kredit zu verspielen. Erst Anfang des Jahres hatten Talaat, Enver und Ahmed Riza London auf einer Goodwill-Tour tief beeindruckt.[89] Winston Churchill war Enver, der nach der Revolution als Militärattaché in Berlin residierte, während eines Kaisermanövers bei Würzburg aufgefallen. «Ein gut aussehender junger Offizier», fand

Churchill respektvoll, «der in einem Leopardensprung der Held der türkischen Nation geworden war und vermutlich auch ihr weiteres Schicksal bestimmen würde.»[90] Jetzt bestand allerdings die Gefahr, dass sich England wieder an die Horrorgemälde aus den Zeiten Gladstones erinnert fühlte.

Am Sonntag nach der Rückeroberung Istanbuls durch die Dritte Armee wurde dort eine mit Blick auf die Ereignisse in Adana in ihrer symbolischen Wirkung präzise durchdachte Zeremonie inszeniert. Die ersten Gefallenen der Befreiungsarmee wurden an diesem Tag beigesetzt. Fünfzig mit der Mondsichelfahne feierlich bedeckte Särge waren auf einem Hügel symmetrisch nach Osten ausgerichtet worden. «Meine Brüder, hier liegen Männer aus allen Nationen», ergriff ein CUP-Offizier das Wort, «Mohammedaner und Christen; aber wir haben eine Fahne und beten zu dem gleichen Gott. Jetzt werde ich ein Gebet sprechen, und wenn ich bete, sollt ihr auch beten, jeder in seiner Sprache und auf seine Art.» Er hob nun nach muslimischer Art die Hände, wie Dwight beobachten konnte. Die anderen Muslime folgten seinem Beispiel, während die Christen ihre Mützen und Feze abnahmen und sich bekreuzigten. Die Zeremonie schloss mit einem gemeinsamen «Amen».[91] Die Botschaft war klar. Auf dem Parteitag des CUP 1909 hatten die «türkistischen» Nationalisten einen schweren Stand[92], zumal sich an der Niederschlagung der Konterrevolution aus Angst vor einer Machtergreifung der Islamisten auch viele christliche Freiwillige auf Seiten der Dritten Armee beteiligt hatten[93] und das Netzwerk der Daschnakzutiun eine nicht unbedeutende Rolle bei der Rückeroberung Istanbuls spielte.[94] Bedros Halajan erklärte im von den Aufständischen bedrohten Rumpfparlament, Mirabeaus berühmten Auftritt vor den französischen Generalständen 1789 zitierend, die vom Volk gewählten Vertreter würden der Macht der Bajonette nicht weichen, und Agnouni versteckte den bedrohten Mehmet Talaat in seinem Haus.[95] Die Beziehungen zum CUP wurden nach den cilicischen Massakern allerdings deutlich kühler, auch wenn Agnouni nach wie vor davon ausging, dass sie alternativlos waren.[96]

Alles kam jetzt darauf an, die Ereignisse in Adana als einen Betriebsunfall herunterzuspielen und jede Verantwortung von sich selbst abzuweisen. Die Regierung kündigte an, gegen die «reaktionären, kriminellen Elemente, die die Armenier in einem Überraschungsangriff massakrieren und ausplündern wollten»[97], entschieden vorzugehen. Tatsächlich wurden zwischen Juni 1909 und Dezember 1910 insgesamt 124 Aufrührer zum Tode verurteilt und gehängt. Es war das erste Mal in der osmanischen Geschichte, dass Täter muslimischen Glaubens wegen ihrer Beteiligung an Christenmassakern verurteilt wurden.[98]

Die wirkliche politische Konsequenz, die das Komitee aus den Ereignissen zog, war aber eine andere. Am 23. August wurden politische Vereinigungen, die den Namen ethnischer oder nationaler Gruppen führten, verboten und griechische, bulgarische und andere Minoritätenklubs auf dem Balkan aufgelöst. Am 27. September erließ die Regierung ein «Gesetz zur Verhinderung von Bandentum und Separatismus», das die Gründung spezieller Jagdbataillone in der Armee vorsah, die im Kampf gegen die bewaffneten Guerillabanden der christlichen Minoritäten auf dem Balkan eingesetzt werden sollten.[99] Die Absetzung Abdul Hamids hatte keineswegs den positiven Effekt, den sich viele in Europa erhofften. Es stellte sich nun nämlich endgültig heraus, dass es dem CUP und der Armee, die durch einen Säuberungsprozess zu Gunsten junger Offiziere einer tiefen inneren Wandlung unterworfen wurde, in erster Linie an einem starken Staat und weniger an notwendigen innenpolitischen Reformen gelegen war.[100] Rund zehntausend Offiziere mussten in den nächsten Jahren ihren Dienst quittieren[101] und wurden durch neue, auf den von Colmar von der Goltz beeinflussten Militärakademien im Geist preußischer Richtlinien erzogene Kader ersetzt. Die Mentalität eines permanenten Ausnahmezustands entwickelte sich zur Regel.

Die Begeisterung über die Russland und Europa herausfordernde Stärke der aufsteigenden asiatischen Macht Japan passte in diese mentale Lage, was ein bizarres Beispiel besonders deutlich macht. Im März 1910 war der ehemalige japanische Offizier Jama-Oka, aus Mekka kommend, in Istanbul eingetroffen. Er hatte im Stab von General Nogi 1904 und 1905 am russisch-japanischen Krieg teilgenommen, der mit einer vernichtenden Niederlage der baltischen Flotte in der Tsushima-Straße und der dauerhaften Besetzung des südlichen Sachalin durch die Japaner zu Ende ging. Jama-Oka nannte sich jetzt El Hadj Omar, denn er war zum Islam übergetreten. Zwar gab es, seit Tokio 1907 eine Botschaft am Bosporus eröffnet hatte, dort hin und wieder Japaner in der Öffentlichkeit zu sehen, doch der Besuch Jama-Okas alias El Hadj Omar war eine Sensation. Er wurde überall herumgereicht und regelrecht gefeiert. Einen ganzen Monat blieb er, und es verging kaum ein Tag, an dem nicht in jungtürkischen Blättern wie *Tanin* oder *Tasviri Efkiar* an herausragender Stelle über die Aktivitäten des gläubigen Japaners berichtet wurde. Konferenzen fanden statt, auf denen sich muslimische Geistliche und jungtürkische Politiker über die Gründe seines Religionswechsels informieren konnten und auf denen Jama-Oka als neues Mitglied der Gemeinschaft der Gläubigen gefeiert wurde. Dabei wurden ihm Geschenke gemacht, unter anderem goldverzierte Koransprüche, die sich Jama-Oka, des Arabischen unkundig, allerdings ins Englische übersetzen lassen musste. Kurz vor seiner Abreise veranstalteten jungtürkische Parlamentsmitglieder zu Ehren seines Übertritts einen Festabend. Jama-Oka erklärte dabei noch einmal, welche Gründe ihn unter die grüne Fahne des Propheten gerufen hatten. Christliche Missionare, berichtete am nächsten Tag die Presse, seien in Japan mit einer gegen den Islam gerichteten Hetzschrift aufgetaucht, in der Mohammed als Krieger abgebildet war, der das Schwert des Djihad in der Hand hielt und friedliche Völker bedrohte. Doch gerade das habe auf ihn und viele seiner Offizierskollegen einen großen Eindruck gemacht, da die Japaner von Natur aus ein kriegerisches Volk seien.[102]

Das Japanfieber, das Istanbul erfasst hatte, war keineswegs eine allein durch die exotische Figur El Hadj Omar ausgelöste Modewelle. Japan war sozusagen der vom Himmel geschickte natürliche Bündnispartner gegen den Erzfeind Russland. «Es liegt im gemeinsamen Interesse der Türkei und Japans», meinte die *New York Times* nach der Eröffnung der japanischen Botschaft in Istanbul 1907, «sich gegenseitig zu unterstützen für den Fall, dass Russland versuchen sollte, seine gegenwärtigen Grenzen zu überschreiten.»[103] Doch Japan war mehr als das. Es war ein Modell. Japan hatte als erstes außereuropäisches Land die im 19. Jahrhundert verbreitete Gleichsetzung von Zivilisation und Christentum in Frage gestellt, und es war den Japanern bereits 1894 gelungen, sämtliche ungleichen Verträge aufzuheben und die vollständige Kontrolle über seine Zollangelegenheiten wiederzugewinnen. «Japans neuer Status wurde durch seinen entscheidenden Sieg über Russland in dem Krieg von 1904/1905 begründet, einen Sieg, den man in vielen Teilen der Welt als Triumph Asiens über Europa feierte», so William Cleveland: «Für viele Menschen wurde Japan zum Symbol dessen, was möglich, ja sogar notwendig war, wenn man sich der europäischen Vorherrschaft widersetzen wollte.»[104] Japans Sieg hatte unter manchen türkischen Nationalisten eine fast millenaristische Begeisterung hervorgerufen. Das moderne Japan, einschließlich seines Militarismus und seines integralen Nationalismus, repräsentierte genau das, was dem Osmanischen Reich fehlte.[105]

Japan war auch ein Beweis für die Falschheit gewisser europäischer Theorien. Als Yusuf Akchura 1904 erklärte, die Rede von einem türkischen Nationalismus auf Rassengrundlage sei etwas ganz Neues, war das auch auf dem Hintergrund des japanischen Aufstiegs zu verstehen. Die europäischen Darwinisten hatten für die «türkische Rasse» nichts als Geringschätzung übrig, doch die japanischen Erfolge waren ein deutlicher Beweis dafür, dass diese Rassenhierarchie nicht stimmen konnte. «Einige Europäer und Osmanen, die alles imitieren, was sie sehen, ohne es zu verstehen, betrachten uns als eine Rasse auf der unteren Stufe der Rassenhierarchie», erklärte das CUP-Zentralorgan seinen Lesern: «Schlicht und einfach ausgedrückt: Sie betrachten die Türken als Menschen zweiter Klasse. Die Japaner, die aus der gelben Rasse abstammen, strafen diese Verleumdungen wider die Natur durch den Erfolg in ihrem Land und mit ihren Kanonen und Gewehren in der Mandschurei Lügen.»[106] Die Japaner waren ein Volk, das sich durch sein kriegerisches Ethos modernisiert hatte und so von der europäischen Welt als Macht auf Augenhöhe anerkannt wurde. Die japanische Synthese von Tradition, nationalem Selbstbewusstsein und Fortschritt konnte ein Vorbild sein.[107]

«Ich bin Türke, mein Glaube und meine Rasse sind mächtig», hatte der Schriftsteller Mehmed Emin um die Jahrhundertwende gedichtet.[108] Er war der Erste, der in seinen Gedichten auf die Sprache des Volks zurückgriff und dabei die metrischen Maße alter türkischer Volkspoesie aus kriegerischen, zum Teil vorislamischen Zeiten als Inspiration verwendete. Nach der Julirevolution von 1908 wurde aus der kulturellen Ahnenforschung eine regelrechte Modeströmung. «Ich fühlte, wie tief die Bestrebungen der neuen Türkei im Wesen unserer Vorfahren verwurzelt sind», schrieb die jungtürkische Schriftstellerin Halide Edib. Ihr kriegerischer Idealtypus des modernen Türken war «der Typus eines Attila oder Dschingis Khan, der sich zu einem zivilisierten Menschen entwickelt hat».[109] Es war, als hätten die Türken plötzlich in den Weiten Asiens ihre «Eigentlichkeit» wiederentdeckt. «Die Gefühle, die in meinem Blut pulsieren, sind das Echo meiner Vergangenheit», dichtete Ziya Gökalp: «Mein Attila, mein Dschingis, diese heroischen Gestalten, der Stolz und Ruhm meiner Rasse, sind ebenso bedeutend wie Alexander oder Cäsar.»[110] Das archaische Gesetz der Steppe kam, parallel zum europäischen Primitivismuskult, in diesen Jahren in Mode und wurde zu einem weiteren Unheil verheißenden Schlüssel des türkischen Erwachens. Es sei nun das Gebot der Stunde, so Gökalp, dass die Türken «sich selbst erkennen» und erwachend zu diesen ihren Wurzeln zurückkehren,[111] um der Welt zu zeigen, dass «die Opfer und heroischen Taten, die man im Allgemeinen für unmöglich hält, die menschlichen Kräfte nicht übersteigen».[112] Weit davon entfernt, überlegen zu sein, sei der Westen «auf einem verfaulten und zerfallenden Fundament gegründet und dem Untergang geweiht», erklärte Gökalp: «Die neue Zivilisation wird von der türkischen Rasse geschaffen werden, die im Unterschied zu anderen Rassen nicht durch Alkohol und ein ausschweifendes Leben verdorben ist, sondern sich in ruhmreichen Kriegen gestärkt und verjüngt hat.»[113]

Ziya Gökalp war so etwas wie der Chefideologe des Komitees. 1876 in Diyarbakir geboren, hatte er 1896 den heiligen Eid auf Koran und Revolver abgelegt, als er in Istanbul die Hochschule für Tiermedizin besuchte. Hier in der Hauptstadt, schrieb er später, hatte er sich zum ersten Mal «als Türke gefühlt».[114] Als Gökalp 1897 mit anderen eine Demonstration gegen Abdul Hamid organisieren wollte, wurde er verhaftet und nach Diyarbakir zurückgeschickt.[115] Gökalp begann dort,

Gedichte in der türkischen Volkstradition zu schreiben und auf der Grundlage der autodidaktisch angeeigneten Schriften des französischen Soziologen Émile Durkheim eine eigene Theorie des korporatistischen Nationalismus zu formulieren.[116] Auch Friedrich Nietzsche diente ihm in autodidaktisch freier Rezeption als Quelle, indem er 1911 dessen jenseits von Gut und Böse stehenden «Übermenschen» mit den Qualitäten der türkischen Rasse identifizierte[117], ebenso Ferdinand Tönnies und der von ihm akzentuierte Unterschied von ziviler Gesellschaft und organischer Gemeinschaft.

1909 wurde er in das Zentralkomitee des CUP gewählt, dem er bis 1918 angehörte. Ziya Gökalp, eng mit Mehmet Talaat befreundet, auf den er großen Einfluss hatte, wurde einer der Wortführer des türkistischen Flügels in der Partei, und er hatte, wie Toynbee bemerkte, einen erheblichen Anteil daran, dass sich die jungtürkischen Zielsetzungen rapide verengten.[118] «In Wahrheit kann es für verschiedene Völker kein gemeinsames Zuhause und Vaterland geben»[119], meinte er, «eine Nation ist keine freiwillige Vereinigung wie eine politische Partei, der ein Mann aus eigenem Entschluss beitreten kann.»[120] Unter den Voraussetzungen des Osmanischen Reichs waren solche Aussagen nichts weniger als das Programm einer künftigen ethnischen Säuberung.

«Dass das Komitee überhaupt nicht mehr daran denkt, all die nichttürkischen Elemente auf friedlichem und verfassungsmäßigem Weg zu osmanisieren, ist seit langem deutlich geworden», schrieb 1910 der britische Botschafter Gerard Lowther an Sir Edward Grey: «Für sie bedeutet ‹osmanisch› offensichtlich ‹türkisch›, und ihre gegenwärtige Politik der Osmanisierung läuft darauf hinaus, alle nichttürkischen Elemente in einem türkischen Mörser zu zerstampfen.»[121] Es war die Zeit vor dem Beginn der mörderischen Balkankriege, als sich zum Jahrestag der Eroberung Konstantinopels plötzlich Tausende in der heiligen Fatih-Moschee am Grab des Eroberers einfanden. «Tausende pilgerten in einer langen Prozession zum Grab von Konstantinopels großem Eroberer, um seinen geheiligten Geist anzurufen und sich für die anstrengende Aufgabe, die vor ihnen lag, Mut zu machen», berichtete ein Beobachter. «Die Menschen hatten das Gefühl, als ob Konstantinopel wieder erobert worden war.»[122] Hätte doch Mehmed der Eroberer, sagten sich viele, damals alle Christen konsequent unter die Fahne des Propheten gezwungen, dann gäbe es heute keine orientalische Frage. Eine Stimmung endlich wiedergefundener Größe beherrschte vor Ausbruch des Krieges viele Köpfe und machte sich wie ein Aphrodisiakum bemerkbar. «Auf nach Sofia!», riefen militante Demonstranten in Istanbul: «Nieder mit der Gleichheit!»[123] Ziya Gökalp beschwor einen «Neuen Attila», um Europa davor zu warnen, die Türken würden den Balkan niederwalzen wie einst die Hunnen mit ihren wilden Horden aus der asiatischen Steppe das Römische Reich.[124]

Doch das Ergebnis war ein Desaster. Bereits nach wenigen Wochen war der Erste Balkankrieg militärisch entschieden. Das Osmanische Reich hatte dabei fast sein gesamtes europäisches Territorium verloren. «Zuerst hielt man die Wahrheit zurück», berichtete Dwight nach den ersten großen Niederlagen dieses schnellen und auf beiden Seiten mit unvorstellbarer Grausamkeit gegenüber den Zivilbevölkerungen geführten Krieges: «Kaum ein Offizier hatte seinen Freunden keine Postkarten aus Sofia oder Belgrad oder Cetinje oder Athen versprochen. Und dann noch von den ehemaligen Leibeigenen besiegt zu werden!»[125] Rund um Monastir (Bitola), dessen Garnison eine der wichtigsten Zellen der jungtürkischen Revolution von 1908 war, fand man bald alle türkischen Dörfer in Schutt und Asche gelegt. Überall, wo die Bulgaren und Griechen ihren Fuß hinsetzten, so der russische Kriegskorrespondent Lew Trotzki, sah man eine Wüstenei, und was die Armeen nicht erledigten, besorgten irreguläre *Komitadji.* Plünderungen waren ein übliches Geschäft. Die gewaltsame Vertreibung der Muslime wurde wie ein religiöses Ritual inszeniert.[126] Zehntausende von Menschen, nach manchen Quellen weit mehr[127], kamen dabei ums Leben, obwohl man insgesamt nicht von systematischer Vernichtungspolitik sprechen kann. Hunderttausende muslimische Flüchtlinge strömten Richtung Istanbul[128], und sie haben ihrerseits auf der Flucht oft so gut wie alles niedergebrannt und abgeschlachtet, was sie vorfanden. In Rumänien wurden die Juden zu Ausländern erklärt. Ethnische Gewalt und Diskriminierung waren das beherrschende Element der Balkankriege, und sie wurden unwidersprochen zu einer von der internationalen Gemeinschaft geduldeten Methode der Staatsbildung. So, schrieb Trotzki an den bulgarischen Dichter Petko Todorov, sah der von ihm gefeierte «Kreuzzug der Zivilisation gegen das Barbarentum» in Wirklichkeit aus.[129]

Im Sommer 1913 fiel Saloniki, der langjährige Sitz des Hauptquartiers des CUP, nach dem Friedensschluss von Bukarest endgültig in griechische Hand. Prominente Muslime flohen in die Türkei, aber auch nach Europa, Ägypten oder Indien, bevor die Stadt nach und nach «hellenisiert» wurde.[130] CUP-Pioniere wie Mehmet Nazim, Mehmet Talaat und andere verloren ihre Heimat. Auf türkischer Seite machte eine Dolchstoßlegende vom «christlichen Verrat» die Runde, und «eine beispiellose Anspannung der Emotionen und ein Verlangen nach Rache», so Arnold Toynbee, griff um sich[131], das sich allerdings zunächst nicht gegen die Armenier richtete, die als Freiwillige und als kompetente Offiziere, besonders in technischen Einheiten wie der Artillerie, in großer Zahl loyal auf osmanischer Seite gekämpft hatten.[132] Irredentistische Phantasien gesellten sich zu immer aggressiverem antichristlichem Ressentiment, zu eskapistischen «panturanischen» Träumen von den angestammten Weiten Asiens und der Entdeckung oder besser Erfindung Anatoliens als dem wahren Vaterland der Türken.[133] Im Ergebnis, bilanziert Ugur Üngör, erzeugten die Balkankriege eine «toxische Mischung» von Verletzung, Hilflosigkeit, Wut, Ehrverlust, Angst und Scham, die erheblich zu einem Anwachsen von Hass und destruktiven Phantasien beitrug.[134] «Eure Zivilisation ist ein Gift», schrieb Ismail Enver damals an eine europäische Freundin, «aber ein Gift, das einen wach macht und nicht mehr schlafen lässt.»[135] Nicht ein einziger Aspekt der orientalischen Frage wurde auf friedlichem Weg gelöst. Die Unfähigkeit der osmanischen Regierungen, ihrer inneren Probleme geregelt Herr zu werden, meinte Trotzki im November 1912, war die Hauptursache für dieses Versagen. Das ließ in seinen Augen auch für die armenische Frage nichts Gutes erwarten.[136]

4. Zwielicht

Nach der Revolution von 1908 waren die Führer der verschiedenen christlichen Gemeinschaften im Großen und Ganzen bereit, mit dem jungtürkischen Regime zu kooperieren, auch wenn deutlich wurde, dass ihre Vision osmanischer Staatsbürgerschaft, die «Einheit der Elemente», sich grundsätzlich von der jungtürkischen Vision eines Einheitsstaats unterschied.[1] Ob sie Teil des Problems oder Teil der Lösung sein würden, hing von der Entwicklung der Politik des CUP ab. «Zwei Wege standen den Jungtürken offen», resümiert Hans Kohn in einer Untersuchung über den nahöstlichen Nationalismus aus den 1920er Jahren: «Sie konnten die Türkei in einen dezentralen Staat mit gemischten Nationalitäten verwandeln, der seinen verschiedenen Völkern Autonomie und die Erfüllung ihrer nationalen Ziele gewährte; sie konnten auch versuchen, die anderen Völker gewaltsam zu unterdrücken und so ein überwiegend türkisches Reich zu errichten. Die Jungtürken wählten die zweite Möglichkeit.»[2] Dabei stellten der Verlust Libyens an Italien 1911 und der Ausgang der Balkankriege eine deutliche Zäsur dar. 1913 war das Jahr, in dem die Obsession, die verbliebenen Teile des Reichs zu retten, unverkennbar ethnonationalistische Züge annahm. «*Ein* Vaterland, *eine* Erziehung, *eine* Sprache», notierte Johannes Lepsius, der im Sommer des Jahres eine längere Reise nach Istanbul und durch Anatolien unternommen hatte: «Die ganze Türkei sollte türkisch werden.»[3] Es war, als hätten die Habsburger versucht, die Welt zwischen Triest und Lemberg vollständig zu germanisieren. Ihnen fehlte allerdings eine toxische Vorstellung, die nach einer Beobachtung Hans von Wangenheims unter den türkischen Eliten des

Osmanischen Reichs immer noch eine wesentliche Rolle spielte, nämlich die Vorstellung, «kraft Erobererrecht» den Anspruch zu haben, «allein herrschende Nation» zu sein[4], und die alteingesessenen christlichen Völker als «Gäste» zu betrachten.[5] Diese 1913 aus einer Defensive heraus populistisch revitalisierte und mit einer enormen Psychologie der Panik aufgeladene Option war aber keineswegs Teil einer Lösung, sondern sie führte im Gegenteil zu einer weiteren Verschärfung der Probleme. Nationalität, so Toynbee, ist immer eine Frage des Sentiments[6], und den Wunsch, sich einem türkischen Assimilationsprogramm zu unterwerfen, konnte man niemandem aufzwingen.

Am 29. Juli 1913 wurde in London die Unabhängigkeit des weitgehend muslimischen Albanien vertraglich kodifiziert, was einen Schlag für den muslimisch-osmanischen Unitarismus alten Zuschnitts bedeutete. Kurdische Separationsbestrebungen blieben ein Dauerproblem. In Teilen Arabiens rumorte es. Der Jemen konnte nur befriedet werden, indem Istanbul den Briten ein faktisches Protektorat über die Region zwischen Aden und Katar zubilligte. In der armenischen Frage neigte das CUP, um angesichts dieser Probleme einen potentiellen Konfliktherd im Osten Anatoliens zu begrenzen, bis in die ersten Wochen des Weltkriegs hinein eher zu einer Politik des Appeasements und der gelenkten Kooperation. Auf Dauer aber konnte sich eine solche instabile und in sich widersprüchliche Politik nur durch Gewalt erlösen.

Ein unverkennbares Vorzeichen jener von der Wunschphantasie eines gewaltsamen Triumphs des Willens gekennzeichneten Psychologie, die zunehmend im CUP um sich griff, war die Wiedereroberung von Edirne (Adrianopel) im Zweiten Balkankrieg. Im Juni 1912 war das Komitee hinweggeputscht und durch ein sogenanntes Kabinett der nationalen Einheit ersetzt worden, das ihm Wahlfälschungen und Unverantwortlichkeit in der Politik vorwarf, CUP-Kader verfolgte und viele von ihnen in den Untergrund oder ins Ausland trieb.[7] Doch als Mitte November 1912 die bulgarische Armee vor den Toren Istanbuls stand und Edirne eingekreist war, sah das Komitee eine Gelegenheit gekommen, die Zügel wieder in die Hand zu nehmen. Am 23. Januar 1913 erzwang sich eine kleine Gruppe von CUP-treuen Offizieren unter der Führung von Ismail Enver den Weg ins Kabinett, erschoss den Kriegsminister Nazim und zwang den Großwesir Kamil mit vorgehaltener Pistole, seinen Rücktritt zu unterschreiben.[8] Die Leiche Nazims lag noch im Zimmer des ersten Adjutanten des Großwesirs, als Ahmed Djemal, später mit Talaat und Enver einer der drei Diktatoren des Landes, von Mahmud Schevket zum Militärgouverneur von Istanbul ernannt wurde. Djemal war es auch, der für den im Namen des Komitees ermordeten Nazim am 24. Januar 1913 ein Staatsbegräbnis mit allen militärischen Ehren organisierte.[9] Die Führer der nunmehrigen Opposition wurden sofort verhaftet, und das CUP errichtete schrittweise, so Hanioglu, einen «radikal neuen Typus von Regime, der dem zwanzigsten Jahrhundert auf eine erschreckende Weise vertraut werden würde: eine Einparteienherrschaft».[10] Ein stufenweiser, wenn auch nicht reibungsloser und am Ende unvollständiger Prozess der Gleichschaltung auf allen Ebenen von Staat und Gesellschaft war damit verbunden, eine Kultur des permanenten Ausnahmezustands und eine durchgehende Militarisierung der Politik.

Die Putschisten bildeten zunächst ein «Komitee der nationalen Verteidigung».[11] Talaat erklärte Edirne, die alte Residenzstadt der Sultane, die den osmanischen Anspruch auf Europa begründete, zu einer Frage des Alles oder Nichts. «Diese Bewegung bedeutet, dass wir die nationale Ehre retten oder bei dem Versuch untergehen werden», ließ er verlauten. «Wir wollen keine Fortsetzung des Kriegs, aber wir sind entschlossen, Edirne zu halten. Das ist eine unerlässliche Bedingung.»[12] Mit dem Fall Edirnes, das wusste Talaat, wäre das Reich über Nacht zu einer unbedeutenden asiatischen Macht hinabgesunken. Er war es, der als informeller Parteichef des CUP nach dem Staatsstreich die letzten Entscheidungen traf. Mahmud Schevket Pascha wurde neuer Großwesir, für die nächsten fünfeinhalb Monate.

Am 11. Juni 1913 fiel Schevket einem Attentat zum Opfer. Danach ergriff das Komitee endgültig die Macht, und das neue Kabinett bestand exklusiv aus CUP-Mitgliedern. Djemal ordnete sofort eine Verschärfung des Kriegsrechts an und ließ nach einer vorbereiteten Liste weitere Verhaftungen von Oppositionellen vornehmen, denen er vorwarf, sie hätten die Absicht gehabt, «in drei Tagen und drei Nächten alle Anhänger des Komitees massakrieren» zu lassen.[13] Alle Opposition wurde jetzt erbarmungslos ausgeschaltet. Es begann eine Periode des «jungtürkischen Terrors», wie der russische Diplomat André Mandelstam die nun folgende Zeit genannt hat.[14] Prinz Sabahaeddin wurde verhaftet, 450 Oppositionelle nach Sinope deportiert.[15] Das CUP rief ein Komitee für öffentliche Wohlfahrt ins Leben, gründete eine paramilitärische Organisation mit dem Namen «Türkische Stärke» (*Türk Gücü*) und verschärfte seine Kontrolle über die Provinzen durch vom Zentralkomitee ernannte sogenannte «verantwortliche Sekretäre»[16], deren Funktion der von zentral gelenkten Politkommissaren gleichkam.

In dieser Zeit einer hohen mentalen Anspannung eroberte Ismail Enver am 22. Juli 1913 Edirne zurück. Obwohl er den Sieg in erster Linie der Tatsache verdankte, dass die Bulgaren, von einer rumänischen Invasion im Norden bedrängt, einen großen Teil ihrer Kontingente aus Thrazien zurückgezogen hatten, war die Einnahme der ehemaligen Residenz Sultan Murats I. mit der berühmten Selimiye-Moschee von kaum überschätzbarem symbolischem Wert. Bedeutsam war aber auch ein anderer, die Zukunft bestimmender Umstand. Die Armee befand sich in einer kriegsmüden Verfassung, und Enver hatte die Rückeroberung Edirnes im Zweiten Balkankrieg nur der Unterstützung von 3500 irregulären und zu allem entschlossenen Fedajin zu verdanken, die noch vor den regulären Einheiten in die Stadt eingedrungen waren.[17] Die Fedajin waren gewissermaßen Sturmabteilungen des CUP. Sie führten politische Morde durch, sie operierten hinter den italienischen Linien während des Kriegs 1911 in Libyen, und sie führten nach der Rückeroberung Edirnes einen Guerillakrieg im westlichen Thrazien, wo sie zwei Monate lang eine provisorische Regierung aufrechterhielten.[18] Diese Art von irregulären, parteigebundenen Kämpfern verfügte über eine gewisse Tradition. Leutnant Ömer Naci war einer der Ersten, der schon vor der Revolution von 1908 im Dienst der «heiligen Sache» die Uniform an den Nagel gehängt hatte und nach Paris geflohen war, um als «Soldat für den Djihad» ein «reiner Revolutionär» zu werden. Auch Hauptmann Hüsrev Sami vollzog diesen Schritt, «lieber als ein-

Ismail Enver galt seit der Rückeroberung von Edirne im Zweiten Balkankrieg als der «Napoleon» des jungtürkischen Komitees.

facher Soldat die Tyrannei zu bekämpfen als Offizier im Dienst der Tyrannei zu sein».[19] Während des Zweiten Balkankriegs standen die Fedajin unter dem Kommando von Ismail Enver, der sie 1914 unter dem Namen *Teskilat-i-Mahsusa* (Sonderorganisation, TM) formalisierte und zunächst dem Kriegsministerium unterstellte.[20] Die TM sollte als erweiterte parteigebundene Einsatztruppe des CUP eine herausragende Rolle bei der Organisation der Massaker an den Armeniern während der Weltkriegsjahre spielen. Am 4. Januar 1914 wurde der zweiunddreißigjährige Ismail Enver im Rang eines Brigadegenerals zum Kriegsminister mit dem Titel eines Paschas ernannt. Seine erste Amtshandlung bestand in einer Säuberung der Armee. Um die elfhundert in seinen Augen unzuverlässige Offiziere wurden noch im gleichen Monat aus dem Dienst entlassen.[21] Eine extreme Politisierung des Militärs im Geist des CUP war das gewollte Ergebnis.[22]

«Ich war sehr enttäuscht», resümierte Mehmet Talaat gegenüber Henry Morgenthau in diesen Tagen die Ereignisse, «über das Versagen der Türken, demokratische Institutionen anzunehmen. Ich habe das einmal gehofft, und ich habe hart dafür gearbeitet – aber sie waren darauf nicht vorbereitet.»[23] Morgenthau verglich die hinter solchen Aussagen stehende Mentalität mit der ihm vertrauten eines energischen amerikanischen City-Bosses, der im Zweifel auf alle Legalität pfiff, und auch der amerikanische Journalist Samuel Sidney McClure (der Erfinder des *reporter at large*) empfand für diesen einundvierzigjährigen «unumschränkten Diktator der Türkei» eine widersprüchliche Faszination wie gegenüber einem willensstarken und entscheidungsfreudigen *king of bosses.*[24] Er war nach den Worten von Ernst Troeltsch «der erfahrene Meister der Revolutionen».[25] Der Istanbuler Korrespondent der *Kölnischen Zeitung,* Harry Stürmer, beschrieb ihn als einen methodisch denkenden und überdurchschnittlich intelligenten Menschen, der emotionslos und mit eiserner Konsequenz gewohnt war, seine Ziele zu verfolgen.[26] Talaat galt als rigoros und unbestechlich. Auch wenn er, wie in Gegenwart des außenpolitischen Leiters der Londoner *Times,* Henry Wickham Steed, mit der Geste eines Kraftmenschen manchmal glasweise Raki und flaschenweise Champagner in sich füllen konnte.[27] Talaat aber hatte tatsächlich anfangs eine gewisse demokratische Ernsthaftigkeit vorzuweisen, und seine Wandlung zeigte eher Ähnlichkeiten mit der Maximilien Robespierres von einem ursprünglich moderaten und gegen die Todesstrafe eingestellten Abgeordneten zu einem Politiker, der bereit war, die von ihm selbst definierten Ziele der Revolution notfalls mit allen Mitteln des extremen Terrors gegen ihre inneren Feinde zu verteidigen.[28] Die Daschnakzutiun, und insbesondere Agnouni, setzten jedenfalls bis in die Weltkriegsjahre hinein alle ihre Hoffnungen auf Talaat. Noch 1915 sprach Agnouni von ihm als «unserem Talaat».[29]

Nach den Ereignissen der Konterrevolution von 1909 war die Daschnakzutiun mehr denn je davon überzeugt, dass ein Überleben der konstitutionellen Verhältnisse vom Überleben des CUP abhängig war. Das bedeutete eine keineswegs komfortable Entscheidungslage, doch ein unbedachter Bruch mit dem CUP, so die Vorstellung, hätte nur Schlimmeres verursacht und islamistische Strömungen an die Macht gebracht.[30] Die Massaker dieses Jahres, an denen die lokale CUP-Organisation nicht unbeteiligt war, hatten zu keinem vollständigen Bruch der Beziehungen geführt, vor allem deshalb, weil man sie der Zentrale nicht anlastete. Mikael Varantian, der theoretische Kopf der Daschnakzutiun, schrieb später in seiner Geschichte der Armenischen Revolutionären Föderation, zwar habe man begonnen, an der Ernsthaftigkeit der Absichten des CUP zu zweifeln, man sei sich auch im Klaren darüber gewesen, dass man es mit überzeugten Zentralisten und Anhängern eines Konzepts türkischer Überlegenheit zu tun hatte. Aber man war in gleichem Maß davon überzeugt, dass das CUP die Verfassung verteidigen und einen Prozess des friedlichen Fortschritts unterstützen werde. Und die Armenier selbst, so Toynbee, zählten zu den überzeugtesten Vertretern der Konstitution im Osmanischen Reich.[31] Am 20. August 1909 unterzeichneten beide Parteien in Saloniki eine Übereinkunft, die vorsah, «Hand in Hand zu arbeiten, um die Türkei vor neuen Desastern zu bewahren». Besonders Talaat, der die Rolle eines Hauptverbindungsmanns zu den Daschnakzutiun übernahm, weckte Hoffnungen auf baldige Reformen in den armenischen Provinzen Ostanatoliens. 1910 wurde aus diesem Grund eine gemeinsame Kommission ins Leben gerufen, und das CUP versicherte, die Armenier könnten als Modell dafür dienen, wie Minoritäten ihre Rechte als ethnische Gruppe aufrechterhalten und gleichzeitig Teil der osmanischen Nation bleiben würden.[32]

In gewisser Weise war hier ein pragmatischer Impuls der kalkulierten Eindämmung am Werk. Das CUP war sich nach der Konterrevolution seiner Schwäche bewusst und unterstellte gleichzeitig den Armeniern, insbesondere den Daschnaken, großen Einfluss und Macht. Ismail Enver, so der amerikanische Diplomat Lewis Einstein, bewunderte die Armenier, aber er fürchtete sie auch.[33] Talaat ebenfalls.[34] Ihre Unterstützung durfte man auf keinen Fall verlieren. Diese Politik konnte leicht in ihr Gegenteil umschlagen, wenn die unterstellte Macht als gefährliche Bedrohung empfunden wurde, doch einstweilen zeitigte sie gewisse Erfolge. Es gab Ansätze der Restitution von während der hamidischen Massaker illegal enteignetem Land, besonders im Bezirk Van.[35] In Diyarbakir wurde ein Christ Bürgermeister, in Schatak bei Van ein ehemaliger armenischer Revolutionär Landrat.[36] Armenische Flüchtlinge der neunziger Jahre kehrten zurück. Hinter dieser Politik des CUP stand noch eine andere, nicht ausgesprochene Agenda. «Die Jungtürken», beobachtete der britische Vizekonsul in Diyarbakir Ende 1910, «zielen darauf ab, mit Hilfe der Daschnaken die historische Organisation der armenischen Gemeinschaft zu zerstören.»[37] In diesem Sinn betrachtete man sie als Modernisierungspartner und Katalysatoren im Prozess der Entwicklung eines osmanischen Einheitsstaats.

Aber es gab auch Widerstand seitens der lokalen kurdischen und türkischen Eliten, und Differenzen zwischen CUP und ARF waren von Anfang an unausweichlich. Zum ersten Mal in der osmanischen Geschichte kam es 1908 zu verbreiteten Arbeiterunruhen, die mit Forderungen nach höheren Löhnen verbunden waren. Das CUP unterstützte eine Politik des strikten Verbots gewerkschaftlicher Aktivitäten[38] und machte damit auf einem Sektor, der mit der armenischen Frage nichts zu tun hatte, eine Differenz zu den sozialistischen Optionen seiner armenischen Partner mehr als deutlich, die von grundsätzlicher Natur war. Diese Optionen konnten leicht in Widerspruch zu denen des CUP geraten.[39] Denn eines der Kernprobleme der armenischen Frage, vor allem in Ostanatolien, bestand in der sozioökonomischen Überlagerung eines ethnischen Konflikts.[40] Es ging um anhaltende Feudalverhältnisse, Rechtlosigkeit gegenüber Raub und Auspressung besonders durch kurdische Aghas sowie um die Restitution von – hauptsächlich während der Massaker 1894–1896 – illegal enteignetem Land. Die Hamidiye-Regimenter wurden nicht aufgelöst, sondern nur umbenannt.[41] Am 24. April 1911 erhielten die Daschnaken bei einem Treffen mit Talaat die Auskunft, das CUP sei zu schwach, um zu diesem Zeitpunkt die sie betreffenden Probleme energisch anzugehen. Hintergrund war auch die Tatsache, dass das Komitee auf Provinzebene, wie Abdul Hamid, mit Blick auf sein Ziel eines starken Staats zunehmend an der Einbindung und Loyalität der traditionellen Eliten interessiert war, deren Interessen von den armenischen Forderungen empfindlich berührt wurden. Misstrauen gegenüber der Ernsthaftigkeit der Politik des CUP bestimmte in der Folge den Kongress der Daschnakzutiun im Sommer 1911 in Istanbul.[42] Krikor Zohrab sprach Ende November im Parlament über verlorene Illusionen. Es sei naiv gewesen, zu glauben, die Proklamation der Konstitution allein würde schon die sozialen Realitäten und überkommenen Mentalitäten verändern.[43] Es waren im Übrigen andere Schwierigkeiten, die nun in den Vordergrund traten. Kriege und innere Krisen dominierten die folgenden zwei Jahre. Die Daschnakzutiun verfolgte nach 1911 zunächst eine vorsichtige Oppositionspolitik. Der Staatsstreich vom Januar 1913 beendete dann jede Chance einer Kooperation, auch wenn die Fäden nicht vollkommen abrissen.

Von dem aber, was man sich nach der Revolution 1908 erwartet hatte, war kaum etwas erreicht worden. «Die Zustände in Armenien sind unter der jungtürkischen Regierung ebenso unerträglich geblieben wie zur Zeit des Sultans Abdül Hamid», bemerkte Johannes Lepsius Anfang 1913.[44] Der innere Krieg gegen das armenische Volk, der seine Ursache in der Sozialverfassung Ostanatoliens hatte, so sein abschließendes Urteil, hatte in Wirklichkeit nie aufgehört.[45] Auch andere Beobachter kamen zu vergleichbaren Feststellungen. Ein zusätzliches Problem war die Art und Weise, wie die Ansiedlung von muslimischen Flüchtlingen in den von Armeniern bewohnten Gebieten gehandelt wurde. «Wir fanden viele kurdische Familien vor (Flüchtlinge aus dem russisch dominierten nordwestlichen Persien), die in ein armenisches Dorf einquartiert wurden, während die dazu freigesetzte Bevölkerung sich in den übrig gebliebenen Häusern zusammendrängen musste», schrieb der Liberale und spätere Labourpolitiker Noel Buxton, der kurz vor dem Weltkrieg Ostanatolien bereiste, über die Zustände, die er dort vorfand: «andere Bauern wurden gezwungen, ihre Häuser zu einem bestimmten Zeitpunkt an Kurden, die in ihren Sommerzelten lagerten, zu übergeben. Das war keine übliche Räuberei. Es wurde systematisch angeordnet und von den Autoritäten ausgeführt – Vali, Kaimakam, Müdir und Zapiye – und es war ein Skandal. Es stellte sich heraus, dass in einer Reihe anderer Dörfer ebenso verfahren wurde.»[46] Oft handelte es sich auch nur um Kleinkriege wegen Hammeln und Vieh, bei denen armenische Bauern gegenüber bewaffneten Kurdenstämmen den Kürzeren zogen, oder um Betrug bei der Steuerschätzung, der Enteignungen von zahlungsunfähigen Schuldnern zur Folge hatte.[47] Das Ergebnis war, dass die Daschnakzutiun wieder damit begann, aus Gründen der Fähigkeit zur Selbstverteidigung vor allem die Landbevölkerung mit Handfeuerwaffen, in erster Linie mit Mauserpistolen, auszurüsten. Im Frühjahr 1913, beobachtete der deutsche Konsul in Trabzon, hatte die geheime Ausrüstung mit Waffen unverkennbar Fortschritte gemacht, aber er sah darin in erster Linie «einen Akt erhöhter Vorsicht», um «im Fall der Not besser gerüstet zu sein».[48] Es kam zu Fällen armenischer Selbstjustiz, aber auch, wie im Juni 1913, zu einer Zusammenarbeit von daschnakischen Kämpfern mit regulären Einheiten der osmanischen Armee bei der Niederschlagung eines Aufstands des kurdischen Gavi-Stamms zwischen Van und Baschkale.[49] Die innenpolitischen Verhältnisse zeichneten sich durch ein hohes Maß an Instabilität und anwachsender Nervosität aus.

Die öffentliche Stimmung in der Hauptstadt hatte etwas Zwielichtiges, von unbestimmten Ängsten getragenes an sich. In dieser Zeit hatte Harrison Griswold Dwight am Kai von Galata eine Begegnung mit einer alten türkischen Dame, die ihn nachdenklich machte. Auf dem Bosporus zog nicht weit vom Ufer ein Ausflugsdampfer mit einer sichtlich heiteren Gesellschaft seine Kreise. «Man könnte meinen, dass sie auf dem Weg zu einer Hochzeit sind!», sagte die alte Frau vor sich her. «Und dann sah sie mich an und fragte plötzlich: Können Sie mir sagen, Effendi, warum Europa so sehr gegen uns ist? Haben wir in sechshundert Jahren überhaupt nichts Gutes getan?»[50] Es war eine Zufallsbegegnung. Das Leben in Istanbul hatte sich seit dem Ende der Balkankriege wieder einigermaßen normalisiert, doch die Zeit zuvor war fürchterlich gewesen. Zehntausende von Flüchtlingen aus dem Balkan hatten in ungeordneten Scharen die Stadt überschwemmt. «Wie viele kamen, weiß wahrscheinlich niemand», so Dwight: «Tausende und Zehntausende wurden nach Kleinasien verschifft. Tausende blieben hier in der Hoffnung, zu ihren zerstörten Häusern zurückkehren zu können.»[51] Doch sie würden nie zurückkehren können. Die Regierungen Bulgariens und des Osmanischen Reichs hatten sich mit dem Ende des Zweiten Balkankriegs auf einen Bevölkerungsaustausch geeinigt. Europa, das zu Beginn des Krieges großspurig verkündet hatte, es werde keine Veränderung des Status quo zulassen, war still geblieben bei diesem in der Geschichte bis dahin einzigartigen Vorgang, künstliche Völkerwanderungen rechtlich zu legitimieren. Ein ethnisch reines Bulgarien hieß die Devise auf der einen Seite. Vor dem Weltkrieg, so Djemal Pascha aus türkischer Sicht, war «die Rassenfrage endgültig mit den Bulgaren geregelt worden, und es war innerhalb der osmanischen Grenzen auch nicht ein einziger Bulgare mehr zu finden».[52] Nach der türkisch-bulgarischen Konvention von 1913 betraf dies 48 570 Türken und 46 764 Bulgaren aus den Grenzregionen.[53] Dieser Vorgang war ein folgenschwerer Präzedenzfall, aber er verlief, auch wenn in vielen Fällen damit nur ein bereits vollzogenes *fait accompli* kodifiziert wurde, noch in einigermaßen rechtlichen Bahnen.

Wenn man jetzt in Anatolien keine Reformen in Angriff nehme, notierte während des Ersten Balkankriegs der in Bulgarien akkreditierte Lew Trotzki, werde es auch «in Kleinasien unausweichlich zu Unruhen kommen». Die Türkei selbst sei dazu aber nicht in der Lage, und deshalb halte er eine europäische Intervention für notwendig.[54] «Nur eine Stimme ist bei Einheimischen und Ausländern zu hören», meinte Lepsius bei seinem Besuch in Istanbul im Sommer 1913: «Noch zehn Jahre Galgenfrist, dann ist es aus mit der Türkei.»[55] Aus diesem Grund war die armenische Frage plötzlich wieder auf die Agenda geraten. Der Zusammenbruch der osmanischen Macht im Ersten Balkankrieg und die damit verbundene Zunahme lokaler Gesetzlosigkeit ließ unter den Armeniern zum ersten Mal nach 1908 wieder die Idee wachwerden, für ihre Anliegen nach internationaler Unterstützung zu suchen.[56] «Die Lage der Armenier hat sich nach dem Balkankrieg plötzlich verschlechtert», schrieb Patriarch Hovhannes Arsharuni Ende 1912 in einem Zirkularschreiben an die Botschafter der Großmächte: «Von einem Ende Anatoliens zum anderen hängt das Schwert eines befürchteten Massakers über ihren Köpfen.» Sie könnten sich weniger denn je auf den Schutz des Staates gegenüber Übergriffen verlassen und hätten nicht einmal das Recht zur Selbstverteidigung.[57]

Der russische Außenminister Sergej Sasonow, der sich besorgt zeigte über eine zunehmende, von den Behörden geförderte Versorgung der kurdischen Bevölkerung mit Waffen, verkündete Anfang Januar 1913, Russland werde auf keinen Fall eine Wiederholung von armenischen Massakern dulden.[58] Im Frühjahr lud er auf der Grundlage des Artikels 61 des Berliner Vertrags von 1878 die sechs europäischen Mächte zu einer Konferenz über die armenische Frage ein.[59] Eine neu zu bildende großarmenische Provinz nach dem Vorbild des Libanon[60] schwebte den Russen vor, von der einige rein muslimische Grenzgebiete abgetrennt werden sollten. Ob es Sasonow dabei tatsächlich in erster Linie um die dauerhafte Befriedung einer Grenzregion zu Russland ging, wie er behauptete,[61] oder ob dahinter nicht auch die strategische Option einer späteren Annexion stand, lässt sich schwer eindeutig beurteilen. Wahrscheinlich beides, auch wenn der Hauptakzent der russischen Politik nach dem Krieg mit Japan im Fernen Osten lag. Die Armenier selbst wünschten in ihrer Mehrheit eine gesamteuropäische und keine exklusiv russische Supervision.[62] Im Londoner *House of Commons* fand aus diesem Grund am 23. April eine Konferenz über die armenische Frage statt, an der unter anderem John Annan Bryce, Noel Buxton, der Reformbeauftragte des armenischen Katholikos, Boghos Nubar und Johannes Lepsius teilnahmen.[63] Ein europäisch unterstütztes Reformprojekt, meinte Lepsius, konnte trotz der verfahrenen Verhältnisse und unter den Bedingungen internationalen Drucks auch im Interesse des Osmanischen Reichs Teil einer Lösung sein. Das meinte auch Agnouni[64],

Agnouni, führender Kopf der sozialistischen Armenischen Revolutionären Föderation Daschnakzutiun, setzte ganz auf Zusammenarbeit mit den Jungtürken.

der die Probleme der Schwäche des Staats und weniger staatlicher Absicht anlastete. «Armenien wird entweder ein Bollwerk oder eine Fallgrube für die Türkei sein, je nachdem sie es will», schrieb Lepsius im Frühjahr 1913. «Man scheint in der Tat auch in Konstantinopel begriffen zu haben, dass die armenische Frage der kritische Punkt ist, an dem sich das Schicksal des Reichs entscheiden wird.»[65] Dabei setzte er alle Hoffnungen auf Mahmud Schevket, der in seiner kurzen Zeit als Großwesir einen Reformplan für die gesamte asiatische Türkei einschließlich der armenischen Provinzen entworfen hatte.[66]Auch die Entwicklung der Infrastruktur durch den Bau von Eisenbahnen zur Förderung der wirtschaftlichen Entwicklung Ostanatoliens, von den Daschaktzutiun als Ergänzung des Bagdadbahnprojekts schon lange gefordert, sollte Teil des Plans sein.[67] Schevket war, so Hans von Wangenheim, in hohem Maße daran interessiert, «das armenische Element zur praktischen Mitarbeit am Wiederaufbau» des nach den Balkankriegen zerrütteten Staates zu gewinnen[68], was zu dieser Zeit auch im Interesse des Deutschen Reiches lag.[69] Er sehe ein, hatte Schevket noch am 9. Juni, kurz vor seiner Ermordung, dem österreichischen Botschafter Pallavicini zu verstehen gegeben, «dass in den armenischen Wilajets gewisse Reformen durchgeführt werden müssten, und er sei entschlossen, dies zu tun», auch wenn Russland mit seinem Reformvorschlag nur eigennützige Zwecke verfolge.[70] Man war sich in Istanbul bewusst, dass Petersburg das Kurdenargument nur vorschob, zumal die Russen selbst nichts unterließen, um kurdische Separationsbestrebungen zu unterstützen, die sich sowohl gegen die osmanische Regierung als auch gegen die Armenier richteten.[71]

Die russische Initiative stand von Anfang an unter dem Verdacht, mit einer armenischen «fünften Kolonne» russische territoriale Expansionspläne vorzubereiten. «Russland hat uns, ohne es zu wollen», schrieb der Armenier Boghos Nubar an Lepsius, «einen schlechten Dienst geleistet, als es die armenischen Reformen unter russischem Etikett präsentierte.»[72] Eigentlich, so Max von Baden in seinen Memoiren, war Lepsius von einer möglichen positiven Rolle Russlands in der armenischen Frage ohnehin nie wirklich überzeugt. Er hätte einer britisch-deutschen Intervention den Vorzug gegeben, auch im Interesse der Türkei selbst[73], zumal Sir Edward Grey im Unterhaus betont hatte, ein umfassender Reformplan einschließlich funktionierender Gerichtsbarkeit und der Herstellung gesunder finanzieller Verhältnisse könne nur im europäisch-türkischen Einverständnis funktionieren.[74] Doch das Empire war diesmal, unter anderem wegen der Jemenfrage, nicht *part of the game.* So blieb es bei einer russisch-deutschen Initiative. Das Verhältnis der Armenier zu Russland war allerdings keineswegs unproblematisch. 1903 hatte Zar Nikolaus II. das Eigentum der armenischen Kirche beschlagnahmen lassen, was einen enormen Zuwachs der Popularität der revolutionären Daschnaken in Russisch-Armenien zur Folge hatte. Der Akt wurde zwar wieder rückgängig gemacht, aber die Dachnakzutiun blieb für den Zarismus eine in seinen Augen gefährliche Bedrohung. 1912 führte das zu einem Massenprozess gegen fünfhundert russische Daschnaken.[75] Hintergrund des russischen Vorstoßes in der Reformfrage war unter diesen Voraussetzungen auch der Versuch, die Armenier im eigenen Land zu beruhigen.[76] Wenn manche osmanische Armenier 1913 begannen, gewisse Hoffnungen auf Russland zu setzen, dann hatte das viel mit ihrer unkomfortablen Zwangslage, aber wenig mit grundsätzlich prorussischen Einstellungen zu tun. Diran Kelekian in Istanbul betonte im August noch einmal ausdrücklich, man habe ein hohes Interesse an der osmanischen Staatsangehörigkeit. Von den Russen befürchteten er und andere nach wie vor eine Entnationalisierungspolitik[77], gegen die man machtlos sein würde. In der Sicht des CUP aber waren die Armenier durch die Verbindung mit den Russen in der Reformfrage nun endgültig als trojanisches Pferd identifiziert.

Lepsius hat in dieser Zeit eine entscheidende Rolle dabei gespielt, in enger Zusammenarbeit mit der Daschnakzutiun[78] den Armeniern in Istanbul einen Reformplan nahezubringen, der stärker an den Vorstellungen der deutschen Diplomatie als der Russen ausgerichtet war und von der Überlegung ausging, dass man auf Grund der Mischbesiedlung Ostanatoliens kaum in der Lage wäre, «auf ethnographischer oder historischer Basis die Grenzen für ein autonomes Armenien zu bestimmen».[79] In der Konsequenz sah dieser Plan die Schaffung von zwei Provinzen in den armenisch bewohnten Gebieten Anatoliens vor, die jeweils einem ausländischen Generalinspekteur unterstellt werden sollten. Die Gendarmerie dort sollte paritätisch mit Armeniern und Türken besetzt werden, Christen und Muslime vor Gericht gleichgestellt sein. Armenisch sollte als zweite Amtssprache anerkannt werden. Die Integrität des Osmanischen Reichs war damit nicht in Frage, aber potentiell auf rechtsstaatliche Grundlagen gestellt. Ein lange ersehnter Normenstaat sollte die Folge sein, doch er hatte in den Augen des CUP den ehrverletzenden Makel, dass er durch internationale Intervention zustande gekommen wäre. «Die Türken würden eher sterben als irgendeine Einmischung der Mächte in die armenische Frage hinzunehmen», schrieb Krikor Zohrab am 10. Dezember 1913 in sein Tagebuch, «auch wenn sie wissen, dass das Land dann mit ihnen untergehen wird.»[80] Er wusste, dass das CUP eine erneute Internationalisierung als Frontalangriff auf das Hauptziel seiner Politik, die Souveränität des Reichs, und seine Zustimmung, die schließlich auch Talaat signalisierte, als Erpressung in einem Zustand der Schwäche auffasste. Die Unionisten waren, wie Feroz Ahmad betont hat, ohnehin in vieler Hinsicht so etwas wie Spieler. Sie wollten alles oder nichts.[81] Einen gut durchdachten diplomatischen Umgang mit dem CUP, den viele seiner armenischen Kollegen in dieser sensiblen Zeit vermissen ließen, hielt Zohrab deshalb für lebensnotwendig.[82]

Am 8. Februar 1914, zu dem Zeitpunkt, als Envers große Säuberungswelle in der Armee in vollem Gange war, wurde der von Russland und Deutschland schließlich verabschiedete Vertrag in Istanbul unterzeichnet. Die Armenier, berichtete in diesen Tagen das neu eingerichtete deutsche Konsulat in Erzurum, seien «jetzt völlig ausgesöhnt» und fühlten sich als «treue Ottomanen».[83] Und weiter: «Die hiesige islamische Bevölkerung hat die Nachricht von der Annahme der Reformen ohne irgendwelche feindseligen Kundgebungen aufgenommen und dürfte auch nichts unternehmen, um die Durchführung derselben zu stören.»[84] Die Armee allerdings, in Erzurum unter besonders starkem CUP-Einfluss, begann unter jedem denkbaren Vorwand, armenische Häuser nach Waffen zu durchsuchen[85], und manche Mullahs predigten als Reaktion auf diese Verletzung der Grundsätze der Scharia die Anlegung der weißen Turbane des Djihad.[86] In Istanbul polemisierte die CUP-Presse immer wieder gegen die Reforminitiative. Die Armenier hätten einen schweren Fehler begangen, warnte das jungtürkische Blatt *Tanin* im Herbst 1913, als das Patriarchat rein armenische Wahlen in den Ostprovinzen nach dem Prinzip des Minderheitenschutzes forderte.[87] Die extremere *Taswiri Efkiar* meinte, die Armenier hätten mit ihrer Reforminitiative «die Regierung herausgefordert und in ihren Grundrechten verletzt».[88] Die Tatsache, dass die Armenier durch ihre internationalen Verbindungen und mit Hilfe der Großmächte einen Erfolg in ihrem Interesse erzielt hatten, zu dem die türkische Politik seit der Revolution von 1908 trotz anhaltender Versprechen nicht in der Lage war, rief einen regelrechten Pawlow'schen Reflex hervor. Die Politik des Ausgleichs und der Eindämmung gegenüber den Armeniern war auf der ganzen Linie gescheitert und begann, in ihr Gegenteil umzuschlagen. Morddrohungen gegen führende Daschnaken machten die Runde, armenische Häuser in Istanbul wurden nachts mit schwarzen Markierungen gekennzeichnet, und extreme Graffiti an die Wände gemalt.[89] Am 12. November 1913 erhielt der armenische Patriarch in Istanbul einen Drohbrief, in dem es hieß: «Nehmt zur Kenntnis, dass die Türken sich verpflichtet und geschworen haben, die armenischen Ungläubigen, die für uns zu tuberkulösen Mikroben geworden sind, zu unterdrücken und auszulöschen.»[90] Diese Art von medizinischer Metaphorik, die an den gesunden Volkskörper appelliert, hat immer etwas potentiell Genozidales an sich, und sie war in CUP-Kreisen weit verbreitet. Solche Brandbriefe wurden auf Veranlassung des Schakir-Vertrauten Dr. Mehmet Nazim direkt im Polizeipräsidium produziert.[91] Wie die Stimmung in den CUP-Führungskreisen wirklich aussah, konnte Morgenthau im Frühjahr 1914 von Talaat deutlich erfahren. «Talaat erklärte seine nationale Politik», so Morgenthau. «Diese verschiedenen Blöcke im türkischen Reich, sagte er, hätten immer gegen die Türkei konspiriert.» Wenn das, was von der Türkei übrig war, überleben sollte, müsste er diese fremden Völker loswerden.[92]

Als Erstes traf es die Griechen an der ägäischen Küste. Eine der bedeutenden Zäsuren, die nach dem Ende der Balkankriege einsetzten, war ein vollkommener Bruch mit der seit 1908 praktizierten liberalen Wirtschaftspolitik.[93] Das Komitee fühlte sich nach dem Staatsstreich stark genug, eigene Wege zu gehen und wurde dabei von dem Vorbild des japanischen Protektionismus ebenso inspiriert[94] wie von dem deutschen, auf Friedrich List zurückgehenden Konzept einer «Nationalökonomie». Ein erstes sichtbares Zeichen dieser Neuorientierung waren Boykottaktionen gegen griechische Händler im Frühjahr 1914.[95] Ausländische Firmen, unter ihnen die amerikanische Nähmaschinenfabrik Singer in Izmir, wurden aufgefordert, ihre griechischen Mitarbeiter zu entlassen und stattdessen türkische Muslime einzustellen.[96] Die Kampagne, schrieb der ehemalige Gouverneur von Saloniki, Hüseyin Kazim, an den griechisch-orthodoxen Patriarchen in Istanbul, sei Bestandteil eines muslimischen «wirtschaftlichen Erwachens» und notwendigen

Überlebenskampfs[97] nach den großen Verlusten der Balkankriege, deren Opfer er selbst war. «Die türkischen Maßnahmen gegen die westanatolischen Griechen», so Toynbee, «wurden im Frühjahr 1914 zu einem allgemeinen Phänomen. Ganze griechische Gemeinschaften wurden durch Terrorismus aus ihrer Heimat vertrieben, ihre Häuser, ihr Land und oft auch ihr bewegliches Eigentum beschlagnahmt, und einige wurden dabei auch getötet.» Die Aktionen hatten, so sein Urteil, alle Anzeichen einer systematischen Politik. Der Terror betraf der Reihe nach einen Bezirk nach dem anderen, und wurde von irregulären Banden ausgeführt.[98] Ganze griechische Ortschaften verwandelten sich in kurzer Zeit in Geisterstädte. 150 000 Griechen verließen in den Jahren 1914/15 das Osmanische Reich, nachdem sie hinreichend schikaniert worden waren, 50 000 wurden gewaltsam ins Innere Anatoliens deportiert.[99]

Propagandaaktionen gegen christliche «Ausbeuter» und «Blutsauger» wurden ins Leben gerufen, um den Boykott zu legitimieren.[100] Mehmet Nazim, der vor der Revolution einige Zeit inkognito als Tabakhändler in der Hafenstadt Izmir (Smyrna) am Mittelmeer verbracht hatte[101], besaß hier nach wie vor beste Verbindungen, die er jetzt wieder ausspielen konnte. Er war der Organisator der antigriechischen Aktionen in dieser Region.[102] Der Ideologe Nazim, dessen Purifikationsphantasien von der Obsession getrieben wurden, nur eine «reine» Nation sei auch eine starke Nation, war zur gleichen Zeit der führende jungtürkische Bildungspolitiker, der es sich vorgenommen hatte, das Schulwesen nach deutschem Vorbild zu reorganisieren, weil er in national ausgerichteter Bildung einen Hauptgrund für die militärische Stärke des Hohenzollernreichs erblickte.[103] Sein Ziel war ein Land mit absolut loyalen Staatsbürgern, und darin lag ein Versäumnis, das es auf allen Ebenen und mit konstruktiven wie destruktiven Mitteln zu korrigieren galt. «Der Doktor sagte, dass die Arbeit der türkischen Regierung sehr kompliziert sei», berichtete ein Augenzeuge über ein Gespräch mit ihm in Izmir im Mai 1914, «und gab den Vorfahren der modernen Türken die Schuld, die, obwohl sie siegreich waren und ganz Europa, ja sogar der ganzen Welt, die Stirn boten, ihren ritterlichen Gefühlen erlegen waren und die Christen am Leben gelassen hatten.»[104] Emissäre des Komitees reisten seit Anfang 1914 an die ägäische Küste und nach Kleinasien, organisierten irreguläre Banden und verbreiteten «eine Schreckensherrschaft unter den Christen aller Rassen», so George Horton, der amerikanische Konsul in Izmir: «Sie erschossen einen Griechen in einem benachbarten Dorf und verwundeten einen der Minenarbeiter am Bein. (...) Sechs Griechen, die davon lebten, dass sie in einem Staatsforst Holz fällten und es zu Holzkohle verarbeiteten, wurden von Türken getötet und enthauptet.»[105] Führer dieser Banden war Kushcubashi Esref[106], der Sohn des Falkners am Hof des Sultans und einer der treuesten Fedajin Ismail Envers. Envers Fedajin verwandelten sich in dieser Zeit von einer politischen Spezialeinheit für alle möglichen irregulären Einsätze einschließlich politischer Morde zu einem Instrument ethnischer Säuberung. «Die Rede vom ‹ungläubigen Izmir› war nicht nur eine Metapher», versuchte Kushcubashi später diese Einsätze zu rechtfertigen: «Wir waren dort wirklich nicht Herr und Meister, nicht einmal Wächter. Als es nun primär darum ging, das Land von den inneren Tumoren zu säubern, wandte sich die nationale Aufmerksamkeit Izmir zu.»[107]

Das passierte, nachdem Enver am 23. Februar 1914 Kushcubashi zum ersten Mal in dieser Sache ins Kriegsministerium beordert hatte. Enver beschwor dort den bevorstehenden Niedergang des Reichs. Schuld sei allein die Illoyalität der nichtmuslimischen Bevölkerung. Um das Reich zu retten, müsse man jetzt einen «großen Plan» vorbereiten, um «die Schäden am Erbe der Vergangenheit auf ein Mindestmaß» zu begrenzen.[108] Kushcubashi berichtet von weiteren Treffen mit Enver im Ministerium und im Zentralkomitee des CUP im Frühjahr und Sommer 1914, zu denen man «vertrauenswürdige» Elemente aus Anatolien hinzugezogen habe. Nur ein ausgewählter Kreis des Kabinetts war über diese Treffen informiert. Es ging dabei um zwei Themen. Erstens um die endgültige Ausschaltung der politischen Opposition. Zweitens um «separatistische, nichttürkische Elemente, die die Einheit des Reichs mit heimlichen und offenen Mitteln bedrohen». In diesen Sitzungen wurden zum ersten Mal auch konkrete Umsetzungspläne erörtert.[109]

Die Methode «Hassans des Seemanns», die Mehmet Nazims Bewunderung in Bulgarien gefunden hatte, wurde an der ägäischen Küste zu einem Mittel der Bevölkerungspolitik. «Rache! Rache! Rache!», hörte George Horton Jugendliche auf Izmirs Straßen gegen die Griechen grölen: «Wir bringen sie um, wir schlagen sie in Stücke/Wir werden bis zu den Knien in ihrem Blut baden.»[110] Wahrscheinlich waren dies Trupps einer CUP-nahen «türkistischen» Jugendorganisation, die man seit 1909 und verstärkt nach den Balkankriegen systematisch an allen Schulen aufbaute. Ihren Mitgliedern, die sich alttürkische Namen zulegten, sollte schon früh ein soldatisches Ethos implementiert werden.[111] Jeder Grieche, der sich in diesem Hetzjagdklima zum Auswandern entschloss, musste eine Erklärung unterschreiben, dass er diesen Schritt freiwillig unternommen hatte. Das CUP legte großen Wert darauf, die Vorgänge als ein Ergebnis «normaler» ethnischer Spannungen erscheinen zu lassen. Doch es waren in Wirklichkeit geheime Spezialkommandos, die hinter jedem «spontanen Volkszorn» standen. Den politischen Staatsbeamten wurde die strikte Weisung erteilt, sich aus allem herauszuhalten, um anschließend behaupten zu können, bei den Übergriffen habe es sich um unvorhersehbare Aktionen aufgebrachter Bürger gehandelt.[112] Bedri Bey, der Polizeipräfekt von Istanbul, gab jedoch später offen zu, dass das nicht stimmte. Vielmehr sollte hier ein erfolgreiches Exempel statuiert werden, das man jederzeit auch gegen «alle anderen Völker des Reichs» anwenden konnte[113], mit deren Besonderheiten und Loyalitätstauglichkeiten man sich jetzt immer intensiver beschäftigte. Die Aktionen gegen die Griechen wurden im Sommer 1914 vorläufig eingestellt, auch um keine kriegerische Auseinandersetzung zu provozieren. Am 29. Juli bildete man dann eine griechisch-osmanische Transferkommission, die einen «geordneten» Bevölkerungsaustausch vorbereiten sollte. Der wenig später beginnende Weltkrieg setzte ihr ein frühes Ende.[114]

Aber der Ethnonationalismus und die Staatssicherheit in Gestalt eines neuen «Direktoriums für Allgemeine Sicherheit» blieben Dauerthemen. Wobei die Staatssicherheit, wie Bloxham betont, grundsätzlich immer durch ethnonationalistische Ziele überdeterminiert blieb.[115] Die Bürokratie, besonders im Innenministerium, wurde aus diesem Grund einer fundamentalen Neustrukturierung und Professionalisierung unterworfen.[116] Nach dem Staatsstreich vom Januar 1913 und besonders nach dem Ende der Balkankriege nahm die demographische Forschung über die ethnische Zusammensetzung des Osmanischen Reichs einen bis dahin unbekannten Aufschwung. Ziya Gökalp, der nun offen die Türkisierung des Osmanischen Reichs forderte, wurde Leiter einer wissenschaftlichen Abteilung in dem neugegründeten «Direktorium für die Ansiedlung von Stämmen und Flüchtlingen» (*Iskan-i Asair ve Muhacirin Müdüliyeti,* IAMM), die sich eigens mit dieser Frage beschäftigte. Feldforschung wurde betrieben, Publikationen herausgegeben. Das IAMM beschäftigte sich mit dem dringenden Problem der Integration von Vertriebenen vornehmlich der Balkankriege und mit der Disziplinierung von kurdischen und arabischen Nomaden durch Siedlungsprogramme. Ziel war eine dauerhafte Sesshaftigkeit und die Nationalisierung dieser Segmente der Bevölkerung durch forcierte Assimilation an eine türkisch dominierte muslimische Leitkultur. Um das zu erreichen, meinte Talaat im Mai 1914 beiläufig gegenüber Morgenthau, müsste man wahrscheinlich «ein paar Scheichs aufhängen».[117] Das IAMM war zuständig für eine rigoros durchgeführte Bevölkerungspolitik. Auch der «Bevölkerungsaustausch» mit Bulgarien wurde von ihm verwaltet. Hinter all dem stand die Vorstellung, durch *social engineering* eine «Geographie der Loyalitäten» gestalten zu können und im Ergebnis das Reich durch Türkifizierung zu stärken.[118] Der CUP-Aktivist und Autor Ismail Naci Pelister erinnerte an Deutschlands Wiedergeburt nach den napoleonischen Kriegen[119] und empfahl als Methode einer künftigen «inneren Kolonisation» die amerikanische Vorgehensweise der Besiedlung des Westens, bei denen das *Indian Removal* eine zentrale Rolle spielte. Gökalp selbst beschäftigte sich mit der multiethnischen Region Diyarbakir, und dachte sich Methoden zur Assimilation von Kurden aus.[120] Auch deutsche Orientalisten und das Deutsche Vorderasien-Komitee beteiligten sich an solchen Studien.[121] Colmar von der Goltz und Ernst Jäckh machten sich für eine gut vorbereitete und geordnete Homogenisierung Anatoliens durch die gezielte Ansiedlung von muslimischen Flüchtlingen stark.[122] Über die Zusammensetzung der muslimischen und nichtmuslimischen Bevölkerung, über Vermögensverhältnisse, Ausbildung und Sozialstatus wurde bis auf die Kreisebene genau Buch geführt.[123] Ein besonders alarmierendes Ergebnis, so der britische Konsul in Erzurum, war dabei die Prognose, dass durch die mit dem Wirksamwerden der Reformen zu erwartende Rückkehr von in den Jahren zuvor geflüchteten Armeniern nach Ostanatolien ein Anwachsen des armenischen Bevölkerungsanteils von bislang 30 bis 35 % auf 50 bis 60 % zu erwarten war.[124] Umso mehr war man, was nach den Forschungen Taner Akçams durch osmanische Archivbestände bestätigt wird, jetzt in Istanbul davon überzeugt, dass das armenische Reformabkommen die geplante innere Kolonisation Anatoliens in Frage stellen und in der Konsequenz zu einer Auflösung des Reichs führen würde.[125] Mit dem Weltkrieg, der dem CUP durch das in kürzester Zeit improvisierte Bündnis mit dem Deutschen Reich die unerwartete Möglichkeit eröffnete, alle fremde Abhängigkeit und Einflussnahme und folglich auch die Bürde des Reformprojekts mit einem Schlag loszuwerden, trat die armenische Frage in ihre entscheidende Radikalisierungsphase ein.

5. Radikalisierung

Spätestens nach den Balkankriegen war dem CUP deutlich geworden, dass die bisher verfolgte Politik der Neutralität zwischen den Blöcken in Europa nicht mehr aufrechtzuerhalten war und in der Konsequenz zu einer Aufteilung des Osmanischen Reichs führen würde.[1] Generell waren die Optionen im Sommer 1914 aber alles andere als klar. Ismail Enver, der als prodeutsch galt und während seiner Zeit als Militärattaché in Berlin freundliche Beziehungen zum Hohenzollernhof entwickelt hatte, war zu dieser Zeit bei Wilhelm II. vor allem wegen seiner Rolle bei dem jungtürkischen Staatsstreich von 1913, dem der Kaiser antidynastische Motive unterstellte, in Ungnade gefallen. Eine Rückkehr nach Berlin wurde ihm sogar ausdrücklich verwehrt. Dennoch war er es, der in der Julikrise, «hauptsächlich geleitet von nüchternen Kalkulationen osmanischen Eigeninteresses», wie Trumpener betont, die Initiative ergriff und Wangenheim offen erklärte, dass einige Personen im Zentralkomitee des CUP zwar eine Allianz mit Frankreich und Russland ins Auge fassten, er aber gemeinsam mit Talaat, dem Kammerpräsidenten Halil und Großwesir Said Halim ein Bündnis mit dem Deutschen Reich bevorzugen würde.[2] Erstens, weil man nicht zum Vasallen Russlands werden wolle, und zweitens, weil man davon überzeugt war, dass Deutschland den kommenden Krieg gewinnen werde. Man hoffte zudem, im Bündnis mit Deutschland Rumänien und Bulgarien in einen neuen Balkanblock zwingen zu können.[3] Wilhelm akzeptierte diesen Vorstoß am 24. Juli[4], in erster Linie, weil er sich davon eine Stärkung Österreich-Ungarns gegenüber Serbien versprach.[5] Es war, wie Isabel Hull gezeigt hat, ein etwas hektisch zustande gekommener Entschluss, dem die Oberste Heeresleitung, die wusste, dass der künftige Krieg in Europa und nicht im Nahen Osten gewonnen oder verloren würde, eher reserviert gegenüber stand. Das strategische Kalkül dahinter lag eher auf osmanischer Seite.[6] Ein kurzer, erfolgreicher Krieg würde Russlands Ambitionen in Ostanatolien und seinem anhaltenden Streben nach einer Kontrolle der Dardanellen ein definitives Ende setzen und es dem Osmanischen Reich erlauben, sich zu konsolidieren, zu modernisieren und seine inneren Probleme zu lösen, ohne in Zukunft äußeren Bedrohungen ausgesetzt zu sein.[7] In Wirklichkeit aber entwickelte dieser Krieg unvorhergesehene Metastasen, deren fürchterlichste der Völkermord an den Armeniern war. Auch wenn die langfristigen Ursachen des Genozids in der Geschichte eines Konflikts begründet lagen, der im Umfeld eines sich kumulativ radikalisierenden Ethnonationalismus und einer damit verbundenen und durch den Krieg deutlich zugespitzten Paranoia immer eindeutiger auf gewaltsame Lösungen zusteuerte.

Der Entschluss, sich mit dem Deutschen Reich zu verbünden, war wieder die staatsstreichartige Entscheidung einer kleinen Clique. Am Abend des 1. August 1914 sah Ahmed Djemal, zu dieser Zeit Militärgouverneur von Istanbul, im Villenviertel Schichli nördlich des Taksim-Platzes ein Auto in eine Straße einbiegen, in der Enver seit kurzem ein standesgemäßes Landhaus bewohnte. In dem Auto saßen seine engsten politischen Freunde – Enver, Talaat und Halil Bey. «Ich fragte mich, woher sie um diese Tageszeit wohl kommen könnten», so Djemal. «Ich fasste den Verdacht, dass meine Freunde Unterredungen und Geschäfte haben könnten, die sie mich nicht wissen lassen wollten.»[8] Ein Anruf bei Enver kurz darauf, der ausweichend auf seine Fragen antwortete, bestätigte ihn in diesem Verdacht. Am nächsten Nachmittag wurde Djemal zum Großwesir gerufen. Said Halim überraschte ihn bei der Audienz in der Hohen Pforte mit einem *fait accompli* von allerhöchster Tragweite. Man habe an diesem Vormittag mit dem deutschen Botschafter Hans von Wangenheim einen Bündnisvertrag unterzeichnet. Das Gleiche werde mit dem österreichischen Botschafter Pallavicini geschehen. Djemal favorisierte eigentlich ein Bündnis mit der Entente, aber auch er kam zunehmend zu der Überzeugung, dass das Deutsche Reich als einzige europäische Macht ein Interesse an einem starken Osmanischen Reich hatte, schon aus dem Grund, weil dessen Auflösung und Aufteilung unter die Ententemächte die Einkreisungsängste Berlins nur noch auf die Spitze treiben würden. Das Bündnis richtete sich ausschließlich gegen Russland, aber für das Osmanische Reich war das ein *point of no return* in den weltweiten Krieg, auch wenn der Zustand der faktischen Neutralität zunächst noch aufrechterhalten wurde und Enver versuchte, durch diverse Schachzüge mit der Entente und besonders mit Russland herauszufinden, welchen Preis sie für eine fortwährende Neutralität zu zahlen bereit wären.[9] Doch, so Ulrich Trumpener, «osmanische Neutralität, die von den Briten bevorzugt wurde, hätte es den Jungtürken nicht erlaubt, aus der Spirale von Territorialverlusten und Verschuldung herauszukommen. Umgekehrt wurde dieser Weg durch deutsche Schiffe und deutsches Gold erleichtert.»[10]

Am 3. August begann die Vorbereitung zur Mobilmachung. Enver wollte eigentlich eine exklusiv muslimische Armee aufstellen, weil er den Christen nach den Balkankriegen nicht vertraute[11], doch diese Idee wurde zunächst nicht umgesetzt. Am 4. August erhielt der vor der algerischen Küste operierende Panzerkreuzer *Goeben* von der deutschen Seekriegsleitung einen Funkspruch: «Bündnis geschlossen mit Türkei. ‹Goeben› und ‹Breslau› sofort gehen nach Konstantinopel.»[12] Die *Goeben* und der Kreuzer *Breslau* operierten seit dem Ersten Balkankrieg im Mittelmeer. Jetzt war ihnen die Rückkehr durch die Meerenge von Gibraltar verschlossen. Am 10. August abends um neun Uhr liefen die beiden deutschen Schiffe in die Dardanellen ein, nachdem Enver Pascha die Erlaubnis dazu erteilt hatte. Die Verhandlungen mit Oberstleutnant Kreß von Kressenstein von der deutschen Militärmission zogen sich hin, so dass Enver an diesem Abend zu spät zu einer Beratung des inneren Zirkels in der Hohen Pforte erschien. Ein eigentümliches Lächeln stand ihm auf dem Gesicht, als er mit den geheimnisvollen Worten: «Ein Sohn ist uns geboren» in die Runde platzte, wie Ahmed Djemal berichtet. Was er damit meinte, war jedoch allen Anwesenden sofort klar. Die beiden Schiffe waren ein Geschenk des Himmels, zumal die Briten kurz zuvor, am 21. Juli, die Lieferung von zwei bereits zugesagten schweren Kreuzern wegen der wachsenden internationalen Spannungen wieder abgesagt hatten, während die Amerikaner zur gleichen Zeit wenig dabei fanden, die Griechen mit der *Idaho* und der *Mississippi* zu beliefern.[13] «Das Ende vom Lied ist jedoch», so Enver, «dass wir uns einer politischen Frage gegenübersehen. Wir müssen heute darüber einen Beschluss fassen!»[14] Gegen Mitternacht ging ein Ruf an Hans von Wangenheim, in die Hohe Pforte zu kommen. Rücksprache mit Berlin musste gehalten werden. «Endlich, um vier Uhr morgens, kam die Antwort», so Djemal Pascha: «Sie ermächtigte uns unter der Bedingung der Aufnahme des Admirals Souchon in den ottomanischen Dienst zu der Erklärung, die Schiffe seien an die Türkei verkauft worden.»[15] Um fünf Uhr löste sich die Runde auf.

Nach internationalem Recht wäre das Osmanische Reich als neutraler Staat verpflichtet gewesen, die *Goeben* und die *Breslau* spätestens nach 24 Stunden wieder zum Verlassen ihrer Gewässer zu veranlassen, wenn es nicht seinerseits eine Kriegserklärung riskieren wollte. Dazu war aber zu diesem Zeitpunkt, wegen der Nachwirkungen der Balkankriege auf den Zustand der Armee, noch niemand wirklich bereit. Die Lösung bestand in einem Taschenspielertrick. Die *Goeben* wurde in *Yavuz* und die *Breslau* in *Midilli* umgetauft. Die Mannschaften erhielten neue Uniformen und einen türkischen Fez, aus Admiral Souchon wurde nominell ein Flottenführer in türkischen Diensten. Er übernahm damit eine Position, die bis dahin von dem britischen Admiral Limpus ausgefüllt worden war, den man jetzt ohne viel Aufhebens nach Hause schickte. In der türkischen Bevölkerung löste dieser plötzliche und unerwartete Zuwachs an maritimer Stärke Wellen der Begeisterung aus. Die jungtürkische Tageszeitung *Ikdam* feierte den Coup in großen Lettern auf der ersten Seite als Triumph der osmanischen Regierung[16], und den Deutschen bescherte die Aktion einen kaum zu überschätzenden Popularitätszuwachs. Mit diesen beiden umgetauften Panzerschiffen, so Henry Morgenthau, wurde die türkische Marine über Nacht stärker als die russische Schwarzmeerflotte.[17] Sie beherrschte nun die Meerenge und konnte sie jederzeit für den russischen Nachschub sperren lassen. Das war für das Deutsche Reich ein unvorhergesehener strategischer Erfolg. Russlands Exporte sanken in der Folge um 98, seine Importe um 95 %.[18] Das Osmanische Reich war nun, entgegen früheren Bedenken, tatsächlich zu einem kriegswichtigen Partner geworden.

Ende Juli tagte in Erzurum der Weltkongress der Daschnakzutiun, noch in der Hoffnung auf eine baldige dauerhafte Implementierung des internationalen Reformplans. Kritik an der «fanatischen und undemokratischen Politik» des CUP wurde in der Abschlussresolution geäußert, aber auch die Bereitschaft zu weiterer Kooperation in wichtigen Staatsinteressen befürwortet, soweit sie nicht dem Programm der Partei widersprach.[19] Während der letzten Tage des Kongresses erschien dort plötzlich eine von Bahaeddin Schakir und Ömer Naci geführte Delegation, in deren Begleitung sich einige georgische und tatarische Vertreter befanden. Noch war das Osmanische Reich offiziell eine neutrale Macht, als Schakir am 12. August – «drei Monate vor dem russisch-türkischen Kriege», so ein späterer Bericht des Lepsius-Vertrauten Liparit Nasariantz[20] – von den Daschnaken verlangte, sich an einer Aufstandsbewegung der transkaukasischen Völker jenseits der russischen Grenze zu beteiligen, um damit den Boden für einen bevorstehenden Einmarsch der osmanischen Armee in Russland vorzubereiten. Die Daschnaken sollten unter den russischen Armeniern eine Revolte gegen Moskau anzetteln. Das CUP unterhielt, unter anderem über den Fedajin Ömer Naci, Verbindungen zu Untergrundorganisationen in Aserbaidschan. Naci war schon vor der Revolution als Spezialagent des Komitees im Transkaukasus tätig gewesen und hatte damals oft Unterstützung von örtlichen Daschnaken erhalten,[21] was in ihm vielleicht die Illusion entstehen ließ, man könnte die gute Zusammenarbeit jetzt in größerem Maßstab fortsetzen. Auch zu entsprechenden Gruppierungen in Georgien gab es Kontakte. Schakir verlangte nun von den armenischen Daschnaken, sie sollten unverzüglich Freiwilligenlegionen aufstellen, um der osmanischen Armee durch irreguläre Aktivitäten den Einmarsch in das armenische Hochland jenseits der russischen Grenze zu ermöglichen.

Den völlig überraschten Daschnaken bat er als Gegenleistung nach einem siegreichen Ende des Kriegs ein autonomes Gebiet unter osmanischer Kontrolle an, das die Provinzen Eriwan, Kars, Elisabethpol und einige Kreise der Provinzen Van, Bitlis und Erzurum umfassen sollte. Er präsentierte ihnen sogar eine ausgearbeitete Karte mit den zukünftigen Grenzen der kaukasischen Regionen.[22]

Statt auf dieses windige Angebot einzugehen, beharrten die Daschnaken jedoch erwartungsgemäß auf der Einhaltung der kurz zuvor vereinbarten Reformen[23] und betonten zugleich, dass sie sich im Kriegsfall loyal verhalten würden. Im Prinzip votierten sie aber für eine osmanische Neutralität in diesem Konflikt. Das Ungeheuerliche an dem Vorgang war in erster Linie, dass Schakir es offensichtlich für ganz selbstverständlich hielt, im Stil von Geheimorganisationen große Politik machen zu können. Er war durch nichts legitimiert, weder in seinem Aufruf zum Guerillakrieg noch in seinem zweifelhaften Autonomieangebot. Eine politische Entscheidung zum Eintritt in den Krieg stand zu diesem Zeitpunkt außer im inneren Zirkel des CUP-Zentralkomitees nirgendwo auf der Tagesordnung. Die Daschnaken hätten sich also auch, wären sie auf sein Angebot eingegangen, außerhalb aller politischen Spielregeln auf die Ebene geheimer Abmachungen zwischen zwei Parteien unter der Ausschaltung staatlicher Instanzen begeben. Doch das schien Schakir nicht zu stören. «Das ist Verrat!», ereiferte er sich. «Ihr stellt euch in so einem entscheidenden Moment wie diesem auf die Seite Russlands, ihr weigert euch, die Regierung zu verteidigen und vergesst, dass ihr ihre Gastfreundschaft genießt!»[24] Die Drohung mit dem Gastrecht war eine weitere Ungeheuerlichkeit. Schakir vertrat ohnehin die Ansicht, der Kongress habe hauptsächlich stattgefunden, um einen künftigen Aufstand in Ostanatolien vorzubereiten und in Verbindung mit den Russen detaillierte Pläne einer Abtrennung der armenischen Provinzen vom Osmanischen Reich auszuarbeiten.[25] Es gibt aber keinen Beleg dafür, dass dies auch nur ansatzweise dort Thema war.

Einen Tag nach dem Kongress teilte Schakir dem Generalsekretär des CUP mit, was für ihn das Ergebnis seines Auftritts war, nämlich «dass die Armenier nicht geneigt sind, mit uns zusammenzuarbeiten».[26] Aus einem ehemaligen Verbündeten war für ihn nun endgültig ein innerer Feind geworden, den es mit allen Mitteln zu bekämpfen galt. Unverzüglich befahl er seinem Stellvertreter in Erzurum, Filibeli Hilmi, und das ohne Rücksprache mit seinem eigenen Zentralkomitee, die aus Russland kommenden Führer der Daschnakzutiun auf der Rückreise von dem Kongress zu liquidieren.[27] Der Anschlag scheiterte jedoch, weil die armenischen Delegierten in letzter Minute ihre Reisepläne geändert hatten.[28] Der CUP-Parteisekretär Midhat Sükrü, ein Intimus von Mehmet Talaat, hielt diese Lösung ohnehin vorläufig für inopportun. Noch verfolgte das Komitee eine andere Agenda. Sükrü antwortete auf Schakirs Meldung aus Erzurum am 30. August, wenn die Armenier nicht gewillt seien, mit «uns» zusammenzuarbeiten, dann sei es «erforderlich, den von uns festgelegten Weg vor ihnen geheimzuhalten». Er forderte aber Schakir zu fortgesetzten Bemühungen auf[29], was zu dem Versuch führte, mit lokalen Daschnaken weiter zu verhandeln, eine Direktive, die Ömer Naci auch in Van verfolgte, und ebenso Talaat auf zentraler Ebene in Istanbul.[30] Vramian (Onnig Tertsagian) erkundigte sich bei dem Vali von Erzurum nach dem Wahrheitsgehalt von Schakirs Versprechungen, um Optionen zu überprüfen.[31] Während des späten Sommers fanden mehrere Treffen zu diesem Thema zwischen CUP-Agenten und Daschnaken statt, doch sie führten zu keinem Ergebnis. Noch hatte das CUP den pragmatischen Weg der Eindämmung und Einbindung nicht vollkommen verlassen, auch deshalb, weil ihm die – ziemlich unwahrscheinliche – Gefahr eines potentiellen Bündnisses zwischen Armeniern und aufsässigen kurdischen Nationalisten, die von den Russen unterstützt wurden, immer wieder angstvoll vor Augen stand.[32]

Am 2. August, dem Tag der Unterzeichnung des Geheimabkommens mit dem Deutschen Reich, begannen die ersten konkreten Vorbereitungen für den Krieg gegen Russland. Am Abend fand im CUP-Zentralkomitee eine geheime Sitzung statt, auf der die Bildung von bewaffneten Banden im Osten des Landes beschlossen wurde, deren Aufgabe es sein sollte, Operationen jenseits der russischen Grenze zu unternehmen.[33] Diese irregulären Einheiten der Sonderorganisation *Teskilat-i*

Mahsusa (TM) unterstanden dem Kommando von CUP-Aktivisten, die in der Regel eine militärische Vergangenheit aufzuweisen hatten, und rekrutierten sich aus entlassenen Sträflingen und bestimmten kurdischen Stammesmitgliedern. Als politische Einsatztruppe der Partei, die keiner staatlichen Autorität untergeordnet war, und die in ihrer militärischen Komponente – zu der Geheimdienstaktivitäten und irreguläre Kriegsführung gehörten – Ismail Enver, in ihrer «zivilen» Mehmet Talaat unterstand[34], sollte sie die unterschiedlichsten Aufgaben ausführen, die zu dieser Zeit alle etwas mit dem bevorstehenden Krieg gegen Russland zu tun hatten.[35] Hauptquartier der TM in Ostanatolien, die dem Kommando des führenden Parteiaktivisten Bahaeddin Schakir unterstehen sollte, war Erzurum, wohin sich Schakir am nächsten Tag auf den Weg begab. Das war der eigentliche Grund, weshalb er auch auf dem Kongress der Daschnakzutiun auftreten konnte. Irreguläre Kämpfer, die die dortigen Verhältnisse kannten, wurden ins Innere Russlands geschleust und bereiteten Sprengstoffanschläge vor.[36] Die meisten Kommandos wurden mit Booten in muslimischen Gegenden der Küste Georgiens ausgesetzt, Spezialkräfte über die rumänische Grenze geschleust, einige auch über Schweden in den Norden Russlands gebracht.[37] Enver meinte diese klandestinen Kriegsvorbereitungen vor dem Krieg, als er gegenüber dem österreichischen Botschafter Pallavicini Ende Juli 1914 die Behauptung aufstellte, die Türkei sei jederzeit im Stande, «unter der mohammedanischen Bevölkerung Russlands, sowie in Aserbaidschan einen ernsthaften Aufstand hervorzurufen».[38] Schon lange vor dem Eintritt der Türkei in den Krieg sollten die östlichen Grenzgebiete durch Subversion in eine Art Kriegszustand versetzt werden.

In dieser Situation wurden die Armenier, besonders nach der Auseinandersetzung mit Schakir auf dem Daschnakenkongress in Erzurum, zunehmend als Störfaktor betrachtet. Immer mehr und immer ausschließlicher wurden sie vor allem von den Militärs als feindliches Volk in einem wichtigen Aufmarschgebiet des bevorstehenden großen Krieges wahrgenommen. Zwar deutete nichts auf Unruhen oder einen Aufstand hin, doch die armenische Bevölkerung war alles andere als kriegswillig gesonnen. In diese zugespitzte Lage passte, dass das Innenministerium am 14. September eine offizielle Abteilung des für Bevölkerungspolitik zuständigen IAMM in Erzurum eröffnete.[39] Nach der Abberufung der internationalen Inspekteure und dem unerwarteten Ende der Reformen im Herbst war die Stimmung unter den Armeniern auf einen Tiefpunkt gesunken. Die ersten Härten des Krieges machten sich bemerkbar. Nach der allgemeinen Mobilmachung wurden die wehrtauglichen Männer zur Armee einberufen, was in dieser Jahreszeit oft dazu führte, dass die Ernte verkam. Militärische Requisitionen trafen die Ostgebiete wegen der hohen Truppenkonzentration besonders hart. In vielen Fällen wurden dabei armenische Bauern Opfer willkürlicher Übergriffe. «Rechtsverletzung, arge Vergehung am Eigentum des Einzelnen ist es unter allen Umständen», so der österreichische Gebirgsjäger Victor Pietschmann, «wenn das Militär zum Beispiel den Händlern hier ganze Herden von Schafen und Ziegen wegtreibt und einfach erklärt, die Soldaten brauchten eben Lebensmittel. Den Bauern nehmen sie hier ihre Ernte weg, das Getreide und die anderen Feldfrüchte; mit der gleichen, wenig stichhaltigen Begründung.»[40] Desertion wurde in dieser Lage, nicht nur unter armenischen Bauern, zu einem verbreiteten Problem.

Die Abschaffung der «Kapitulationen», der wirtschaftlichen und rechtlichen Privilegien für Ausländer, die man auch als ein Instrument der imperialistischen Begünstigung christlicher Minderheiten betrachtete, wurde Anfang September überall im Land mit riesigen Freudendemonstrationen gefeiert, an denen in der Regel allerdings nur die muslimische Bevölkerung teilnahm. «Jetzt haben wir diesen ersten Schritt zu unserer Unabhängigkeit getan», teilte in diesen Tagen ein freudig erregter türkischer Beamter dem Deutschen Fritz Eckart mit: «Ob wir ihn behaupten können, das liegt an euch und euren Siegen.»[41] Regelmäßig brach Jubel unter Teilen der türkischen Bevölkerung aus, wenn deutsche Siege gemeldet wurden, noch bevor das Osmanische Reich selbst offiziell in den Krieg eingetreten war. Die armenische Bevölkerung reagierte auf solche Meldungen mit verhaltener Panik. «Ein türkischer Vormarsch gegen Russland», fasste Pietschmann die Lage in den armenischen Gebieten Ostanatoliens im Frühherbst 1914 zusammen, müsste «durch ein Gebiet gehen, das zum großen Teil eine von gegnerischer Seite wohl bearbeitete, verbitterte und feindlich gesinnte Bevölkerung aufweist, mit Truppen, die gleichfalls aus Söhnen dieses Volkes bestehen».[42] Die Armenische Nationalversammlung, die am 11. September in Istanbul stattfand, warnte vor diesem Hintergrund die armenische Bevölkerung in den Provinzen vor Provokationen und gab ihr den Rat, auch in angespannten Situationen ruhig zu bleiben.

Die Stimmung heizte sich auf, besonders im Bereich der in Erzurum stationierten Dritten Armee. Am 19. September 1914 erließ das Oberkommando dort eine geheime Weisung an alle Einheiten in Erzurum, Van, Bitlis, Diyarbakir und Trabzon, sämtliche Bewegungen von Armeniern und anderen Nichtmuslimen streng zu überwachen, weil man davon ausgehen müsse, dass sich die armenischen Soldaten mit ihren Waffen dem Feind anschließen würden, sobald der Krieg erklärt sei.[43] Die Provinzbehörden wurden durch die regionalen Armeecorps angewiesen, für die Beobachtung der armenischen sowie der übrigen nichtmuslimischen Bevölkerung geeignete Polizeibeamte und andere verlässliche Personen einzusetzen, für die Loyalität der manchmal «durch Unwissenheit» verführten Kurden Sorge zu tragen und Milizen aufzustellen, «um jede Revolte im Keim zu ersticken, ohne die Armee einbeziehen zu müssen».[44] Die Russen, so das Oberkommando der Dritten Armee, hätten die Armenier durch Versprechungen aufgestachelt und ihnen zugesagt, «dass man ihnen Unabhängigkeit in Gebieten gewährt, die sie sich vom osmanischen Land aneignen können».[45] Armenische und andere nichtmuslimische Offiziere wurden mit Angaben von Einheit und Herkunft in einer Datei erfasst[46] und von allen wichtigen Posten in den Hauptquartieren ferngehalten.[47] Im Grunde waren das keine sehr präzisen Lagebeurteilungen und Maßnahmen, doch sie zeugten von einem Klima der kollektiven Verdächtigung. Die Radikalisierung ging in diesem Fall von den Armeekommandos der östlichen Grenzregionen aus, und die Direktive an die Zivilbehörden, vorsorglich armeeunabhängige Milizen aufzustellen, die sich gegen «innere Feinde» richten sollten, verhieß nichts Gutes.

Am 25. Oktober autorisierte Enver Admiral Souchon, Marineeinheiten unter der Führung seiner Panzerschiffe in das Schwarze Meer zu entsenden und die russische Flotte anzugreifen. Enver, so der britische Botschafter Louis Mallet, wollte den Ausbruch offener Feindseligkeiten im Grunde im Alleingang provozieren. Am 28. Oktober griff Souchon Odessa, Sewastopol und Novorossisk an. Am 31. Oktober riefen die Russen ihren Botschafter aus Istanbul zurück, wenig später folgten ihnen die Briten und Franzosen. Am 2. November erklärte Russland seinen zehnten Krieg mit dem Osmanischen Reich in den letzten zwei Jahrhunderten. Am 9. November meinte der britische Premierminister Herbert Asquith in Guildhall, das Osmanische Reich sei nun offenbar auf dem Weg, Selbstmord zu begehen.[48] Fünf Tage später verkündete der Kustos der Fatwa Ali Haydar Effendi (und nicht, wie meistens kolportiert, der Sheikh-ul Islam) in Istanbul den Djihad[49], der ausdrücklich zu irregulären Kriegspraktiken ermutigte. In Millionenauflage wurde der Aufruf in Deutschland gedruckt und mit Hilfe der TM und deutscher U-Boote in den islamischen Ländern verbreitet. Die damit in Berlin, und besonders in der Phantasie Wilhelms II. verbundene Hoffnung, durch revolutionäre Impulse Unruhe in die muslimische Bevölkerung des Empire zu tragen, erfüllte sich bis auf ein paar pittoreske Vorfälle allerdings überhaupt nicht. In Singapur ermordeten indische Muslime aus dem Pandschab zweiunddreißig Europäer und befreiten einige im Gefängnis internierte Deutsche als «Mitkämpfer im Heiligen Krieg». In Basra und in Rangun rebellierten afghanische Einheiten.[50]

Im Übrigen war die Ausrufung des Djihad, entgegen einer auch heute noch weit verbreiteten Meinung, keine deutsche Initiative. Sie hatte eine lange osmanische Tradition, und Ismail Enver hatte sie schon Anfang August 1914, mit dem Ziel, «die christliche Herrschaft über die muslimischen Völker zu beenden», in Erwägung gezogen.[51] Die Ausrufung des Djihad trug in Wirklichkeit hauptsächlich zur Eskalation der antichristlichen Stimmung in der Türkei bei. Organisierte Demonstrationszüge zogen in diesen Tagen durch die Straßen Istanbuls. Aus ihnen lösten sich am 20. November militante Gruppen, die im vornehmsten Hotel der Stadt, dem in armenischem Besitz befindlichen

Tokatlian, eine regelrechte Verwüstungsorgie anrichteten. «Binnen weniger Minuten war das Hotel innen völlig zerstört», berichtete Morgenthau. «Sechs Männer, die Stangen mit Haken am Ende hatten, zerbrachen alle Spiegel und Fenster, andere zerschmetterten die Marmorplatten der Tische.»[52]

In Erzurum begannen fieberhafte Vorbereitungen für einen Feldzug in den Kaukasus. Die Deutschen erwarteten von ihren neuen Verbündeten Entlastung, nachdem die Niederlagen an der Marne im September deutlich gemacht hatten, dass der schnelle Krieg gegen Frankreich gescheitert war. Russische Truppen hatten Österreich-Ungarn in Galizien empfindliche Niederlagen zugefügt. Doch Enver verfolgte seine eigenen, pantürkischen Ziele. Wenn es gelingen würde, die alte armenische Stadt Kars mit ihren Eisenbahnverbindungen nach Tiflis und in die kaspischen Ölfelder zu erobern, wäre der Weg frei nach Osten. Die Turkvölker Mittelasiens könnten vom russischen Joch befreit und über Afghanistan der Weg nach Indien erobert werden, um die Muslime Indiens zu einem Aufstand gegen die britische Kolonialherrschaft zu ermuntern.[53]

Ende Dezember übernahm Ismail Enver das Oberkommando über die Kaukasusfront. Der Feldzug endete in einem Desaster. Weniger als 100 000 Mann unter dem Kommando Ilarion Woronzow-Daschkows und Nikolai Judenitschs, die auch Generäle armenischer Abstammung in ihrem Stab hatten, standen 150 000 Soldaten der osmanischen Invasionsarmee gegenüber, unter ihnen, wie ein österreichischer Beobachter feststellte, verhältnismäßig viele Armenier, die «sich in dem Kampfe zwischen der Türkei und Russland ehrlich auf die Seite der ersteren gestellt haben».[54] Die Offensive begann Mitte Dezember mit einem Vormarsch über die Passhöhen auf die fünfzehn Kilometer hinter der Grenze gelegene Stadt Sarikamis. Das Wetter war schlecht, Schneestürme machten die Wege unpassierbar, niemand in der Truppe war für einen Winterkrieg ausgerüstet. Doch Envers Strategie war nicht nur deshalb riskant. Sarikamis sollte in die Zange genommen, in Flankenbewegungen Kars und Ardahan eingekreist und von dort die Truppen in Sarikamis entlastet werden. Selbst bei gutem Wetter hätte ein solcher Plan nur funktioniert, wenn jede Operation genau nach Zeitplan abgelaufen wäre. Doch den Russen gelang es immer wieder, einzelne Flanken anzugreifen. Schließlich waren die erfolgreich bis Sarikamis vorgestoßenen halbverhungerten und mit unzulänglichen Munitionsvorräten versehenen osmanischen Abteilungen eingekreist und mussten sich ergeben. Von allen Verbindungen abgeschnitten, war auch der Rückzug der restlichen Truppen ein Desaster. Hunger und Krankheiten, hervorgerufen durch unzureichende Ausrüstung und einen völlig desorganisierten Nachschub, haben die meisten Opfer gefordert. Eine ganze Armee war Anfang Januar 1915 praktisch vernichtet.[55] 30 000 Mann haben die schlecht geplante und unverantwortlich durchgeführte Operation überlebt. Viele gerieten in Gefangenschaft, darunter einige Hundert armenische Soldaten der osmanischen Armee, die nach Sibirien deportiert wurden.[56] Die Niederlage war so umfassend, dass es unter Androhung von harten Strafen verboten war, öffentlich darüber zu sprechen.[57] Sarikamis bekräftigte noch einmal alle alten Bilder des osmanischen Niedergangs. Was jetzt zu befürchten stand, war ein umfassender Angriff auf Erzurum. Doch auch die Russen waren nach den Kämpfen erschöpft, und viele muslimische Soldaten der russischen Armee liefen über[58], so dass der Krieg im Kaukasus bis Anfang März zunächst zu einem gewissen Stillstand kam.[59]

Unmittelbar nach Ausbruch des Krieges hatten der britische und der französische Konsul sowie der russische Militärattaché in Erzurum ihre Pässe erhalten und waren abgereist. Die armenischen Angestellten der beiden Konsulate wurden verhaftet und nach Kayseri deportiert. Die drei armenischen Mitarbeiter des russischen Militärattachés hat man jedoch sofort ohne Urteil mit dem Strang hingerichtet.[60] Ansonsten aber war die Haltung der einfachen Türken gegenüber den Armeniern, wie ein ehemaliger armenischer Offizier der osmanischen Armee berichtete, «zu Beginn des Kriegs mehr oder weniger gut».[61] Doch dann kamen die ersten Kriegsgefangenen nach Erzurum, unter ihnen reguläre russische Soldaten armenischer Herkunft. «Die russischen Soldaten muslimischer Herkunft waren schon in Erzurum freigelassen worden», berichtete ein Augenzeuge, «die meisten Armenier hatte man getötet und die Russen ihrer Kleidung beraubt.»[62] Die Spannung war langsam, aber stetig eskaliert. Als am 18. November 1914 die russische Schwarzmeerflotte, bestehend aus zwei Panzerschiffen, fünf Kreuzern und einigen Torpedobooten vor der Reede von Trabzon auftauchte und damit begann, in Antwort auf die Überfälle der Geschwader um die *Goeben* und die *Breslau* auf Odessa, Sewastopol und Novorossisk die Stadt zu beschießen, wurde gezielt das Gerücht gestreut, dass damit ein armenisch-griechischer Aufstand provoziert werden sollte. Teile der muslimischen Bevölkerung, an die Waffen ausgegeben wurden, haben das Gerücht offenbar ernst genommen, das Ufer besetzt und mit Patrouillen unter Führung der örtlichen Polizei nach potentiellen «Aufständischen» gesucht. Drei Griechen wurden dabei während eines Zwischenfalls verwundet.[63] Infolge dieser Ereignisse wurde Bahaeddin Schakir am 1. Dezember von Mehmet Talaat von Erzurum nach Trabzon geschickt,[64] um die dort unter Riza Bey operierende Abteilung der TM auszubauen. In den frühen Wintermonaten Anfang 1915 erreichte die TM eine Personalstärke von über 30 000 Mann, die von 700 «Brüder» genannten CUP-Kommandeuren angeführt wurden.[65]

«Armenische Bevölkerung sehr beunruhigt befürchtet Massaker», telegrafierte der deutsche Konsul Paul Schwarz Anfang Dezember 1914 aus Erzurum.[66] Im Dorf Osni auf der Hochebene bei Erzurum war einige Tage zuvor ein armenischer Priester von irregulären Banden durch Flintenschüsse getötet worden. Aus dem Dorf Tewnik hatte man die Männer vertrieben und Lösegelder erpresst. «Die armenische Bevölkerung behauptet», so Schwarz, «dass es sich um eine von der türkischen Partei ‹Ittihad› (Komitee für Einheit und Fortschritt) angezettelte Bewegung handle.»[67] Ende November waren nach ihrer Entlassung aus Gefängnissen in Istanbul, Ismid und anderen Orten neue Scharen von Straftätern in die TM eingegliedert worden. Diesen «unter der Bezeichnung Miliz militärisch organisierten türkischen Irregulären und Banden von Marodeuren» wurden, wie Botschafter Wangenheim nach Berlin meldete, die «zahlreichen Plünderungen, Raubmorde und sonstigen Ausschreitungen gegen die armenische Landbevölkerung zur Last gelegt».[68] Wahrscheinlich waren das keine von langer Hand geplanten Aktionen, doch es waren auch keine verwunderlichen Vorgänge angesichts der Tatsache, dass ganze Scharen von politischen Banden, deren Auftrag durch keine Bestimmungen des Kriegsrechts eingeschränkt war und denen man ein Gefühl der ethnischen und religiösen Überlegenheit eingebläut hatte, plötzlich die Etappe bevölkerten, in der neben Requisitionen und der Suche nach Deserteuren auch immer die Angst vor potentiellen feindlichen Agenten, die man grundsätzlich als Armenier identifizierte, eine Rolle gespielt haben dürfte. Als Wangenheim die Pforte auf diese Vorkommnisse aufmerksam machen wollte, erhielt er von Großwesir Said Halim die Antwort, die Armenier seien größtenteils selbst verantwortlich für die Übergriffe. «Als Beleg hierfür», berichtete der Botschafter nach seiner Audienz, «führte er an, dass die Armenier in dem Kriege offen gegen die türkische Sache Partei nehmen, und erwähnte u. a., dass die bulgarischen Armenier Russland eine Freiwilligentruppe zur Verfügung gestellt hätten.»[69] Das traf zwar zu, aber es handelte sich um kleine Einheiten von daschnakischen Dissidenten, die schon während der Balkankriege auf bulgarischer Seite gekämpft hatten.[70] Die Daschnakzutiun in Istanbul und den osmanischen Provinzen verfolgte jedoch eine erklärt loyale Politik, selbst wenn die Armenier zunehmend kollektiv als «feindliche Bevölkerung» betrachtet wurden. Die Stimmung in weiten Kreisen des CUP war um diese Zeit jedoch an einem Punkt angelangt, wo eine wie auch immer geartete «Endlösung der Armenierfrage» für unausweichlich gehalten wurde. «Wir Türken müssen die Armenier entweder samt und sonders ausrotten», sagte Mitte Dezember 1914 ein Major und CUP-Mitglied zu Jakob Künzler in Urfa, «oder wir müssen sie zur Auswanderung zwingen.»[71]

Nach der Niederlage von Sarikamis haben die Spannungen deutlich zugenommen. Obwohl es auch armenische Soldaten der osmanischen Armee waren, die im Januar geschlagen zurückkehrten, und obwohl weitgehend armenisch besetzte Einheiten unter dem Kommando des deutschen Oberstleutnants August Stange, neben der kurzfristigen Einnahme von Ardahan durch TM-Stoßtruppen[72], den einzigen nennenswerten Sieg der Kampagne – die Eroberung der Stadt Artvin – erkämpft hatten[73], setzte sofort unter ihnen die Suche nach den Schuldigen des

In Erzurum fanden noch vor dem Kriegseintritt Verhandlungen zwischen der Daschnakzutiun und jungtürkischen Emissären statt.

Desasters ein. «Da stellten die Türken fest, dass armenische Freiwillige Seite an Seite mit den Russen kämpften», so ein zeitgenössischer Bericht: «Das wurde überall verkündet und von den Türken hochgespielt; aber man unternahm nichts, bis bekannt wurde, dass Garo Pasdermadjian, ein Mitglied des osmanischen Parlaments und einer der Abgeordneten für Erzurum, eine Freiwilligeneinheit in der russischen Armee befehligte.»[74]

Der Daschnake Armen Garo Pasdermadjian war im September 1914, nachdem er von Mordplänen Schakirs gegen ihn Wind bekam, nach Tiflis geflohen. Am 16. September informierte er dort das Armenische Nationalbüro von dem Angebot, das Schakir auf dem Daschnakenkongress in Erzurum gemacht hatte, armenische Freiwilligenverbände über die russische Grenze zu schicken, um dort einen Aufstand unter den russischen Armeniern zu organisieren. Das Nationalbüro reagierte darauf mit der Rekrutierung armenischer Freiwilligenverbände, die auf russischer Seite gegen die Türken eingesetzt werden sollten, wovon das Kommando der Dritten Armee Anfang Oktober durch einen aus Russland zurückgekehrten Agenten namens «Ahmet» Kenntnis erhielt.[75] Rein zahlenmäßig bestanden diese Freiwilligenverbände aus etwa 6000 Mann (die gegen die Russen eingesetzten vergleichbaren polnischen Legionen der k. u. k. Armee zählten 25 000), während in den Reihen der osmanischen Armee um die 200 000 armenische Soldaten kämpften.[76] Garos Bruder, der stellvertretende Direktor der Ottomanbank in Erzurum, wurde am 10. Februar 1915 in Sippenhaft von zwei Soldaten erschossen.[77] «Zu dieser Zeit herrschte Terror in der Stadt», so ein zeitgenössischer armenischer Bericht.[78] Als der Festungskommandant von Erzurum, der deutsche Generalmajor Posseldt, die Behörden aufforderte, die namentlich bekannten Mörder Setrak Pasdermadjians zu ergreifen, wurde die Sache bewusst verschleppt, die Untersuchung des Falls Mitte April offiziell eingestellt.[79]

Schakirs TM in Erzurum hatte unterdessen Anfang April eine Proskriptionsliste mit den Namen von weiteren 22 Armeniern aufgestellt, die als Nächste ermordet werden sollten.[80] Sie zirkulierte in Schakirs Umfeld, dessen Aufmerksamkeit sich nach der Niederlage von Sarikamis (neben seinen Anstrengungen als Arzt, wegen einer grassierenden Typhusepidemie unter den überlebenden Soldaten das Gesundheitssystem zu verbessern[81]) immer stärker auf den «inneren Feind» gerichtet hatte. Das war gewissermaßen die politische Komponente seines medizinisch-hygienischen Denkens. Schakirs Banden haben in diesen Wochen das Gebiet von Erzurum mit einem regelrechten Schreckensregiment überzogen. In Alaschgerd wurden 300 Armenier ermordet, aus Baiburt Misshandlungen und willkürliche Verhaftungen gemeldet, in Passim 150 Armenier unter dem Vorwand eingekerkert, Waffen getragen zu haben. Alles das, berichtete ein armenischer Vertreter, sei das Werk von Milizen der Regierung gewesen, «die mit Plündern und Morden eine Plage für die ganze Bevölkerung geworden sind».[82]

Im Grunde war die Niederlage bei Sarikamis aber nur ein indirekter Grund für die Verschärfung der armenischen Politik, insofern sie zu einer inneren Krise und erhöhter mentaler Anspannung führte. Die

Möglichkeit eines Untergangs vor Augen, erklärte Talaat Anfang Februar 1915 gegenüber Hans von Wangenheim, dass die Armenier sich in jedem Fall auf die Seite der Gegner schlagen würden, auch wenn man ihnen die größten Zugeständnisse wie zuletzt bei den armenischen Reformen mache. Die Politik des Ausgleichs erklärte er für gescheitert, und er hatte dies durch die Entlassung der ausländischen Inspekteure und die damit verbundene endgültige Kündigung des armenischen Reformprojekts schon im vorigen Herbst deutlich gemacht. Wangenheim hielt den Zeitpunkt, die Zügel anzuziehen, für ungünstig gewählt, aber Talaat antwortete: *C'est le seule moment proprice.* Die Türkei werde sich in Zukunft ihr unbeschränktes Selbstbestimmungsrecht nicht mehr nehmen lassen.[83] Wangenheim ließ daraufhin dem armenischen Patriarchen die Versicherung zukommen, man werde sich nach wie vor um eine Verbesserung der Lage der türkischen Armenier bemühen, und dies insbesondere in der zu erwartenden langen Friedensperiode nach dem in seiner Vorstellung baldigen Ende des Krieges.[84] Zu diesem Zeitpunkt hatte sich der Krieg im Westen allerdings schon aussichtslos festgefahren, die österreichisch-ungarische Armee war im Osten bedroht, und an der Mittelmeerküste waren Landungen der auf Zypern stationierten Briten sowie eine Bedrohung der Dardanellen von See aus zu erwarten.

Ein Erlass Enver Paschas vom 25. Februar 1915 bestimmte die Entwaffnung aller armenischen Soldaten in den kaukasischen Grenzgebieten und ihre Eingliederung in Arbeitsbataillone, die ohnehin schon mehrheitlich aus Armeniern bestanden. In allen Armeen des Weltkriegs gab es solche Arbeitsbataillone, die für Transportarbeiten, Straßen-, Befestigungsbau und ähnliche Aufgaben benötigt wurden. Die Lage der einfachen osmanischen Soldaten war generell schlecht, aber in den Arbeitsbataillonen war sie fürchterlich. Zudem wurden die Armenier hier von bewaffneten Garden überwacht, deren Willkür sie schutzlos ausgeliefert waren.[85] Beginnend mit dem April wurden sie, regional unterschiedlich – besonders radikal im Bereich der Dritten Armee, an anderen Stellen aber auch kriegsbedingt erst 1916 – zu Opfern gezielter Tötungen.[86] Während der Frühjahrsmonate 1915 durchlebte die Führung des CUP die größte Krise seit seiner Machtergreifung. Anfang des Jahres meldete die *New York Times*: «Aus Konstantinopel erreichen uns Nachrichten, dass die Stadt sich fieberhaft auf ihre Verteidigung vorbereitet.»[87] Am 2. Januar hatte Großfürst Nikolai Nikolajewitsch die Briten ersucht, den Russen durch ein Ablenkungsmanöver an anderer Stelle gegen die türkische Offensive im Kaukasus zu helfen, die zu diesem Zeitpunkt jedoch bereits am Boden lag.[88] Die Lage war an allen Fronten schlecht. Nach einem Vorstoß durch den Shatt-al-Arab waren die Briten im Dezember in den Besitz von Basra gelangt. Djemal Paschas große Pläne eines schnellen Vorstoßes durch den Sinai Richtung Suezkanal und nach Ägypten waren gescheitert.[89]

Jederzeit wurde jetzt ein Angriff auf die Dardanellen erwartet. Zwei Tage vor der Kriegserklärung an das Osmanische Reich hatten die Briten am 3. November 1914 bereits Forts am Eingang der Meerenge bombardiert, aber es dauerte noch 119 Tage, bis am 19. Februar 1915 die große Operation begann.[90] In dieser Zeit bereitete sich Istanbul auf die Belagerung vor. Schlüsselpositionen wurden mit vertrauenswürdigen Personen des CUP neu besetzt. In Pera, dem heutigen Beyoglu, entließ Talaat den Mutassarif (Bezirkshauptmann) Kiani Bey, einen Verwandten des ententefreundlichen Djavid Bey, um an seiner Stelle den Scharfmacher Ismail Djanbolat in diesem strategisch wichtigen, von Armeniern und Europäern bewohnten Stadtteil zu postieren.[91] Enver erreichte am 22. Januar, nach der Niederlage von Sarikamis, mit dem Automobil über Erzurum und Sivas Istanbul. In einem Brief an den armenischen Patriarchen von Konya gratulierte er seinen armenischen Soldaten zu ihrem heroischen Einsatz an der kaukasischen Front. Doch als am 19. Februar die *Inflexible* und der neue Super-Dreadnought *Queen Elizabeth* mit einer Reihe anderer britischer und französischer Schiffe am Eingang der Meeresenge auftauchten, brach eine Panik aus, die alles veränderte. Die Flottendemonstration zeigte auch international enorme Wirkungen. Bulgarien, das als Transitland für das Osmanische Reich von lebensnotwendiger Bedeutung war, brach seine Verhandlungen mit Deutschland ab. Griechenland bot der Entente Truppen an, Italien signalisierte Bereitschaft, seine Neutralität zu überdenken. Istanbul schien dem Untergang nahe.

In der Stadt überschlugen sich die Gerüchte. «Die Möglichkeit eines britischen Erfolgs war eines der häufigsten Diskussionsthemen», berichtete Morgenthau. «Talaat sagte mir, dass ein Versuch, sich die Durchfahrt durch die Meerenge zu erzwingen, Erfolg haben würde – das hing nur von Englands Bereitschaft ab, ein paar Schiffe zu opfern.»[92] Anfang Januar wurden im Bahnhof von Haidar Pascha auf der asiatischen Seite Züge bereitgestellt, um den Sultan und das diplomatische Corps nach Kleinasien in Sicherheit zu bringen. Talaat hatte dort für die nächsten Monate zwei einsatzbereite Fluchtautos mit Chauffeur, Reservetanks und Ersatzreifen stehen.[93] Die Leute begannen in Massen aus Istanbul zu flüchten. Für die armenische Bevölkerung standen fertige Deportationspläne bereit.[94] In den unteren muslimischen Schichten kursierten in diesen Tagen endzeitliche Prophezeiungen vom Untergang Istanbuls: «Die Christen werden den Frieden brechen und sich auf dem Meere vereinigen», war eine der von Vorlesern aus den Quellen alter Volksbücher verbreiteten Weisheiten: «Dann werden sie kommen und Rum (Istanbul) angreifen.»[95] Plötzlich schien in diesem Licht mit der alliierten Flotte vor den Dardanellen die Zeit gekommen, da «Gott der Höchste den Ungläubigen die Weltmacht»[96] übertragen würde. Gerüchte breiteten sich aus, dass Talaats Leibwächter erschossen worden seien, Plakate gegen Talaat und seine Genossen tauchten überall an Häuserwänden auf. «Was die Situation besonders anheizte», beobachtete Morgenthau, «war der allgemein in Konstantinopel vorherrschende Glaube, dass ein solcher Angriff Erfolg haben würde.»[97] Doch die Unruhen, die Polizeipräfekt Bedri befürchtete[98] und auf die Winston Churchill vergeblich hoffte,[99] fanden nicht statt. Für Enver war dies die Stunde, seine nach der Kaukasusniederlage angeschlagene Position wieder zu festigen. Er übernahm die Rolle des Krisenmanagers und gab die Anweisung, Istanbul «bis zum letzten Mann» zu verteidigen. «Sie werden keine lebendige Stadt einnehmen», sagte er zu Morgenthau, «nur einen Haufen Asche.»[100] Petroleumkanister standen überall bereit, um die Stadt, wie Moskau vor dem Einzug Napoleons, in Flammen aufgehen zu lassen. Dynamit wurde in die Hagia Sophia gebracht, um sie im Ernstfall in die Luft sprengen zu können.[101] «Es gibt nicht einmal sechs Männer im Komitee für Einheit und Fortschritt», kommentierte Talaat gegenüber Morgenthau diesen ernsthaft in Betracht gezogenen Akt, «denen alte Sachen am Herzen liegen. Wir alle lieben das Neue!»[102] Das Osmanische Reich stand zum ersten Mal in seiner Geschichte am Rand des Zusammenbruchs. Eine Stimmung des Alles oder Nichts, ein als heroisch empfundener Mut zum Abgrund breitete sich aus, der ganz ähnlich wie bei den nihilistischen Strömungen des europäischen Rechtsmodernismus, aus den Trümmern der alten Welt die Geburt einer neu erwachten Nation entstehen lassen wollte.

Schon während der ersten kurzen Bombardements eines Dardanellenforts im November 1914, bei dem zwei türkische Soldaten umgekommen waren, hatte Talaat zu Morgenthau gesagt: «Wir werden drei Christen für jeden getöteten Muslim umbringen!»[103] Jetzt stand eine ganze Schlachtflotte vor Canakkale. «Wehe euch Armeniern, wenn es den Feinden der Türkei gelingen sollte, als Sieger ihren Fuß auf türkischen Boden zu setzen!», hörte im März 1915 Jakob Künzler einen Mann auf der Straße drohen: «Kein Armenier im Innern wird leben bleiben, dafür werden wir sorgen!»[104]

Die britische Flotte war seit Beginn des Krieges auch an anderen osmanischen Küstenabschnitten des Mittelmeers präsent. Immer wieder kam es dabei zum Beschuss von Häfen und Befestigungsanlagen sowie zu kleineren Landungsaktionen, und tatsächlich hat es Pläne gegeben, bei Iskenderun (Alexandrette) Truppen an Land auszusetzen.[105] Boghos Nubar plante von Ägypten aus sogar die Aussetzung von armenischen Freiwilligenbataillonen mit britischer Hilfe an diesem ungesicherten Küstenabschnitt, die den Armeniern Ciliciens im Fall einer notwendigen Selbstverteidigung zu Hilfe kommen sollten oder ausländische Interventionstruppen unterstützen würden.[106] Ein ernstes Vorhaben wurde daraus aber nie. Ende Februar ankerte der britische Kreuzer *Doris* zweimal hintereinander in einer Bucht südlich von Adana. Erkundungstrupps gingen an Land und lieferten sich dabei kleine Gefechte mit den Besatzungen der unzulänglich ausgebauten Posten in Ufernähe. Bei dieser Gelegenheit kapitulierte eine siebenköpfige Mannschaft unter der Führung eines armenischen Unteroffiziers und geriet in britische Gefangenschaft.

Verrat! war sogleich die lautstarke Reaktion der örtlichen Militärbehörden. Unter den Armeniern der Gegend, die das Wüten des Mobs vom April 1909 noch in sehr lebendiger Erinnerung hatten, brach sofort eine Panik aus, die durch die darauf folgenden Ereignisse in dem kleinen Dorf Dörtjol weitere Nahrung bekam.[107] Nach der Beschießung türkischer Häfen seitens englischer Kriegsschiffe, so ein Beobachter, seien dort öfters Matrosen an Land gegangen und hätten bei den Armeniern in Dörtjol Orangen gekauft. Ein Armenier namens Köschkerian, dessen Frau den Massakern von 1909 zum Opfer gefallen war, war an einem Tag mit ihnen an Land gewesen. Ein früherer Deserteur namens Saldschian, der nach Zypern geflüchtet und dort in britische Dienste eingetreten war, habe sich sogar über eine Woche unter falschem Namen dort aufgehalten. Das alles geschah zu einer Zeit, als sich Djemals Armee nach einer gescheiterten Suezaktion nach Syrien zurückgezogen hatte, und führte vor diesem Hintergrund zu Panikreaktionen. Am 27. Februar machte Djemal dem Innenministerium den Vorschlag, armenische Familien aus Sicherheitsgründen zu deportieren, ein Vorschlag, dem Talaat am 2. März zustimmte.[108] Alle männlichen Bewohner des Dorfs Dörtjol wurden in einer einzigen Nacht festgenommen. «Man hat sie unter strenger Aufsicht nach Aleppo geschickt und verwendet sie für Straßenbau», berichtete Konsul Büge aus Adana am 13. März nach Istanbul: «Drei Leute sind auf der Flucht erschossen worden.» Dörtjol hatte sich als eines der wenigen Dörfer der cilicischen Tiefebene während der Massaker von 1909 erfolgreich gegen den anstürmenden Mob verteidigen können.[109] Nun fand hier die erste systematische Deportation des Krieges statt.

Am 18. März, einem Frühlingstag mit blauem Himmel und ruhiger See, sollte der entscheidende Schlag nicht im südlichen Mittelmeer, sondern gegen die Dardanellen geführt werden. Am Morgen formierten sich die Schlachtschiffe *Agamemnon, Lord Nelson, Queen Elizabeth, Inflexible, Triumph* und *Prince George,* insgesamt zwölf britische und vier französische schwere Boote, begleitet von einer Flotille von Kreuzern, Zerstörern und Minensuchbooten, am Eingang der Straße und bewegten sich in drei Linien, Bug an Bug, auf Canakkale zu. Doch am

Nachmittag wurde die alliierte Flotte plötzlich von einer Serie von Katastrophen heimgesucht. Die französische *Bouvet* war von mehreren Granateinschlägen aus türkischen Stellungen getroffen, als sie auf einen Minengürtel auflief und innerhalb von drei Minuten sank. Anderthalb Stunden später traf es die *Irresistible,* die allerdings nur langsam flutete, so dass die meisten Mannschaften gerettet werden konnten. Sie sank um zehn nach sechs. Eine Viertelstunde später lief die *Ocean* auf eine Mine. Viele andere Schiffe mussten starke Einschläge aus türkischem Kanonenfeuer hinnehmen. Als der Rest der Flotte bei Sonnenuntergang den Eingang der Dardanellen wieder verließ, wurde klar, dass das Seekriegsunternehmen und damit die geplante Eroberung der osmanischen Hauptstadt gescheitert war.[110]

Es war, als sei ein Totgesagter plötzlich wieder auferstanden. Während dieser Tage eines ersten Sieges kippte die Stimmung in Istanbul vollständig um. Derbe Witze über die «feigen englischen Hunde» machten die Runde; der Untergangsstimmung folgte eine Orgie der Überheblichkeit. Enver, nun wieder der strahlende junge Held der Nation, beschäftigte sich zukunftsgewiss mit Immobilienerwerb, den er seinem großzügigen Landsitz in Schichli hinzufügen wollte. «Im Club», berichtete der amerikanische Diplomat Lewis Einstein, und er meinte damit den *Cercle d'Orient,* «spielen die Männer der Regierung täglich. Talaat spielt Poker und der Großwesir Billard.»[111] Eine gewisse Neigung zu bohemienhafter Ungeregeltheit umgab sie ohnehin schon immer, seit sie sich diese Art von westlichem Lebensstil in den Cafés von Saloniki zugelegt hatten.[112] Sichtlich hatten die Nerven dieser Männer blank gelegen, die sich jetzt wieder ins Leben stürzten, als seien sie Auserwählte einer Vorsehung, die ihnen auch in der Stunde der größten Gefahr beiseite stand. Sie hatten empfindliche Niederlagen hinnehmen müssen, doch jetzt war eines der größten feindlichen Aufgebote aller Zeiten an ihrem unbesiegbaren kriegerischen Geist geradezu zerschellt. «Immer wenn die Türken dachten, sie hätten einen Sieg errungen, waren sie fast unerträglich», so ein Augenzeugenbericht aus diesen Tagen. «Dann feierten sie Tag und Nacht und waren Christen gegenüber besonders anmaßend.»[113]

6.
Repression und Widerstand

Als am 16. März Paul Schwarz in der Begleitung eines deutschen und eines türkischen Offiziers auf einer Reise von Erzurum nach Konstantinopel in Harput eintraf,[1] hatte sich für ihn spürbar etwas im Land verändert. Schwarz war nach der Schlacht von Sarikamis von seinem Posten als Konsul in Erzurum zu anderer Verwendung in die Hauptstadt abberufen worden. Am Abend des 16. März machte er mit den beiden Offizieren dem Gouverneur Sabit Bey seine Aufwartung, doch Sabit war von der Anwesenheit der Offiziere irritiert und gab zu verstehen, dass er mit Schwarz alleine sprechen wollte. Zwei Stunden dauerte die Unterredung, bevor Schwarz wieder bei seinen Gastgebern in der Missionsstation des *Deutschen Hülfsbunds* eintraf. «Er kam ungefähr um 9 Uhr 30 abends in einem Zustand großer Erregung an», berichtete die dänische Krankenschwester Hansina Marcher, die ihn dort empfing, «und erzählte ihnen sofort den Inhalt seines Gesprächs. Der Vali (Gouverneur) hatte erklärt, dass die Armenier in der Türkei vernichtet werden müssten und vernichtet werden würden. Ihr Reichtum und ihre Zahl hätten sich so vermehrt, dass sie eine Bedrohung für die herrschende türkische Rasse geworden seien, sagte er; dagegen gäbe es nur das Mittel der Ausrottung. Der Konsul hatte eingewandt und dargestellt, dass Verfolgung die geistigen Kräfte einer unterworfenen Rasse immer mobilisiere und daher schon aus eigennützigen Gründen die schlechteste Politik für die Herrschenden war. ‹Nun, das werden wir ja sehen›, sagte der Vali und beendete die Unterredung.»[2] Eine ähnliche Begegnung hatte am nächsten Tag auch Johannes Ehmann, der Leiter des *Deutschen Hülfsbundes.* Während der Besichtigung einer Ausstellung von Ausrüstungsgegenständen, die von der wohlhabenden armenischen und türkischen Bevölkerung dem Roten Halbmond gestiftet worden waren, bat er Schwarz, bei dem Gouverneur ein gutes Wort für die Arbeit seines vornehmlich unter den Armeniern wirkenden christlichen *Hülfsbundes* einzulegen. «Für Ihre Arbeit haben wir durchaus kein Interesse», fiel ihm dabei ein des Deutschen mächtiger türkischer Offizier plötzlich ins Wort, «denn Sie arbeiten ja an einem Volk, das wir vernichten wollen.» Wie ein Blitz aus heiterem Himmel habe er diese Worte vernommen, so Ehmann, «denn eine solche Aussage hatte ich bis jetzt von keinem anderen Muhammedaner gehört».[3] Es lag etwas in der Luft, doch wenig später hatte der Vali wieder zu seiner üblichen Contenance zurückgefunden. Als der armenische Professor Tenekejian vom amerikanischen *Euphrates College* nach der Abreise von Schwarz völlig überraschend verhaftet wurde, suchte ihn der amerikanische Konsul Leslie A. Davis auf. «Ich habe den Vali nach ihm befragt», berichtete Davis, «aber ich erfuhr nicht, warum man ihn verhaftet hatte. Es wurde als Fehler oder als unwichtige Angelegenheit hingestellt, und der Professor wurde für eine kurze Zeit freigelassen, nur um wenig später erneut verhaftet, schwer gefoltert und schließlich ermordet zu werden.»[4]

In der Zeit zwischen dem 13. und 16. März 1915, auf dem Höhepunkt der Panikkrise um die bedrohten Dardanellen, ist in CUP-Kreisen ein entschiedeneres Vorgehen gegen die osmanischen Armenier beschlossen worden, und der Gouverneur Sabit Bey und der türkische Offizier hatten möglicherweise durch chiffrierte Depeschen aus Istanbul von diesem Beschluss erfahren, als sie unvorsichtigerweise gegenüber Schwarz und Ehmann ihre Bemerkungen machten. Am 13. März war Bahaeddin Schakir, mit dem Auto aus Erzurum kommend, in Istanbul eingetroffen, nachdem er seit Ende Januar immer wieder über die Gefährdung der Ostprovinzen berichtet und deutlich gemacht hatte, dass hier die zentralen Entscheidungen des Krieges fallen würden.[5] An diesem Tag hatte Talaat das Parlament vorzeitig aufgelöst und nach Hause geschickt. Es sollte ein Interregnum herbeigeführt werden, in dem wichtige politische Beschlüsse ohne die störende Mitwirkung einer

Volksvertretung, auf deren Loyalität man sich nicht hundertprozentig verlassen konnte, auf dem Weg provisorischer Verordnungen per Erlass durchgesetzt werden konnten. «Wir hatten festgestellt, dass einige Abgeordnete und Senatoren lebenswichtige Beschlüsse und Nachrichten über die Teskilat-i Mahsusa an Personen hatten durchsickern lassen, die keine Türken waren, angefangen vom Patriarchat bis zu den ausländischen Botschaften», rechtfertigte Talaat den Beschluss. «Es war nicht möglich, die Aktivitäten dieser Menschen, die die Eigenschaften von Volksvertretern hatten, zu verhindern, solange das Parlament tagte.»[6] Schakir war in seiner Eigenschaft als Koordinator der TM in Erzurum nach Istanbul gerufen worden, um dort an Tagungen des Zentralkomitees zu Fragen der nationalen Sicherheit teilzunehmen. Was dort im Detail besprochen wurde, ist nicht überliefert, weil die Unterlagen nach dem Krieg vernichtet wurden. Es wird um die Bedrohung der Hauptstadt durch den bevorstehenden alliierten Angriff auf die Dardanellen gegangen sein, um Pläne zu ihrer Räumung und Verlegung nach Anatolien und die daraus folgenden Konsequenzen für die innere Politik des CUP. In diesen Tagen hatte sich die Armada unter dem Oberbefehl des britischen Admirals John de Robeck, die seit dem 19. Februar vor den Dardanellen kreuzte, zwar bereits einige Gefechte mit türkischen Küstenforts geliefert, doch die entscheidende Operation stand noch bevor. Alle Vorbereitungen für eine schnelle Evakuation waren getroffen. Die Konsequenz wäre ein Rückzug der türkischen Führung in das anatolische «Kernland» gewesen, um von dort aus den Krieg fortzusetzen. Dafür gab es detaillierte Pläne, wie man den Forschungen Erik Jan Zürchers entnehmen kann, und eine Reihe von Offizieren erhielten Notstandsbefehle, im Fall einer Besetzung regionale Verteidigungsorganisationen in verschiedenen Teilen Anatoliens zu errichten.[7] Auch darum wird es auf den Sitzungen des Zentralkomitees nach dem 13. März gegangen sein.

Ein wichtiger Aspekt der Kriegsplanung war ohne Zweifel die Frage nach der zukünftigen Verwendung der irregulären Einheiten der TM im «Kernland» Anatolien. Nach den Niederlagen im Kaukasus hatte die Armeeführung Anfang Februar mit dem Gedanken gespielt, die Sonderorganisation aufzulösen und ihre Mitglieder in reguläre Armee-Einheiten zu überführen.[8] Doch auf den Sitzungen des Zentralkomitees nach dem 13. März gelang es Schakir offenbar, den «inneren Zirkel» davon zu überzeugen, dass die TM in einer Zeit, in der Anatolien als Festung zur nationalen Selbstbehauptung ausgebaut werden sollte, eine genauso wichtige Aufgabe übernehmen könnte wie bei dem vorerst gescheiterten Russlandfeldzug. Es ging um Fragen der Staatssicherheit und die Rolle, die irreguläre politische Sondereinheiten wie die TM dabei zur Sicherung des Territoriums übernehmen konnten. Denn vor dem «inneren Feind», so Schakirs Hauptargument, müsse man besonders angesichts der existentiellen Bedrohung des Vaterlands in diesen Tagen mindestens «genausoviel Angst haben wie vor dem äußeren».[9] Dem Zentralkomitee legte er, das ist dokumentiert, aus diesem Grund eine Reihe von Dokumenten vor, die die zersetzerische Tätigkeit armenischer Banden im Osten Anatoliens belegen sollten, um mit dem Plädoyer zu enden, die «Beseitigung der inneren Gefahr» sei zu diesem Zeitpunkt eine der wichtigsten Aufgaben der nationalen Verteidigung.[10] Statt die Banden der TM aufzulösen und in die Armee zu integrieren, wurde Schakir vielmehr mit dem weiteren Ausbau seiner irregulären Sturmtruppen beauftragt, die nun unter seinem persönlichen Kommando standen und strikter Parteidisziplin unterworfen wurden.

Alles das war Teil dessen, was Talaat gegenüber Morgenthau später einen Prozess der «langen und sorgfältigen Überlegung» bezüglich der richtigen Methoden der Lösung der «armenischen Frage» genannt hat[11], und bei dem die Planungsabteilungen des Innenministeriums, insbesondere die Staatssicherheit und das IAMM, nicht untätig blieben. Es ist aber unwahrscheinlich, dass im März bereits eine gezielte Vernichtung der gesamten armenischen Bevölkerung ins Auge gefasst wurde. Vielmehr ging es zunächst um die Ausschaltung jedes politischen und – tatsächlichen wie eingebildeten – militärischen Einflusses der Armenier, eine Zielsetzung, die ohne gewaltsame Maßnahmen und irreguläre Methoden, die im Zuständigkeitsbereich der TM lagen, nicht erreicht werden konnte.[12] Dass dabei die Option einer irgendwie gearteten «endgültigen» Lösung der armenischen Frage bereits eine Rolle spielte, ist mehr als wahrscheinlich. Ebenso aber auch, dass es zu diesem Zeitpunkt vermutlich noch keinen Plan gab, der weiter ging, als die Armenier ihrer einflussreichen Köpfe zu berauben und sie damit führerlos zu machen. Bei der türkischen Regierung scheine eine Strömung die Oberhand gewonnen zu haben, sagte Djelal Bey, der Gouverneur von Aleppo und kein Mann der ethnonationalistischen Richtung des CUP, Anfang April 1915 zu Konsul Rößler, «welche die Armenier im ganzen als verdächtig oder gar als feindlich anzusehen geneigt sei. Er betrachtet diese Wendung als ein Unglück für sein Vaterland.»[13] Das war eine sorgenvolle Bemerkung, die nichts Gutes erwarten ließ, aber um die Warnung vor einem bevorstehenden Genozid handelte es sich noch nicht.

Die weitere Radikalisierung entwickelte sich anfangs eher ungesteuert. Ein unscheinbares Ereignis, das sich in diesen Tagen in Zeitun abspielte, wurde dabei zum Testfall einer Politik, die den Weg von der Bestrafung und dem politischen Mord über die systematische Deportation zur Vernichtung einleitete und deren Konturen sich zwischen März und Mai herauszubilden begannen. Die Bergfestung im Taurus, eine durch und durch christliche armenische Stadt, hatte sich seit dem Ende der Kreuzfahrerreiche immer eine gewisse Autonomie gegenüber der osmanischen Zentralregierung bewahren können. Besonders bei Einberufungen zum Militärdienst gab es stets Probleme. Einige junge Bewohner der Stadt waren aus diesem Grund bereits vor Beginn des Kriegs in die Berge ausgewichen und hatten dort unter der Führung von Nazareth Tschausch eine Räuberbande gegründet, die sich trotz ihrer gelegentlichen Überfälle einer gewissen Popularität unter der armenischen Bevölkerung erfreute. Doch aus Angst vor Repressalien wurde Nazareth Tschausch von den Zeitunlis irgendwann ausgeliefert. Die Tatsache, dass er, statt von einem ordentlichen Gericht verurteilt zu werden, im Gefängnis zu Tode geprügelt wurde und dass die Leute, die ihn ausgeliefert hatten, gleich mit verhaftet wurden, hatte allerdings zu erheblichen Spannungen mit den örtlichen Behörden geführt, die mit Kriegsbeginn noch dadurch verschärft wurden, dass muslimische Gendarmen aus Marasch, mit denen eine alte, historisch gewachsene Feindschaft bestand, in die Garnison von Zeitun Einzug hielten.

Einige Räuber aus Tschauschs Bande befanden sich zu dieser Zeit noch in den Bergen, und sie erhielten seit Anfang März 1915, als die armenischen Soldaten in Marasch entwaffnet und in Arbeitsbataillone gesteckt wurden, Zulauf durch Deserteure.[14] Die Gendarmen unter der Führung des Kommandanten Süleyman machten daraufhin die Bewohner Zeituns verantwortlich für die Fahnenflüchtigen und begannen die Bevölkerung zu terrorisieren. Männer sollten unter Folter Geständnisse ablegen, Frauen wurden vergewaltigt. «Manche Frauen haben infolge der Misshandlungen Fehlgeburten und einige Gefangene ganze Körperteile verloren gehabt», so ein armenischer Bericht. «Regierungsbeamte verhöhnten unseren Glauben und beschimpften unsere Ehre.»[15] Am 9. März wurden sechs Gendarmen in den Bergen von Deserteuren erschossen. Einige Tage später kam es in den engen Gassen des Stadtviertels Yeni Dunya, aus dem Tschausch stammte, zu einem Hinterhalt auf eine Gendarmeriepatrouille. Der Kommandant Süleyman zog sich daraufhin mit seiner Truppe in die oberhalb der Stadt gelegene Kaserne zurück, während die Räuber und Deserteure sich im Kloster der Heiligen Maria verbarrikadierten. Lange Zeit passierte nichts, bis am 26. März aus Marasch herbeigerufene Truppen versuchten, das Kloster zu stürmen. «Der Platzkommandant von Zeitun», berichtete Konsul Rößler, habe das Kloster umstellen lassen, «aber mit ungenügender Truppenzahl. Wäre er militärisch richtig vorgegangen, hätte er die ganze Räubergesellschaft gehabt. Er hätte nur die Ankunft der Artillerie abwarten oder die Räuber auszuhungern brauchen.» Doch stattdessen blies Süleyman zur Attacke und ritt auf das Haupttor des Klosters zu. Dabei wurde er selbst nebst einigen Soldaten erschossen. «Die Räuber», so Rößler weiter, «deren Zahl vielleicht 150 gewesen sein mag, brachen unter Verlust von einer Anzahl Toter und Verwundeter, die den Truppen in die Hände fielen, durch, gewannen die Stadt und von dort aus in die Berge. Erwähnenswert ist, dass sie zweien ihrer Toten die Köpfe abgeschnitten haben, offenbar um ihre Identifizierung durch die Türken unmöglich zu machen. Das Kloster wurde nachträglich mit Artillerie zusammengeschossen. Die Ergreifung der Räuber in den Bergen wird schwierig sein.»[16]

Der blutige Vorfall war an sich nichts Ungewöhnliches. Auch sechshundert Jahre nach der Eroberung Kleinasiens waren die Osmanen nur teilweise Herr ihres Territoriums, vor allem in Anatolien, wo es immer wieder zu lokalem kurdischem Widerstand gegen die Zentralregierung kam. Allein in Zeitun hatte es in den letzten hundert Jahren etwa fünfunddreißig Vorkommnisse dieser Art gegeben, die in der Regel als lokaler Konflikt behandelt und nach einer Weile bereinigt wurden, ohne die relative Autonomie der Zeitunlis wesentlich zu beeinträchtigen. Die Zeitunlis hatten sich auf Grund ihrer besonderen Geschichte ein Selbstbewusstsein zugelegt, mit dem sie sich gern als Insel im Osmanischen Reich und als unangreifbaren Mittelpunkt der armenischen Welt betrachteten.[17]

Dieses armenische Symbol und diese türkische Wunde machte sich nun, wo durch die Bedrohung der Dardanellen und der südlichen Mittelmeerküste der Ausbau der Festung Anatolien auf der Tagesordnung stand, wieder bemerkbar. «Bei Zeitun hat am 26. März blutiger Kampf mit armenischen Deserteuren stattgefunden», teilte Talaat einen Tag später Generalkonsul Mordtmann in Istanbul mit. Er, Talaat, sei der festen Überzeugung, «dass auswärtige Agitatoren ihr Werk dort getrieben» hätten[18], und er meinte damit vermutlich die Kreise um Boghos Nubar in Ägypten. Aus der Verzweiflungsaktion einiger Deserteure war damit ein Staatssicherheitsfall geworden, der das Innenministerium beschäftigte, und bei dem es um weit mehr ging als ein lokales Ereignis. Die Geschehnisse in Zeitun boten aber auch Gelegenheit, auf regionaler Ebene und im Fall einer besonders assimilationsresistenten Bevölkerung mit Homogenisierungsplänen – die unabhängig davon bereits existierten und spätestens seit den antigriechischen Maßnahmen des Vorjahres eine Rolle spielten – weiter zu experimentieren. Eine solche Absicht, die von durch das IAMM gelenkten Maßnahmen des gewaltsamen Bevölkerungstransfers begleitet war, wurde im Frühjahr 1915 durch die öffentliche Stimmung in der örtlichen Bevölkerung herbeigeführt und ist ein Indiz dafür, wie die Radikalisierung der Zentrale manchmal durch Initiativen der Peripherie befördert und in gewisse Bahnen gelenkt wurde.

Am 31. März forderten nicht näher benannte muslimische Kreise aus dem benachbarten Marasch, beeinflusst durch örtliche Mitglieder des CUP, die Zentralregierung in Istanbul auf, «die Bewohner Zeituns (etwa 10 000 Seelen) sollten verpflanzt und die Stadt dem Erdboden gleichgemacht werden».[19] Hier ging es, in aufgeheizter Atmosphäre, um die Vernichtung einer ganzen Stadt, die über die Jahrhunderte so etwas wie ein Symbol armenischen Überlebenswillens gewesen war. In Marasch mit seinen 36 000 Muslimen und 24 000 meist armenischen Christen hatten die Ereignisse von Zeitun zu einer Pogromstimmung geführt. «Zweifellos hatte es einen Plan gegeben, in Marasch wegen der Unruhen in Zeitun ein Massaker anzuzetteln», meldete der Arzt Dr. Shepard an das amerikanische Konsulat in Aleppo: «Das ging so weit, dass man Boten ausschickte, um die Kurden aus den Bergen herunterzurufen.»[20] Der armenischen Bevölkerung Maraschs waren nach den Ereignissen in Zeitun die Waffen abgenommen worden, und zwar, wie Rößler berichtete, «mit Vorliebe durch nächtliche Hausdurchsuchungen». Armenier wurden auf der Straße geschlagen. Gerüchte wurden gestreut, dass armenische Soldaten ihren muslimischen Kameraden das Brot vergiftet und Armenier Moscheen besetzt hätten. Den Bewohnern des Dorfs Tekerek wurde ein Ultimatum zugestellt, sie müssten entweder zum Islam übertreten oder sie würden ihr Leben verlieren. Einer armenischen Frau, die ihrem Sohn im Gefängnis Essen bringen wollte, wurde glühende Kohle in die Kleider gelegt.

Alles deutete auf ein bevorstehendes Massaker hin, als Ende März ein Befehl von Ahmed Djemal Pascha, dem Oberkommandeur der Vierten Armee, in Umlauf kam, dass jeder Angriff auf einen Armenier durch das Kriegsgericht geahndet werde. «Niemand», so der Wortlaut des Befehls, «soll sich in Regierungsangelegenheiten mischen.»[21] Das Massaker fand nicht statt. Doch bereits am 8. April befahl Djemal die allgemeine Deportation der armenischen Bevölkerung von Zeitun und allen Dörfern bis herunter nach Hassanbeili.[22] Das allerdings war ohne Zweifel eine Regierungsangelegenheit. «Am Freitag, dem 9. April», berichteten amerikanische Beobachter, «wurden mehrere Männer aus Zeitun mit ihren Familien zum Regierungsgebäude bestellt, wo man ihnen sagte, dass sie deportiert werden sollten. Sie durften nicht in ihre Häuser zurückkehren, um ihre Abreise vorzubereiten oder mit Freunden zu sprechen, sondern wurden sofort nach Marasch geschickt, wo sie am Sonnabend ankamen.»[23] Bis zum 20. April sind alle 25 000 Armenier aus Zeitun und Umgebung in mehreren Schüben deportiert worden. Bereits am 8. April trafen dort die ersten bosnischen Flüchtlinge aus dem Balkankrieg ein, die nun in die Häuser der vertriebenen Armenier einquartiert wurden. Ein Muster des Zusammenspiels von Vertreibung und strategisch angelegter Bevölkerungspolitik des IAMM war damit vorgegeben. Anfang Juni veranlassten die Behörden, dass die alte armenische Festung Zeitun nach dem türkischen Kommandanten Süleyman Bey in «Süleymanli» umbenannt wurde.[24] Statt ein Symbol zu zerstören, hat man es «umgewidmet» und damit einer folgenreichen Politik der Türkifizierung der Geographie den Weg eröffnet.

Die aus Zeitun deportierten Armenier trieb man – zu diesem Zeitpunkt noch ohne begleitende Massaker – in zwei Richtungen. Ein Teil irrte zwischen Marasch, Adana, Tarsus und Aleppo hin und her. «Jede Gruppe hatte Entsetzliches erlebt», so eine Zeitzeugin. «Am schlimmsten war es für sie, dass sie nie ans Ende ihrer Reise gelangten. Sobald sie sich am Ziel glaubten und anfingen, sich dort einzurichten, schickte man sie wieder woandershin.»[25] Der größte Teil der Verschickungen ging ins Landesinnere in die Gegend von Konya, einem alten Muster osmanischer Deportationen folgend, das darauf zielte, die Deportierten in der Bevölkerung der Zielorte aufgehen zu lassen und so zu assimilieren. Doch dann kam plötzlich eine neue Direktive aus Istanbul, die einen Wandel in der Politik signalisierte. Die Deportierten wurden nun nach Mesopotamien Richtung Deir es-Zor in die Wüste umgeleitet. Diese Entscheidung für die mesopotamische Wüste, die Talaat am 24. April 1915 traf, war ohne Zweifel eine Maßnahme mit genozidalen Konsequenzen, auch wenn sie regional beschränkt blieb und zunächst von keinen Massakern begleitet wurde. Sie hatte außerdem eine weitreichende Signalwirkung anderer Art. Anstatt den Versuch zu unternehmen, die deportierten Armenier zu verstreuen und sie unter den Türken Anatoliens zu assimilieren, trieb man sie über eine demographische Grenze hinaus in eine Region, die nicht mehr zum «türkischen» Kernland gehörte und sortierte sie so territorial aus.

Diese unterentwickelte und dünn besiedelte Region war Anfang des 20. Jahrhunderts schon einmal Gegenstand von Besiedlungsplänen mit dem Ziel von Entwicklungspolitik gewesen, die jedoch wegen der dort zu erwartenden Schwierigkeiten wieder fallen gelassen wurden. Mehmet Talaat selbst hatte am 6. Juli 1914 im Parlament erklärt, dass die Summen, die man für eine geordnete Siedlungspolitik dort benötige, solche gigantischen Ausmaße annehmen würden, dass die Möglichkeiten des Staatsbudgets damit weit überschritten würden. Man war sich also, wie Fuat Dündar gezeigt hat, schon bei dieser ersten, die Zeitunlis betreffenden Entscheidung, vollkommen im Klaren darüber, dass man eine «unreformierbare» Bevölkerung gewaltsam in eine «unreformierbare» Region überführte, in der ihre Überlebenschancen denkbar gering sein würden.[26] In dem Maße, wie die Zahl der Deportierten während der Frühlings- und Sommermonate 1915 anstieg, würden die Überlebenschancen weiter dramatisch sinken. Die damit vorgegebenen Muster, die zwei auslösende, wenn auch nicht den Motivkern bestimmende Ursachen hatten, begannen sich im April 1915 stufenweise zu einem Plan zu verdichten. Im Laufe des Sommers weiteten sie sich zu einer flächendeckenden «Entarmenisierung» Anatoliens aus.

Die erste Ursache war die anhaltende Bedrohung Istanbuls. Nach dem Scheitern der Seeattacke gegen die Dardanellen bereitete die Entente Landungsoperationen auf der Halbinsel Gallipoli vor. Ursprünglich auf den 23. April festgesetzt, begannen die Kämpfe dort am 25. bei Kap Helles und Gaba Tepe. Die Maßnahmen, die das CUP im Vorfeld ergriff, waren drastisch. Am 10. April wurden 22 000 auf Gallipoli lebende Christen, meist Griechen, innerhalb von zwei Stunden nach Ankündigung deportiert und ins Innere Anatoliens verschleppt. Wenig später wurden alle christlichen Siedlungen entlang des Marmarameers «aus Sicherheitsgründen» geräumt.[27] Auch dort lebende Juden waren von den auf Dauer angelegten Deportationen betroffen.[28] Die Propaganda streute gezielt Gerüchte, dass man in armenischen Häusern und Kirchen Explosivstoffe, Bomben und Waffen entdeckt habe und dass für den Tag des Thronbesteigungsfests am 27. April Anschläge auf die Hohe Pforte und andere Regierungsgebäude geplant gewesen seien.[29] Gegen englisches Gold hätten armenische Verschwörer an diesem Tag auch Unruhen in der Provinz provozieren wollen, um Truppen von der Bosporus- und Dardanellenarmee abzulenken und auf diese Weise den alliierten Landungsoperationen zum Erfolg zu verhelfen.[30] Anderen Gerüchten zufolge waren sie mit der liberalen osmanischen Opposition verbündet, die sich zum Teil im Exil befand, um eine Revolution gegen das CUP in Istanbul und an der russischen Grenze zu provozieren.[31] Letzteres war die zweite auslösende Ursache, und sie schien durch die neuesten Nachrichten aus dem ostanatolischen Van Bestätigung zu finden. Dort gab es seit dem 20. April Kämpfe zwischen türkischen Truppen und Armeniern, die sich in Verteidigungspositionen zurückgezogen hatten.

«Van war eine der schönsten Städte der asiatischen Türkei», berichtete die Amerikanerin Grace Highley Knapp, die im Frühjahr 1915 Augenzeugin der dort stattfindenden Auseinandersetzungen wurde, «eine Stadt mit Gärten und Weingärten am Van-See inmitten einer Hochebene, die von herrlichen Bergen umgeben war. Die ummauerte Stadt, in der sich die Geschäfte und die meisten öffentlichen Gebäude befanden, wurde von der Felsenburg beherrscht, einem riesigen Felsen, der steil aus der Ebene emporragte und von einer zinnenbewehrten, uralten Festungsanlage gekrönt war und auf seiner dem See zugewandten Flanke berühmte Keilschriften aufwies. Die Gärten oder Weingärten, die fast zu jedem Haus gehörten, erstreckten sich von der ummauerten Stadt über vier Meilen ostwärts und waren ungefähr zwei Meilen breit. Die Einwohnerzahl belief sich auf fünfzigtausend; davon waren drei Fünftel Armenier, zwei Fünftel Türken.»[32] Es war ein Nachruf. Als Miss Knapp, eine ehemalige Mitarbeiterin der amerikanischen Missionsstation in Van, diese Sätze nach ihrer Flucht vor türkischen Truppen über Tiflis und Petrograd in den Vereinigten Staaten zu Papier brachte, lebte kein einziger Armenier mehr in der alten Hauptstadt des armenischen Königs Tigranes des Großen, der hier im Jahrhundert vor Christus seine Residenz zu Füßen der alten urartäischen Bergfestung Van-Kale errichtet hatte.

Dabei hatte Van nach der Revolution von 1908 einmal Anlass zu den allergrößten Hoffnungen gegeben. Als Vali regierte der CUP-Mann Hasan Tahsin, der bei Christen und Muslimen gleichermaßen angesehen war, und der Armenier Vramian (Onnig Tertsagian) repräsentierte den Bezirk als Abgeordneter im osmanischen Parlament in Istanbul. Van war so etwas wie eine europäische Insel im fernen Osten des Osmanischen Reichs. Auf den Straßen dominierte, für die orientalische Provinz ungewöhnlich, europäische Kleidung. Fahrräder waren ein übliches Transportmittel, es gab lokale Zeitungen und ein funktionierendes örtliches Telefonnetz. Es gab einen türkischen Kindergarten und eine armenische Mädchenschule und die Amerikaner waren kurz davor, in Van ein College zu errichten. Emigranten aus der Zeit der Massaker Abdul Hamids 1895/96 waren nach der Revolution zurückgekehrt und trugen zur allgemeinen Aufbruchsstimmung bei. Doch seit dem Beginn des Kriegs hatte sich vieles verändert.

In Van hatte das plötzliche Ende der Reformen im Herbst 1914 unter der armenischen Bevölkerung eine große Unruhe hervorgerufen. Kurz nach dem Kriegseintritt des Osmanischen Reichs wurde der Daschnake Toros aus Van nach Bayezid verschickt und dort ermordet.[33] Der Hintergrund war das unter Folter erzwungene Geständnis von «zwei verhafteten Spionen», dass in «Van und der Provinz jetzt jederzeit eine Rebellion zu erwarten» sei.[34] Doch die politischen Führer der Armenier, die sich seit der Revolution von 1908 als loyale Träger des osmanischen Staats verstanden, bemühten sich, auch angesichts solch alarmierender Nachrichten, alle Spannungen in der Stadt selbst zu vermeiden. Zu einer geradezu irrealen Szene kam es, als der Gouverneur Tahsin Bey im Oktober 1914 abberufen wurde. «Gestern Nachmittag tranken der alte und der neue Vali mit den Konsuln zum Abschied Tee», berichtete der amerikanische Arzt Clarence Ussher. «Eine armenische Lehrerin schenkte dem Vali als Andenken eine Stickereiarbeit. Er schien sehr gerührt von diesem Ausdruck persönlicher Dankbarkeit von Seiten einer

Armenierin.»[35] Tahsin, mittlerweile ein Mann der TM,[36] wurde nach Erzurum beordert und durch den zu radikalen Lösungen neigenden Djevdet Bey ersetzt. Wenig später ließ er Talaat die Mitteilung zukommen: «Ich glaube, die Armenier werden ein Problem sein.»[37]

Vramian, der vielleicht schon im August 1914 zu lange an die Möglichkeit einer Fortsetzung der Zusammenarbeit mit dem CUP geglaubt hatte, und noch im Januar 1915 versuchte, Talaat davon zu überzeugen, dass eine antichristliche Politik das Reich nicht retten werde[38], war fest entschlossen, in jedem Fall die Loyalität der Vaner Armenier gegenüber der Regierung unter Beweis zu stellen, selbst wenn er sich dabei zunehmend Kritik aus den eigenen Reihen anhören musste. Ohne die aktive Unterstützung der Daschnaken Vramians hätte es während der Aushebungen und Requisitionen nach der allgemeinen Mobilmachung erheblich mehr Probleme gegeben. Aber sie blieben aus, obwohl besonders bei den Requisitionen die armenische Bevölkerung von der Willkür der Eintreiber weit mehr betroffen war als die muslimische, und obwohl die Behandlung der armenischen Soldaten nach dem Kaukasusfeldzug wenig Anlass zur Beruhigung bot.[39] Im iranischen Aserbaidschan, das vor dem Krieg teilweise russisch besetzt war, hatte es im Herbst immer wieder Angriffe von türkischen Irregulären der TM und Kurden auf christliche Dörfer gegeben. Die Russen zogen sich wegen des osmanischen Feldzugs gegen Sarikamis Ende Dezember aus der Region Urmia zurück.[40]

In dieser Situation hatte der neue Gouverneur Djevdet Bey das Kommando an der Grenzfront zu Urmia übernommen und marschierte mit einer reorganisierten Armee erfolgreich auf Täbris vor. Die Russen, die in dieser Region wegen der für sie weit größeren Bedeutung der europäischen Fronten eher defensive Ziele verfolgten[41], hatten auf Grund ihrer unzureichenden Truppenpräsenz dort im Herbst begonnen, unter christlichen Iranern Selbstverteidigungsmilizen aufzubauen[42], die jetzt zum Einsatz kamen und bei Djevdet einen Pawlow'schen Reflex auslösten. Da er es auf der Gegenseite auch mit – iranischen – armenischen und assyrischen Freiwilligenverbänden zu tun hatte, war hier für ihn «armenischer Verrat» am Werk. Während der Zeit der türkischen Okkupation nach dem 1. Januar 1915, so ein amerikanischer Bericht, wurden in dieser Region alle christlichen Dörfer geplündert, die meisten Männer ermordet, viele Frauen vergewaltigt, Hunderte von Mädchen verschleppt und Zwangsislamisierungen vorgenommen.[43] 21 000 Armenier und Assyrer wurden während dieser Kampagne zwischen Ende Dezember und Februar – meist von irregulären Sonderkommandos, die der TM unterstanden – ermordet, 53 437 Armenier und 9658 Assyrer flohen in den Kaukasus.[44] Die Massaker wurden auch nach dem Rückzug der Türken auf osmanischem Gebiet in der Region Van fortgesetzt.[45] Unter der armenischen Bevölkerung der Stadt Van wuchs in dieser Situation mit jedem neu eintreffenden Flüchtling aus den Massakergebieten die Panik.

In den armenischen Stadtvierteln wurden Wachen aufgestellt, die Tag und Nacht patrouillierten und jeden auffälligen Vorgang meldeten. Mit dem Beginn des Frühjahrs kam es zu Unruhen im Bezirk Timar. Die Bewohner des Dorfs Erer wurden von Kurden ermordet, doch das Dorf Bairak verteidigte sich. «Besser ist», sagte sich Vramian in dieser angespannten Situation, «wenn einige Dörfer ohne Gegenwehr zerstört werden, als dass man den Muslimen den kleinsten Vorwand für ein generelles Massaker liefert.»[46] Er sorgte dafür, dass der Konflikt beigelegt wurde, beschuldigte aber den Vize-Gouverneur in einem Telegramm an Djevdet, er habe die Situation mit verursacht. Djevdet antwortete, Vramian solle den Frieden bis zu seiner Rückkehr versuchen aufrechtzuerhalten, dann werde er selbst für Ordnung sorgen. Am 30. März kehrte Djevdet aus dem Kampfgebiet mit einem Vortrupp von 400 Elitesoldaten nach Van zurück. Türkische und armenische Gesandte begrüßten ihn, wie es die Regeln des Protokolls vorschrieben, gemeinsam vor den Toren der Stadt als neuen Gouverneur, und eine seiner ersten Amtshandlungen bestand darin, Vramian seinen Dank dafür auszusprechen, dass der Friede in der Stadt bisher gehalten werden konnte. Jetzt aber wollte er, dass Vramian dafür sorge, dass sich alle armenischen Deserteure unverzüglich stellten.

Während der Passionswoche wurde Van von einem dichten Schneetreiben heimgesucht, was dazu führte, dass das Thema Deserteure für einige Tage buchstäblich auf Eis lag. Nach Ostern, inzwischen war eine Armee von 4000 Mann mit Artillerie um die Stadt zusammengezogen, wurden die Verhandlungen wieder eröffnet. Djevdet verlangte ultimativ die Auslieferung von 4000 armenischen Deserteuren. Doch am 15. April erreichte die Stadt die Nachricht, dass 500 junge armenische Männer, die in Akantz gemustert worden waren, am gleichen Tag bei Sonnenuntergang außerhalb der Stadt erschossen wurden.[47] In der kleinen Stadt Schatak versuchten an diesem Tag die Behörden, einen der Daschnakzutiun angehörenden Lehrer zu verhaften. Während der Massaker der Abdul-Hamid-Zeit hatten sich die Bewohner von Schatak erfolgreich zur Wehr setzen können, und auch nun kam es wegen der geplanten Verhaftung wieder zu Unruhen. Djevdet bat die Daschnakenführung in Van um Vermittlung. Die sandte vier Leute, begleitet von dem türkischen Polizeipräfekten und einigen Gendarmen, auf den Weg nach Schatak. Alle vier wurden in der Nacht vom 16. auf den 17. April auf dem Weg dorthin im Dorf Hirj ermordet. Am 17. April ließ Djevdet auch Vramian verhaften, nachdem er ihn zu sich beordert hatte. Er wurde später nach Bitlis verschleppt und dort umgebracht.[48] Vramian, so ein phantasievoller und durch keine Fakten gestützter Lagebericht aus Envers Hauptquartier, sei nach dem Daschnakenkongress in Erzurum vom August 1914 nach Van mit dem Auftrag zurückgekehrt, einen allgemeinen Aufstand in den Regionen Van, Bitlis und Musch vorzubereiten.[49] Deshalb musste er jetzt aus Sicherheitsgründen «ausgeschaltet» werden. Djevdet war ein ebenso kultivierter wie kaltblütiger und leicht sadistischer Mensch um die vierzig, gern nach der neuesten Pariser Mode gekleidet, wie ihn ein Mitkombattant beschrieb, der französisch sprach und sich um Regeln und Gesetz wenig kümmerte, wenn es darum ging, seine Ziele zu erreichen.[50] Er verlangte jetzt ultimativ die Auslieferung von 4000 Deserteuren, offenbar davon überzeugt, dass die größte Zahl von ihnen ohnehin bereits zu den Freiwilligen auf die russische Seite übergelaufen war. Tatsächlich hat es solche Überläufer gegeben[51], doch die meisten Deserteure, das geht aus den Unterlagen der Dritten osmanischen Armee deutlich hervor, hatten sich zu ihren Familien in ihre Heimatdörfer zurückgezogen.[52] Diese Art von

Fahnenflucht, die neben Armeniern auch viele türkische Bauernsöhne begingen, mehr eine Art passiver Rückzug, war zweifellos für die Armeekommandos ein großes Problem. Die Vorbereitung für einen Aufstand war sie aber mit Sicherheit nicht.

Am 17. April befahl Djevdet, das «aufrührerische» Schatak, wo nach der Revolution von 1908 ein ehemaliger armenischer Revolutionär zum Landrat gewählt wurde[53], unverzüglich auszurotten. «Ich werde keinen verschonen, ob hohen oder niedrigen Standes», sagte er und berührte dabei in einer Geste des Abmähens mit der flachen Hand das Knie, wie Clarence Ussher beobachten konnte.[54] «Ungefähr 400 Anarchisten aus sechs armenischen Dörfern», meldete Djevdet am 20. April in seinem Tagesbericht an das Armeekommando, seien bei dieser Aktion getötet worden.[55] Die Sprachregelung von vierhundert «Anarchisten» unter ein paar Hundert armenischen Bauern spricht Bände. Wahrscheinlich war es eher so, wie Said Ahmed Muchtar Ba'aj berichtete, ein arabischer Offizier in der osmanischen Armee und Mitglied des Kriegsgerichts in Trabzon, dass die betroffenen Armenier in dieser Zeit unterschiedslos als «Anarchisten» oder «Deserteure» betrachtet wurden. Alle eingefangenen armenischen Deserteure sollten laut Weisung standrechtlich erschossen werden. Doch parallel dazu gab es, so Muchtar Ba'aj, noch einen «Geheimbefehl». Der allerdings enthielt nur noch «das Wort ‹Armenier› anstelle von ‹Deserteuren›».[56] Der ganze Vorgang zeigt viele Ähnlichkeiten mit der unterschiedslosen Behandlung der Zivilbevölkerung als *Franc-tireurs* in Belgien während des deutschen Einmarschs vom August 1914, aber auch mit der Art und Weise, wie die Partisanenbekämpfung der Nationalsozialisten 1941 die entscheidende Phase der Shoah einleitete. Sie war darüber hinaus auch eine besonders extreme Variante jener *spy mania,* die dieses nervöse Zeitalter und diesen Krieg, so der neutrale amerikanische Beobachter Lewis Einstein, «von der schottischen Küste bis zum Schwarzen Meer» generell kennzeichnete.[57]

Als in diesen Tagen Truppen damit begannen, Gräben um das armenische Gartenviertel von Van zu ziehen, bildeten die Daschnaken ein Militärkomitee und ließen ihrerseits, getrieben von der Furcht vor

Im ostanatolischen Van kam es im Frühjahr 1915 nach vorhergehenden Massakern zu Selbstverteidigungsaktionen der Armenier.

einem Massaker, dem sie sich nicht willenlos ausliefern wollten, Verteidigungslinien ausheben. Am 20. April wurde eine Armenierin, die sich auf der Flucht aus einem überfallenen Dorf in den Bergen auf dem Weg nach Van befand, vor den Linien von türkischen Soldaten belästigt. Zwei Armenier, die die Soldaten zur Rechenschaft ziehen wollten, wurden auf der Stelle erschossen. So begann die Belagerung Vans, das Djevdet nun für ein Nest von Aufrührern hielt. Ein schneller Erfolg stellte sich für seine Truppen trotz der unverhältnismäßigen militärischen Übermacht allerdings nicht ein, obwohl allein während der ersten zwei Wochen der Belagerung über 16 000 Granaten auf die armenischen Stellungen abgefeuert wurden.[58] Die Verteidigung war gut organisiert, und die Armenier, wie der auf türkischer Seite im Rang eines Generals operierende venezolanische *mercenario* Rafael de Nogales berichtete, «kämpften wie die Teufel».[59] Eine reguläre Stadtregierung mit Bürgermeister, Richtern und Polizei war schon in den ersten Tagen im armenischen Gartenviertel aufgestellt worden. Schlichtungskommissionen für Streitfälle wurden eingerichtet, die Verteilung der Lebensmittel geregelt, Brotmarken ausgegeben, Suppenküchen geöffnet.[60] Am 8. Mai sahen die Belagerten in den Bergen Rauch aufgehen. Djevdet hatte das Kloster Varak mit seiner wertvollen Bibliothek alter armenischer Handschriften in Brand setzen lassen. Danach ließ er alle Überlebenden der Massaker in den umliegenden Dörfern in die Stadt treiben, «und ließ ihnen sagen, dass jeder, der zurückkehrte, erschossen würde».[61] Eine Herde von 10 000 Gejagten bewegte sich nun auf Van zu. Sie sollten alle auf einem Platz konzentriert und zusammen mit den Stadtbewohnern ausgehungert werden.

Die Versorgungsprobleme und die Lage der Verwundeten spitzten sich dramatisch zu, als am 9. und 10. Mai plötzlich mehrere Boote mit weißen Segeln auf dem Van-See bemerkt wurden, die sich in westliche Richtung absetzten. Es handelte sich um die ersten türkischen Kontingente, die durch die Nachricht eines russischen Vormarschs in Panik geraten waren und die Flucht ergriffen hatten. Der Beschuss der Belagerten wurde trotzdem in den nächsten Tagen mit unverminderter Intensität fortgesetzt. Am Abend und in der Nacht des 17. Mai gelang es einem armenischen Kommando, ein türkisches Militärlager zu erobern und dort die Baracken niederzubrennen. Djevdets Armee war auf der Flucht. Am Mittwoch, dem 19. Mai, marschierten russische Truppen, an ihrer Spitze armenische Freiwilligenlegionen, in die Stadt ein. Das bedeutete eine Rettung in letzter Minute, war aber nicht die Ursache des vierwöchigen militärischen Widerstands von Van und stand damit in keinem direkten Zusammenhang, auch wenn die besiegten Türken hier im Nachhinein einen konstruierten. Die Eroberung von Van setzte zudem den demütigenden Misserfolg der Niederlage bei Sarikamis fort und ließ einen Vorstoß Nikolai Judenitschs Richtung Erzurum erwarten. Zwei weitere Aspekte des Kampfs um Van hatten weitreichende Bedeutung. Djevdet setzte im Iran und in der Region Van zum ersten Mal 1915 große Massaker als Mittel der Politik ein. Aber es gab während und nach der Belagerung von Van zweifellos auch Massaker an

Muslimen.[62] Wer immer in diesen Tagen in die Hand des Feindes fiel, so Nogales, war ein toter Mann.[63] Die weit größere, vor allem aber die aktive und auslösende Rolle spielte allerdings ohne Zweifel Djevdet und mit ihm die anatolische CUP-Agenda.

«Der ‹Aufstand› von Van war das tragische Moment in der armenischen Schicksalstragödie», kommentierte Johannes Lepsius diese Ereignisse vom Frühjahr 1915. Van wurde in Istanbul zum Stichwort für kommende «drakonische Maßnahmen».[64] Die Kämpfe dort bewirkten, dass eine genozidale Stimmung sich endgültig, wenn auch immer noch stufenweise, aus einer Möglichkeit in aktiv geplante Politik verwandelte. Die Verteidigung von Van war seit den Tagen, als Djevdet den ersten Widerstand der Belagerten zu spüren bekam, für die Propaganda des CUP in paranoider Umkehr des Verhältnisses von Ursache und Wirkung zum stichhaltigen Beweis eines bevorstehenden allumfassenden armenischen Aufstandsplans geworden. «Es ist der Eindruck entstanden, dass die Armenier im Frühjahr, wenn sie sich in den Bergen verstecken können, einen Aufstand planen», behauptete der Vali von Sivas schon am 21. April: «Das wurde durch die aufgefundenen Waffen und Sprengstoffe während der Vorkommnisse in Van bestätigt.»[65] Der «Verrat» war offensichtlich. Die Unterscheidung zwischen unschuldigen und schuldigen Armeniern, so Donald Bloxham, war nun sowohl ideologisch als auch praktisch bedeutungslos geworden.[66]

An jenem 21. April 1915 begann eine Pressekampagne, mit der diese Sicht popularisiert wurde. Die Titelseiten der CUP-nahen Presse meldeten übereinstimmend den Ausbruch einer «armenischen Revolte» in Van.[67] Drei Tage später, am 24. April, einen Tag vor der Landung der Alliierten auf Gallipoli, während man in Istanbul das Bombardement des Bosporus durch russische Schiffe von der Schwarzmeerseite hören konnte[68] und die Briten einen Vormarsch auf Bagdad vorbereiteten[69], wurden in Istanbul 280 armenische Intellektuelle und politische Führer aller politischen Richtungen verhaftet[70], darunter sämtliche in den Redaktionsräumen der Zeitung *Asadamart* anwesenden Daschnaken.[71] Anfangs dachten viele, die Aktion richte sich gezielt gegen die Führer der Daschnakzutiun, doch das stellte sich schnell als Irrtum heraus.[72]

Auch in den östlichen Provinzen fanden solche Verhaftungen statt. Unter den Armeniern, rechtfertigte Talaat die Aktion gegenüber der deutschen Botschaft, befänden sich eine Reihe von politisch nicht ganz zuverlässigen Persönlichkeiten, die im Fall einer ungünstigen Wendung des Krieges zu einem Problem werden könnten.[73] Schon Wochen zuvor hatte Polizeipräsident Bedri Bey in Istanbul für diese Aktion eine geheime Liste aufstellen lassen, die im Fall einer alliierten Landung auf Gallipoli zum Einsatz kommen sollte. In große rote Militärbusse gepfercht, wurden die Verhafteten, wie Krikoris Balakian in seinen Memoiren erzählt, zunächst in die Kasernen von Selimiye gebracht und dann mit einem Boot in das Zentralgefängnis von Sirkedji verfrachtet. «Es war, als hätten sich alle prominenten Armenier», schreibt Balakian, «Abgeordnete, Politiker, progressive Autoren, Reporter, Lehrer, Ärzte, Apotheker, Zahnärzte, Kaufleute und Bankiers, und alle anderen der Hauptstadt, zu einem Treffen in diesen düsteren Gefängniszellen verabredet. Viele von ihnen trugen immer noch ihre Schlafanzüge und Hausschuhe.»[74] Die Nacht verbrachten sie in hell erleuchteten Zellen, immer wieder aufgeschreckt durch das Knarren und Schlagen der schweren eisernen Gefängnistüren, wenn einer von ihnen zum Verhör abgeführt wurde. Am nächsten Morgen wurden sie durchsucht und alles, was sie bei sich hatten, «Geld, Zettel, Taschenmesser, Stifte, Tagebücher, selbst unsere Schirme und Spazierstöcke»[75], wurde konfisziert. In Gruppen von zwanzig Leuten, jeweils bewacht von einem Dutzend Gendarmen, wurden sie schließlich in einem Konvoi von Militärlastwagen unter der Führung von Bedri Bey auf ein Dampfschiff gebracht, das sie über das Marmarameer nach Haidar Pascha übersetzte. Dort, auf dem Bahnhof der Anatolischen Eisenbahn, erwartete sie bereits ein verdunkelter und scharf bewachter Sonderzug. «Wir wurden 36 Stunden per Bahn befördert bis nach Angora (Ankara)», berichtet Balakian. «Dort wurden ungefähr 90 von unserer Karawane nach Ayasch verbannt. Die Übrigen, ungefähr 190, wurden nach Tschangere (Chankiri) verbannt, 24 Stunden von Angora entfernt, und per Wagen dorthin transportiert. Diese wurden später in kleinen Karawanen von ungefähr 25, 15, 10, 5 Personen wieder nach Angora deportiert und dort totgeschlagen. Nur 16 von diesen etwa 190 Personen blieben übrig.»[76] Das Erstaunliche war, dass von den verhafteten armenischen Führern niemand diese Entwicklung vorhergesehen hatte, und Agnouni noch in seinem vorläufigen Deportationsort Ayasch glaubte, Talaat werde bald intervenieren, das «Missverständnis» aufklären[77] und die Verschleppten aus ihrer «befremdlichen und unbegreiflichen Lage»[78] befreien.

Die Verhaftungswelle am 24. April ging vom Kriegsministerium aus[79] und war zunächst als präventive Sicherheitsmaßnahme in einer angespannten Kriegslage konzipiert. Es ging darum, die armenische Elite zu neutralisieren. An diesem Tag erließ Ismail Enver als Chef des Generalstabs aber auch eine Direktive, in der er die Armenier generell als eine große Gefahr für die Kriegsführung, besonders in Ostanatolien, bezeichnete. Diese Direktive ging in vielen Punkten über rein militärische Überlegungen weit hinaus und zielte auf den Status der Armenier als ethnische Gruppe. Sie enthielt Überlegungen, alle armenischen Männer zwischen 16 und 55 Jahren zu deportieren, sämtliche Armenier sprachlich zu türkifizieren und alle armenischen Zeitungen im Reich mit sofortiger Wirkung zu verbieten. Das Ziel sämtlicher Maßnahmen sollte nach dieser Direktive eine künftige demographische Situation in Ostanatolien und Cilicien sein, bei der der Anteil von Armeniern im Verhältnis zur Gesamtbevölkerung an keinem Ort zehn Prozent übersteigen durfte. Eine weitere Direktive an alle Armeekommandeure forderte die sofortige Verhaftung aller armenischen Führer und sonstiger «bösartiger» Armenier im ganzen Land sowie die unmittelbare Auflösung aller armenischen politischen Vereinigungen.[80] Am 2. Mai wurde dann seitens des Oberkommandos die Frage aufgeworfen, ob man die Armenier der Unruheprovinz Van «entweder in russische Gebiete vertreiben oder sie und ihre Familien auf verschiedene Plätze in Anatolien» verteilen solle. Die Frage war mit der Bitte an das Innenministerium um geeignete Vorschläge verbunden.[81]

Damit war der Apparat des IAMM gefragt. Am 9. Mai erließ Talaat, auf die Frage des Oberkommandos antwortend, einen Erlass, wonach die Armenier der Region Van, der südlichen Teile von Erzurum und von Teilen der Region Bitlis Richtung Süden deportiert werden sollten.[82] Das Problem Van erledigte sich mit dem Einmarsch der Russen am 19. Mai, doch die dahinter stehende Frage, wie mit der restlichen «aufsässigen» armenischen Bevölkerung verfahren werden sollte, wurde durch dieses Ereignis eher verschärft. Am 23. Mai folgte ein Erlass Talaats, der nun sechs östliche Provinzen einschließlich Ciliciens und Teilen der Region Mossul mit Ausnahme von Sivas, Mamuret el-Aziz und Diyarbakir betraf. Am 27. Mai wurde ein provisorisches Gesetz verabschiedet, das den militärischen Autoritäten ein fast uneingeschränktes Recht zur Deportation einräumte, und am gleichen Tag der Vali von Erzurum nahe der russischen Grenze zu einer vollständigen Räumung der Region aufgefordert.[83] Am 30. Mai erließ das Innenministerium Anweisungen an das IAMM, in denen die Ausführung der Deportationen spezifiziert wurden. Das alles war verbunden mit gezielten Anweisungen an die Verantwortlichen in den Regionen und einer ebenso gezielten Verschärfung der Propaganda.

Geheime Befehle wurden seit Ende April in alle Provinzen versandt, wie ein Empfänger solcher Depeschen, der Platzkommandant von Iskenderun (Alexandrette), dem dortigen deutschen Konsul bestätigte. «Schonungslosestes Vorgehen gegen armenische Umtriebe – hängen, brennen, zerstören», wurde von den lokalen Behörden gefordert.[84] Der Platzkommandant allerdings, kein Mann des CUP, sah die Sache eher nüchtern und gab zu verstehen, dass «hier in Alexandrette Umtriebe nicht am Werke» seien.[85] Andernorts jedoch wurde «entschlossenes Handeln»[86] gemeldet. Reschid Bey, 1889 eines der vier Gründungsmitglieder des CUP,[87] war Ende März, nach den Sitzungen des Zentralkomitees, auf denen Schakir erfolgreich ein entschiedeneres Vorgehen gegen den «inneren Feind» gefordert hatte, zum Gouverneur von Diyarbakir berufen worden. «Wir werden sie liquidieren, bevor sie uns eliminieren»[88], rechtfertigte er sein beispielloses Wüten gegen wirkliche und vermeintliche armenische Deserteure und Verräter. Am 1. April hatte er überall in der Stadt Plakate anbringen lassen, in denen die Armenier ultimativ aufgefordert wurden, sofort alle Waffen abzuliefern. «Überall wurden Männer ins Gefängnis geworfen und gefoltert, damit sie gestanden, wo man die vermeintlichen Waffen versteckt habe», berichtete der Amerikaner Floyd Smith. «Einige verloren unter der Folter den Verstand.»[89] Ende April meldete Reschid die erfolgreiche Verhaftung von «über 1000 Deserteuren aus der Armee», die meisten angeblich mit Verbindungen zum armenischen Untergrund.[90] Aus anderen Teilen des Landes hörte man ähnliche Nachrichten; «Ausschreitungen und schwere Bedrückungen armenischer Bewohner» in Erzincan[91], Verhaftungen in Aintab, Hausdurchsuchungen in Aleppo,[92] in Mamuret el-Aziz[93], und ähnliche Vorkommnisse andernorts.

Am 28. April begann ein Prozess, der im Juni mit der öffentlichen Hinrichtung von 20 Huntschakisten wegen eines angeblich auf Mehmet Talaat geplanten Anschlags endete.[94] «In Wahrheit hatten die gehenkten Armenier, die Opfer und Werkzeuge einer innertürkischen Intrige waren, mit den Vorgängen in Armenien gar nichts zu tun, obwohl sie zufällig Huntschakisten waren», meinte der Istanbuler Korrespondent der *Kölnischen Zeitung* zu diesen Vorgängen, die sich auf einen vermuteten Attentatsplan der liberalen türkischen Exilopposition Scherif Paschas in Paris bezogen. Der Propaganda kam die Verwicklung der Huntschakisten, die im Unterschied zu den weit einflussreicheren Daschnaken teilweise tatsächlich für ein autonomes Armenien eintraten, von Anfang an höchst gelegen. Denn auf diese Weise, so der gleiche Beobachter, konnte nun leicht «die Sache in bewusster Vermischung der Tatsachen» so dargestellt werden, dass die Armenier überhaupt Separatisten sind.[95] Der Prozess wurde mit allen Mitteln als ein Stellvertreterprozess gegen alle Armenier schlechthin inszeniert. *Tanin* eröffnete die Kampagne mit einer Artikelserie unter dem Titel «Die große Verschwörung».[96]

Wie sehr Misstrauen, Verdächtigung, Unterstellung und Stereotypien sich zu der Phantasievorstellung eines «objektiven Feindes», in diesem Fall einer «feindlichen Bevölkerung», verselbständigt hatten, zeigt nichts so deutlich wie das Schicksal des mit Talaat persönlich befreundeten armenischen Parlamentsmitglieds Vartkes Hovhannes Serengülian. Noch im Herbst 1913 hatte Talaat Henry Wickham Steed den verkrüppelten Vartkes mit den wärmsten Worten als jemanden vorgestellt, «der wie ein Bruder für mich war».[97] Vartkes war zunächst von den Verhaftungen des 24. April verschont geblieben. Doch am 21. Mai traf es auch Vartkes Serengülian. Ihm wurde jetzt vorgeworfen, mit den Revolutionären in Van, die inzwischen unter russischer Besatzung eine armenische Selbstverwaltung gebildet hatten, in Verbindung zu stehen.[98] Bevor er verhaftet wurde, hatte er am 12. Mai noch ein Gespräch mit Talaat, in dem dieser sagte: «In den Tagen unserer Schwäche seid ihr uns an die Kehle gefahren und habt die armenische Reformfrage aufgeworfen. Darum werden wir die Gunst der Lage, in der wir uns jetzt befinden, dazu benutzen, euer Volk derart zu zerstreuen, dass ihr euch für fünfzig Jahre den Gedanken an Reformen aus dem Kopf schlagt!» Vartkes fragte: «Also beabsichtigt man, das Werk Abdul Hamids fortzusetzen?», und Talaat antwortete: «Ja».[99] Unbestechlich, kühl berechnend, glaubte er, dass *la force des choses* eine solche Lösung unausweichlich gemacht hatte und Sentimentalitäten dabei keine Rolle spielen dürften, sondern der nationalen Sache nur schaden würden.

Vartkes Serengülian war in dem Augenblick verhaftet worden, als sich nach Auffassung des CUP in Van eine armenische «Gegenregierung» gebildet hatte. Nach dem Einmarsch der Russen war der Daschnakenführer Aram Manukian zum provisorischen Gouverneur der Provinz Van ernannt worden, der nun sogar nominell mit dem osmanischen Vali Djevdet Bey konkurrierte. In Wirklichkeit war dies nichts als die übliche Verfahrensweise von Besatzungsarmeen, mit Hilfe von einheimischen Politikern schnellstmöglich nach der Okkupation eine funktionierende Zivilverwaltung aufzubauen, an der die Russen im Übrigen auch Kurden beteiligten.[100] Doch die «provisorische Regierung» von Van wurde als Brückenkopf einer armenischen Revolution wahrgenommen, als Kernzelle eines künftigen autonomen Armenien. Die These des armenischen Verrats hatte sich in den Augen des CUP endgültig bewahrheitet. Aus der Provinz Van war nun für jeden, der es so sehen wollte, mit Hilfe der Russen der Nukleus eines feindlichen Staats geworden, der die «feindliche Bevölkerung» in anderen Teilen des Reichs nur noch gefährlicher erscheinen ließ.

Das CUP sah sich nun vor die Aufgabe gestellt, der eigenen Bevölkerung seine Sicht über das Ausmaß dieser angeblich tödlichen Bedro-

Der Armenier Vartkes Serengülian, einst ein Vertrauter Mehmet Talaats, wurde nach den Kämpfen in Van Ende Mai 1915 verhaftet und ermordet.

hung zu vermitteln. Das betraf selbst Leute, die ihm nahestanden, wie die Schriftstellerin Halide Edib, die in ihren Memoiren eindrücklich beschreibt, wie sehr sie erst von den armenischen «Verbrechen» überzeugt werden musste.[101] Die Beziehungen zwischen Armeniern und Türken gestalteten sich von Ort zu Ort und von Region zu Region sehr unterschiedlich. In einigen Gegenden waren die Erinnerungen an frühere Massaker auf beiden Seiten noch sehr wach.[102] Gegenden mit einem hohen Anteil an muslimischen Flüchtlingen aus dem Balkan und dem Kaukasus wurden in der Regel von christenfeindlichen Stimmungen beherrscht. Aber im Unterschied zu 1895/96 fanden die Verfolgungen von 1915 in einer Zeit statt, die nur in bestimmten Fällen, aber keineswegs flächendeckend von besonderen religiösen oder ethnischen Spannungen gekennzeichnet war. Mitunter war auch das Gegenteil der Fall. «In jedem Dorf, wo ich anhielt, fand ich verlassene Häuser, und die Not war bedrückend, weil die Ernährer an die Front gegangen waren», beobachtete der in Sivas geborene amerikanische Missionar Henry Riggs in den ersten Tagen des Krieges. «Armenier und Muslime waren gleichermaßen von diesem Elend betroffen, und zwischen den Volksgruppen entwickelten sich Bande von Freundschaft und Sympathie.»[103] Der Krieg war, besonders unter der von Requisitionen und Einberufungen am meisten betroffenen Landbevölkerung, alles andere als populär. Doch am erstaunlichsten waren die plötzlichen Verbrüderungen zwischen Christen und Muslimen, die zu Beginn des Krieges aus den Kampfzonen an der Front gemeldet wurden. Über Jahrhunderte waren Muslime im Osmanischen Reich gewohnt, ihre christlichen Nachbarn als ungläubige Fremde zu betrachten, die nicht zum Haus des Islam gehörten und denen auf Grund einer gottgewollten Ordnung bestenfalls die zweitrangige Stellung einer tolerierten Minderheit zukam.[104] Christen hatten Muslimen ehrfürchtig zu begegnen. An dieser inneren Einstellung hatten keine Reformen bisher etwas ändern können, auch nicht die Einführung der Verfassung von 1908. Doch ähnlich wie in Europa die gemeinsame Erfahrung in den Schützengräben alle Klassenschranken plötzlich einreißen konnte, haben gemeinsame Fronterlebnisse auch auf dem osmanischen Kriegsschauplatz die Schranken zwischen den Religionen oft bedeutungslos erscheinen lassen, jedenfalls zu Beginn des Krieges.

Aus Egin berichtete Henry Riggs von einem alten Armenier, der unter den verwundet von der Kaukasusfront zurückgekommenen Türken nach Auskünften über das Schicksal seines als Soldat eingezogenen Schwiegersohns Dikran suchte. Plötzlich hörte er einen Türken rufen, er solle in sein Haus kommen. Das war ungewöhnlich. Der alte Armenier hatte Sandalen an, entschuldigte sich höflich und sagte, er werde in der Tür stehen bleiben. Doch der Türke bestand darauf, dass er eintrat, auch ohne seine Schuhe auszuziehen, und dass er sich einen Platz zum Sitzen suchte. Eine solche Ehre war dem Alten in seinem ganzen Leben noch nicht zuteilgeworden, und verschüchtert lehnte er erneut ab, bis schließlich der Verwundete auf den Knien zur Tür kroch und ihm mit den Worten «Ich werde die Warmherzigkeit deines Dikran mein ganzes Leben lang nicht vergessen» die Hände küsste. Eine Szene wie diese wäre vor dem Krieg nur schwer vorstellbar gewesen. Dikran hatte, als der Türke verwundet wurde, sofort die Sanitäter gerufen, ihn mit Wasser und Brot versorgt und ihm so das Leben gerettet. Selbst als die ersten Deportationen begannen, die nach der Auskunft von Halide Edib keineswegs auf allgemeine Zustimmung stießen[105], war vielerorts dieses Band gemeinsamer Sympathie noch wirksam. «Als die ersten Karawanen von Vertriebenen in die Stadt kamen, schauten sich Moslems und Christen gemeinsam die Prozession an», berichtete Ephraim Jernazian über die Stimmung in Urfa im Frühjahr 1915, als Züge aus Zeitun hier durchzogen: «Die meisten Türken begrüßten die Vertriebenen mit stiller Bewunderung, wie es den Anschein hatte, und manchmal auch mit ein wenig Sympathie.»[106] Während der ersten Monate des Jahres 1915, so auch Henry Riggs, habe er nirgendwo unter der muslimischen Bevölkerung Anzeichen dafür finden können, dass sie ihre armenischen Nachbarn fürchteten oder ihnen misstrauten. «Es gab keine Anzeichen von Feindseligkeit oder religiösem Fanatismus», stellte er fest, «und als der Sturm schließlich zu wüten begann, erkannten wir, die wir mitten in ihm lebten, klar und deutlich, dass dies kein spontaner Ausbruch des Volkszorns war.»[107]

Seit Ende 1914 hat die CUP-Propaganda gezielt versucht, die Stimmung gegen die Armenier zu schüren. Im Januar und Februar 1915 lief nach der Niederlage von Sarikamis in einer Zeit der angespannten Versorgungslage plötzlich das Gerücht um, Armenier hätten in den Armeedepots Brot und Nahrungsmittel vergiftet.[108] Christliche Ärzte, so erzählte man sich, um die hohen Verluste zu erklären, sollten muslimischen Soldaten heimlich Gift verabreicht haben. Als am 29. Januar im Haus eines aus Amerika zugewanderten Armeniers in Kaysari eine selbstgebastelte Granate explodierte[109], wurden daraus über Nacht «Tausende von Bomben»[110], die als Beweis für einen unmittelbar bevorstehenden armenischen Aufstand dienen sollten. Während der Kämpfe um Van nahm die Propaganda an Schärfe weiter zu. Besonders die für Nachrichtenwesen zuständige Abteilung II des Kriegsministeriums unter der Leitung von Oberst Seyfi war dabei aktiv. Auf Anweisung von Mehmet Nazim beschäftigte sie sich mit der gezielten Herstellung und Verbreitung von Gräuelpropaganda, unter anderem durch das wöchentlich erscheinende Kriegsmagazin *Harb Mecmuasi*.[111] Ein von der Regierung herausgegebenes Buch über «Die armenische separatistische Bewegung» zeigte Bilder von enormen Waffen- und Munitionsdepots, die angeblich von Armeniern beschlagnahmt worden waren.[112] Gefälschte Fotografien wurden in Umlauf gebracht. «Wenn die Gendarmen eine Anzahl von Armeniern getötet hatten», berichtete der ehemalige Landrat von Mamuret el-Aziz, Faiz El-Ghusein, ein Druse, «setzte man den Leichen Turbane auf und holte kurdische Frauen, die über die Getöteten weinten und klagten, weil man ihnen sagte, die Armenier hätten ihre Leute getötet. Dann holten sie einen Photographen, um die Szene zu photographieren.»[113] Das diente dann als Beweis für armenische Gräueltaten.

Der Wahrheitsgehalt war mehr als fraglich, wie Hans von Wangenheim nach Berlin zu berichten wusste. Es sei vollkommen klar, «dass die Armenier seit Einführung der Konstitution den Gedanken an eine Revolution aufgegeben haben, und dass keine Organisation für eine solche besteht».[114] Im Wilajet Erzurum beispielsweise, betonte Vizekonsul Scheubner-Richter mehrmals, seien weder Waffen noch kompromittierende Schriftstücke gefunden worden. «Wäre hier ein Aufstand geplant gewesen», meinte er, «so war dafür die günstigste Gelegenheit im Januar, als die Russen 35 km vor Erzurum standen und die Garnison Erzurums nur aus einigen hundert Mann Gendarmerie bestand, während sich in Erzurum in den Arbeiter-Bataillonen allein 3–4000 Armenier befanden.»[115] Doch die Propaganda produzierte ihre eigenen Realitäten. Die Zeitung *Tanin* lancierte kurz vor der italienischen Kriegserklärung die Nachricht von einer angeblich in Geheimschrift verfassten Korrespondenz mit dem feindlichen Flottenkommando vor den Dardanellen, mit der der Feind aufgefordert wurde, «in Konstantinopel binnen fünf Tagen einzuziehen und die christliche Fahne wieder auf der heiligen Sophie aufzupflanzen».[116]

Das Thema Geheimschrift entwickelte sich zu einer Obsession. Henry Riggs erzählt, wie der Polizeichef von Harput bei einer Hausdurchsuchung in der amerikanischen Mission zu einem Haufen unbeschriebenen Papiers griff und die Blätter in Wasser legte, um anschließend «gespannt auf das Auftauchen einer Geheimschrift zu warten». Nicht einmal das Toilettenpapier kam ihm unverdächtig vor.[117] Ohnehin hatten die bei Hausdurchsuchungen beschlagnahmten armenischen Bücher, Aufzeichnungen und Briefe für viele Türken generell den Charakter von Geheimdokumenten an sich, weil sie weder die Sprache noch die merkwürdigen fremdartigen Schriftzeichen verstehen konnten. Nicht nur aus diesem Grund, aber auch deshalb ließ Enver Ende Mai armenische Zeitungen und Postkorrespondenzen verbieten.[118] Jede gefundene Mitgliederliste einer Kirchenorganisation oder eines Presbyterkreises wurde zum Beweis für ein endlich aufgedecktes Geheimkomitee hochstilisiert und zog, wie im Fall des armenischen Wohltätigkeitsvereins von Zeitun[119], weitere Durchsuchungen und Verhaftungen nach sich. Ein armenischer Professor des amerikanischen *Euphrates College* in Harput wurde als Mitglied des «Kooperativkomitees», eines protestantischen Kirchenkreises, «enttarnt».[120] Anfangs wurde die Maschinerie der Inquisition manchmal durch lokale Korruption gemildert. Ephraim Jernazian erzählt von dem Fall der Verhaftung des Daschnakenführers Andranik Bozajian aus Urfa, bei dem neben seinem Notizbuch eine Mitgliederliste der örtlichen Daschnakenorganisation und ein Verteidigungsplan für die armenischen Quartiere aus der Zeit kurz nach den Massakern von Adana 1909 gefunden wurden. Der örtliche Untersuchungsführer Schakir Bey ließ sich aus Angst, seine eigenen Verbindungen zu den Daschnaken könnten dabei aufgedeckt werden, diese Unterlagen gegen ein gewisses Bakschisch schnell wieder abkaufen.[121] Bald allerdings saßen in allen Untersuchungstribunalen eigens aus Istanbul entsandte politische Kommissare[122], und in die Jagd nach armenischen «Verschwörern» kam Methode. Unter Folter erpresste «Geständnisse», dass es eine revolutionäre Verschwörung gebe, heizten die Stimmung weiter an. Nicht wenige starben unter der Folter vielfache Tode. Ein Mann in Cilicien wurde künstlich aufgepumpt und in diesem Zustand der Bastonade unterzogen.[123] Anderen wurden glühende Kohlen unter die Kleider gesteckt, Nadeln unter die Fingernägel gejagt, die Augenbrauen, Wimpern und Barthaare herausgerissen, Menschen in

Hölzer eingeklemmt, mit den Füßen nach oben aufgehängt, die Finger- und Fußnägel herausgezogen und die Füße wie bei Pferden mit Nägeln beschlagen.[124]

Der Sinn, vermutete Riggs, war weniger darin zu suchen, dass man wirklich etwas aufdecken wollte, als darin, die Köpfe zu beeinflussen und Verdächtigungen zu schüren. Tatsächlich war diese Kampagne sehr erfolgreich. Viele einfache Leute haben den Anschuldigungen gegen die verhafteten armenischen Führer Glauben geschenkt, nachdem ihre «Geständnisse» öffentlich gemacht wurden. Der dabei praktizierte Zynismus ging an manchen Orten so weit, so ein österreichisch-ungarischer Diplomat, dass man türkische Schüler aus CUP-nahen Schulen dazu zwang, der Austreibung ihrer entrechteten Mitbürger beizuwohnen, um sie hart zu machen.[125] «Die freundliche Haltung der Muslime änderte sich merklich», beobachtete Riggs. «Misstrauen trat an die Stelle von Vertrauen.»[126] Irgendwann war das gewollte Ergebnis erreicht, und die Regierung konnte behaupten, sie sei «nicht immer in der Lage gewesen, die Ausschreitungen der Volksmassen zu hindern».[127]

7.
«Ära der Säuberungen»

Die von Lepsius in seinem *Bericht* von 1916 genannte zweite Phase der Deportationen begann Mitte Mai 1915 in den östlichen Grenzregionen, in denen man sich auf einen bevorstehenden Angriff der Russen auf die Region Erzurum einstellte. Talaat teilte der deutschen Botschaft in diesen Tagen mit, man habe «gerade in Erzurum» nicht nur belastende Korrespondenzen, sondern auch Waffen und Bomben bei den Armeniern gefunden und einen Plan aufgedeckt, «beim Vorrücken der Russen einen Aufstand zu erregen und den Türken in den Rücken zu fallen».[1] Eine innere Bedrohungslage war entstanden, wollte er damit sagen, auf die man zu reagieren gezwungen war. Auf unterschiedlichen Ebenen waren an der Ausführung der daraus folgenden Maßnahmen militärische und zivile Autoritäten beteiligt. Enver autorisierte die Armee, aus Gründen nicht näher benannter militärischer Notwendigkeiten oder verräterischer Handlungen, kollektiv oder individuell gegen Armenier vorzugehen und sie zu deportieren. Das IAMM als eine zivile Institution des Innenministeriums wies die lokalen Behörden, formell auf der Grundlage des provisorischen Deportationsgesetzes vom 27. Mai, zur Durchführung dieser Ausweisungen an und sollte sie organisieren, registrieren und überwachen.[2]

Von Anfang an war eine Interdependenz militärischer und ziviler Motive und Ziele unausweichlich, schon deshalb, weil einer der Hauptgründe des Kriegseintritts innenpolitischer Natur war und der Beseitigung der Ursachen der sogenannten orientalischen Frage im eigenen Land galt. Das Osmanische Reich trat bereits mit einem Ethos der Bevölkerungspolitik in den Krieg ein, und die Apparate, die nun zu den ausführenden Organen des Genozids an den Armeniern wurden – das Direktorat für allgemeine Sicherheit und das IAMM – existierten bereits vor dem Krieg.[3] Bei der Deportation und Neubesiedlung von Zeitun Anfang April hatten sie im Zusammenspiel mit militärischen Organen eine entscheidende Rolle gespielt.

Was jetzt die Situation verschärfte, hatte etwas mit der aktiven Rolle des TM-Führers Bahaeddin Schakir und seinem Wirken von Erzurum aus zu tun.[4] Schakir war nach den Worten Erik Jan Zürchers der «Hauptarchitekt der Massaker an den Armeniern»[5], die seit Ende Mai, zunächst in den östlichen Grenzregionen, zu einem systematischen Bestandteil der Deportationen wurden. Schakir übernahm die Rolle eines Generalorganisators für irreguläre innenpolitische Einsätze in der Region. «Er reiste mit seinem Auto herum», so Vehib Pascha, der ursprünglich als Kommandeur für die Dritte Armee in Erzurum vorgesehen war, dann aber dem politisch zuverlässigeren Mahmud Kamil Platz machen musste, «und hielt an allen wichtigen Orten an, wo er seine Befehle den örtlichen Gremien der Partei und den Regierungsbehörden mündlich übermittelte.»[6] Das Ergebnis waren von der TM organisierte *Killing Fields* wie die von Lepsius gegenüber Henry Morgenthau am 31. Juli erwähnte Kemah-Schlucht, von denen es an verschiedenen Stellen der Deportationsrouten mehrere gab, darunter den Gölcük-See bei Harput und das Tal von Firindjilar bei Malatya. Meist lagen sie in abgelegenen Gebieten, deren geografische Beschaffenheit so war, dass die Deportierten keine Fluchtmöglichkeiten hatten. Oft fanden Massaker aber auch, meist in kleinerem Umfang, direkt hinter den Grenzen der Orte statt, aus denen die Armenier vertrieben wurden. Sie betrafen so gut wie ausschließlich Männer und männliche Jugendliche im fortgeschrittenen Alter, in einigen Fällen jedoch auch neun- bis zehnjährige Knaben.[7] «In Konstantinopel organisierte Banden», so Paul Weitz von der *Frankfurter Zeitung*, waren neben Gendarmen und Kurdentrupps die Exekutoren dieser Massaker, an denen sich die örtliche Bevölkerung in der Regel nicht beteiligte.[8] Weitz meinte mit diesen Banden die Sondereinheiten von Schakirs TM, wobei, was er offenbar nicht wusste, die TM als Gesamtorganisation auch die Oberaufsicht über die Polizeibataillone und Kurdentrupps innehatte. Oft waren zudem, wie schon in der Kemah-Schlucht, Armee-Einheiten direkt involviert. Parallel dazu verstärkte das CUP seine zentrale Kontrolle über das Land mit dem Ziel einer ideologischen «Gleichschaltung», indem missliebige Beamte und Militärs bis in die höchsten Ränge durch loyale Parteikader ersetzt wurden, vor allem aber durch den flächendeckenden Einsatz von «verantwortlichen Sekretären» des CUP, denen die Rolle von beaufsichtigenden und anweisungsberechtigten Politkommissaren zukam.

Eine flächendeckende «Ära der Säuberungen», wie es der Parteitag des CUP 1916 formulierte[9], setzte nun stufenweise, aber systematisch ein. Die ersten Auswirkungen der in Gang gesetzten Maschinerie machten sich Mitte Mai bemerkbar. Als der deutsche Vizekonsul in Erzurum, Max Erwin von Scheubner-Richter, am Morgen des 15. Mai einen Bericht über die Ereignisse in Van an die Botschaft in Istanbul aufsetzte, war dies für ihn Anlass zu einigen Bemerkungen darüber, warum die Lage vor Ort eher als ruhig einzuschätzen sei, was Talaats Panikmeldungen an den Interimsbotschafter Hohenlohe-Langenburg vollkommen widersprach. Zwar sei es auch in Erzurum zu Hausdurchsuchungen bei Armeniern gekommen, aber sie hätten, da der Gouverneur Tahsin Bey dabei korrekt verfahren sei, «soweit mir bekannt, belastendes Material nicht ergeben». Allerdings, so Scheubner-Richter, gebe es hier einige militärische Kreise, «die den Augenblick der Abrechnung mit den Armeniern für gekommen» hielten.[10] Er meinte damit besonders den Oberkommandierenden der Dritten Armee, Mahmud Kamil Pascha, einen ideologischen Hardliner des CUP, der diesen Posten durch eine direkte Intervention der ZK-Mitglieder Talaat, Nazim, Schakir und besonders Ziya Gökalps erhalten hatte.[11] Scheubner-Richter war neben seinen konsularischen Tätigkeiten ein mit geheimen Sabotageaktionen in den russischen Grenzregionen beauftragter Offizier[12], der nicht dazu neigte, leichtfertige Behauptungen aufzustellen, nur um einen militärischen Bündnispartner wie die Türkei in Misskredit zu bringen. Deutschbaltischer Herkunft und mit guten Russlandkenntnissen, war er jemand, der die Lage vor Ort schon aus dienstlichen Gründen präzise zu beurteilen wusste. Am Morgen des 15. Mai jedenfalls war Scheubner-Richters Einschätzung so, «dass ein Aufstand der Armenier Erzurums und seiner näheren Umgebung nicht anzunehmen ist».[13] Doch im Laufe dieses Tages war etwas vorgefallen, das ihn am Abend dazu drängte, seinem Bericht an Istanbul eine eilige Korrektur nachzusenden. «Armenische Bevölkerung der umliegenden Dörfer wird ausgewiesen und nach den Etappentruppen verschickt», drahtete er um 20 Uhr eilig an Wangenheim, «Bevölkerung dadurch sehr beunruhigt.»[14] Am nächsten Tag erfuhr er, dass diese Maßnahme von jenen militärischen Kreisen veranlasst worden war, denen es nach seinen Beobachtungen ohnehin nur um eine ethnoideologische Abrechnung mit den verhassten Armeniern ging. Die «militärischen Rücksichten», die als Grund für die drakonische Maßnahme vorgetragen würden, seien nichts als der «unbegründete» Vorwand für einen Racheakt. Die meisten männlichen Armenier, von denen, wenn überhaupt, eine Gefahr ausgehen könnte, seien ohnehin in Arbeitsbataillone eingezogen worden. Man habe hauptsächlich Frauen und Kinder fortgetrieben.[15] Die ganze Passim-Ebene nordöstlich von Erzurum war in diesen Tagen davon betroffen. Es war der Beginn der Regenzeit, und hier, in über tausend Metern Höhe, konnten die Nächte auch Mitte Mai noch sehr kalt werden. Am Abend bei Sonnenuntergang, berichteten Betroffene, seien plötzlich Gendarmen in ihrem Dorf erschienen und hätten den Befehl zur Verbannung verkündet: «Nach zwei Stunden waren wir schon alle, Greise und Kinder, Bräute und Mädchen, Arme und Krüppel draußen unter freiem Himmel und beweinten unser hartes Geschick.»[16] Ihr Vieh hatten sie mitnehmen dürfen, doch die Futtervorräte wurden beschlagnahmt, als sie in Begleitung von Gendarmentrupps über die frisch bestellten Felder getrieben wurden und ihre Lager rund um Erzurum aufschlugen. Es waren Tausende, und sie waren ohne jede Nahrung fortgeschickt worden. Scheubner-Richter sorgte dafür, dass Brot an sie verteilt wurde. «Das Vieh weidet die Saaten ab», beobachtete er dabei, während in den Lagern Hunger herrschte und sich Frauen in Verzweiflung vor sein Pferd warfen. «Ein großer Teil der Aussaat um Erzurum ist damit vernichtet.»[17] Als Offizier, der wusste, wie wichtig die Ernte für die Versorgung der in Erzurum lagernden Truppe war, ließ ihn diese Beobachtung ein weiteres Mal am militärischen Sinn der Deportation zweifeln. Am 22. Mai meldete er, dass die verlassenen Dörfer von muslimischen Flüchtlingen aus der Kriegszone besetzt wurden, die dort alles in Beschlag nahmen und das zurückgelassene Eigentum der Armenier plünderten. «Die Vermutung liegt nahe», meinte er, «dass es vielleicht von Anfang an der Zweck der Aussiedlung war, für diese Emigranten Platz zu schaffen.»[18] Diese Praxis hatte ihre Vorläufer in Zeitun. Wenig später wurden Berber und Kabylen aus dem von Italien annektierten Libyen in armenischen Dörfern bei Aleppo angesiedelt. Ab Mitte Juni kam System in die Ansiedlungspolitik des IAMM, indem eine genaue Buchführung über Lage, Inventar und Charakter der geräumten armenischen Dörfer und Stadtquartiere Ostanatoliens eingeführt wurde.[19] Bis Ende Oktober 1916 sind, laut offizieller osmanischer Statistik, 702 900 Flüchtlinge auf diese Weise neu angesiedelt worden.[20]

General Kamil Pascha begründete Scheubner-Richter gegenüber die Aussiedlungsmaßnahmen mit militärischen Sicherheitsgründen. Aber der Vizekonsul war selbst zu sehr Militär, um nicht sofort andere vorrangige Motive zu vermuten. Wie zu «Untertanen feindlicher Staaten»[21] würden sich die Gendarmen den Vertriebenen gegenüber verhalten. Auf einem Ritt in die Umgebung von Erzurum Ende Mai machte er sich ein Bild von den Plünderungen in den verlassenen armenischen Dörfern der Passim-Ebene. Das alte Kloster Kizilwang war Raubzügen zum Opfer gefallen, die Kirche des Klosters völlig verwüstet.[22] Während seiner Abwesenheit war Ende Mai Bahaeddin Schakir von einer Reise durch die Provinzen nach Erzurum zurückgekehrt und hatte die Stadt mit einem neuen Terrorregime überzogen. Banden der TM schikanierten die armenische Bevölkerung und zwangen einige mit Gewalt, ein russisches Grabdenkmal auf dem Friedhof niederzureißen und zu schänden. Am 2. Juni erfuhr Scheubner-Richter, dass die Verbannten aus der Passim-Ebene bis nach Deir es-Zor in die mesopotamische Wüste geschickt werden sollten. Kaum die Hälfte von ihnen, vermutete er, werde einen solchen wochenlangen Todesmarsch überleben, ein Schicksal, das den Stadtbewohnern von Erzurum noch bevorstand.[23]

Doch vorher noch wurde zwischen dem 10. und 12. Juni im benachbarten Erzincan das armenische Viertel systematisch geräumt.[24] Über 20 000 Menschen hat man hier auf den Weg in eine ungewisse Zukunft geschickt, während am Stadtrand ein regelrechter Sklavenmarkt für armenische Kinder stattfand.[25] Eine erste Gruppe Deportierter aus Erzurum verließ am 15. Juni die Stadt, gefolgt von 500 armenischen Notabeln am nächsten Tag. Fast alle Männer, berichtete Scheubner-Richter, wurden unterwegs umgebracht. Am 19. Juni traf es weitere 500 Familien, die auf ihrem Weg an Leichenbergen von Vertriebenen aus Baiburt vorbeiziehen mussten.[26] Als Ende Juni der Befehl kam, auch die letzten Armenier aus Erzurum zu entfernen, stand Scheubner-Richters Urteil fest. Nichts als «Rassenhass», drahtete er an die deutsche Botschaft in Istanbul, sei die Ursache für diese desaströse und auch unter militärischen Gesichtspunkten gänzlich kontraproduktive mörderische Vertreibungspolitik.[27]

Alles das wurde mit strenger Systematik ausgeführt. Am 14. Juni forderte Ali Münif Bey, der stellvertretende Innenminister, genaue Angaben über die Lage der deportierten armenischen Dörfer und ihr landwirtschaftliches Potential an. Gleichzeitig wollte er wissen, wie viele Muslime dort angesiedelt werden könnten.[28] Am 22. Juni instruierte Ali Münif die Provinzverwaltung von Erzurum, dass armenische Schulen für muslimische Siedler genutzt werden sollten, am 24. Juni wollte er Genaues über Lage und Zahl der geräumten und noch zu räumenden Dörfer wissen.[29] Am 20. Juli verlangte das Innenministerium eine Karte mit detaillierten Angaben über die Verwaltungsstruktur der Provinzen bis zur Dorfebene, einschließlich einer Statistik über die demographische Zusammensetzung der Bevölkerung vor und nach der Deportation.[30] Am 24. Juli wollte das Innenministerium wissen, wie viele Armenier bisher deportiert worden waren, wie viele sich noch an ihren Orten befänden und wie viele zur Deportation anstünden.[31] Man habe sich, so Talaat gegenüber Morgenthau, alle Details sorgfältig überlegt.[32]

Für die meisten Armenier kamen hingegen die Deportationsbefehle vollkommen überraschend. Sie wurden unterschiedlich gehandhabt. In der Regel gab man ihnen eine oder zwei Wochen Zeit, um Vorbereitungen zu treffen, in vielen Fällen aber auch nur wenige Tage.[33] Immer aber gab es eine offizielle Ankündigung. Der amerikanische Konsul Oscar S. Heizer hat einen solchen Plakatanschlag aus Trabzon überliefert. Dort hieß es: «Unsere armenischen Landsleute, die eine der osmanischen Rassen darstellen, haben falsche Ideen übernommen, die die öffentliche Ordnung stören und das Ergebnis langjähriger fremder Einflüsse sind, und weil sie Blut vergossen und versucht haben, den Frieden und die Sicherheit des osmanischen Staats zu zerstören, den ihrer Landsleute und auch ihre eigene Sicherheit und Interessen, und weil die armenischen Gemeinden jetzt zu allem Überfluss auch noch gewagt haben, sich mit den Feinden ihres Lebens und den Feinden, mit denen sich unser Land im Krieg befindet, zu verbünden, sieht sich unsere Regierung gezwungen, außergewöhnliche Maßnahmen zu ergreifen, die Opfer erfordern, damit die Ordnung und Sicherheit des Landes ebenso wie das Leben und Wohlergehen der armenischen Gemeinden erhalten bleiben. Daher werden die Armenier bis zum Abschluss des Krieges an Orte geschickt, die im Innern der Wilayets vorbereitet wurden, und alle Osmanen haben sich dem kategorischen und in jedem Fall strikt zu befolgenden Befehl zu unterwerfen: Mit Ausnahme der Kranken müssen alle Armenier binnen fünf Tagen vom Datum dieser Proklamation an ihre Dörfer und Stadtviertel unter Begleitung der Gendarmerie verlassen. Diese Maßnahme gilt in keiner Weise für die anderen Rassen.»[34] Es folgten Einzelbestimmungen. Der Verkauf irgendwelcher Sachen war ihnen verboten. Die Läden und Magazine sollten versiegelt, alle Gegenstände aus den Wohnungen an bestimmte Orte gebracht und dort der Obhut der Regierung unterstellt, Geld zur etappenweisen Nachsendung auf dem Postamt abgeliefert werden. Diejenigen, hieß es weiter in der Proklamation, die sich der Deportation widersetzten, oder solche, die zur Deportation bestimmte Personen versteckten oder ihnen andere Hilfe gewährten, würden vor ein Standgericht gestellt und erschossen.[35]

Die Deportationen aus Trabzon (Trapezunt) am Schwarzen Meer, hier Armenier und bewaffnetes Begleitpersonal, begannen Ende Juni 1915.

Am 1. Juli sah Heizer Gendarmen mit aufgezogenen Bajonetten auf den Straßen Trabzons patrouillieren und die Armenier aus ihren Häusern treiben. «Gruppen von Männern, Frauen und Kindern mit Packen und Bündeln auf dem Rücken wurden in einer kurzen Querstraße in der Nähe des Konsulats versammelt», berichtete er, «und wenn ungefähr einhundert beisammen waren, wurden sie von Gendarmen mit gezückten Bajonetten am Konsulat vorbei in Hitze und Staub auf die Straße nach Gümüshane und Erzincan getrieben.»[36] Die Männer kamen nicht weit. Bei Gümüshane wurden sie in Gruppen von fünfzehn bis zwanzig erschossen und in eigens dafür vorbereitete Gräben geworfen.

Mehr oder weniger folgten alle Deportationen in den östlichen Provinzen diesem Muster. In Samsun, so eine überlebende Augenzeugin, wurden sofort nach Bekanntmachung der Proklamation die Wege zwischen den verschiedenen Stadtvierteln unter Kontrolle gestellt und die Kommunikation unter den ethnischen Gruppen verboten. Leute, die in den Basar wollten, wurden wieder zurückgeschickt oder auf der Straße verhaftet. Häuser wurden durchsucht. Schließlich wurde bekannt, dass das Ziel der Verschickung Deir es-Zor in der mesopotamischen Wüste sein sollte.[37] Einige Familien entschlossen sich angesichts der zu erwartenden Schrecken, zum Islam überzutreten und türkische Namen anzunehmen. Andere schlugen vor, die Selbstverteidigung zu organisieren, doch sie blieben eine verschwindend kleine Minderheit. Die Mehrheit der Samsuner Armenier wurde, wie in Trabzon, fünf Tage nach der Bekanntmachung auf den Weg geschickt.[38] Einen Karren mit Matrazen, Decken, ein paar Lebensmitteln und einen Koffer durften sie mitnehmen, bevor ein Gendarm die verlassenen Häuser verschloss und den Schlüssel einsteckte.[39] «Die privaten Häuser der Armenier ebenso wie ihre Kaufläden und Lagerhäuser wurden von der Regierung versiegelt», meldete das amerikanische Konsulat aus Samsun ein paar Tage später, «aber sie haben schon angefangen, eine stattliche Anzahl dieser Gebäude mit türkischen Immigranten zu füllen, die sicher alles darin stehlen werden.»[40] Und so machten sich die Ausgewiesenen auf den Weg, begleitet von Gendarmen, die auf jeder Etappe ausgewechselt wurden.

Die ersten Nachrichten von größeren Massakern während der Deportationen erreichten Scheubner-Richter in Erzurum am 23. Juni, als der Bauer Garabed Georgian, der mit den Bewohnern der Passim-Ebene verschickt worden war, plötzlich auf dem Konsulat erschien und von seinen Erlebnissen erzählte. Er war angeschossen worden, hatte sich totgestellt und war so einem großen Überfall von TM-Einheiten auf Deportiertenkolonnen am Euphrat entkommen. Am 26. Juni, einige Tage nach dem Massaker, kehrte der Polizeipräsident von Erzurum, Khulussi Bey, in die Stadt zurück. Er kam direkt aus Mamahatun, erfuhr Scheubner-Richter, wo er, wie man sich erzählte, «Armeniermassaker veranstaltet» haben sollte.[41] Offenbar war dort weit mehr vorgefallen, als der kleine Ausschnitt der persönlichen Erlebnisse des Bauern Georgian wiedergeben konnte, und offenbar waren die Massaker gut vorbereitet und organisiert. Scheubner-Richter schätzte, dass bei Mamahatun am Euphrat zwischen 10 000 und 20 000 Armenier ermordet worden waren. Es waren wohl nicht nur die Bewohner der Dörfer aus Georgians Kolonne, sondern viele andere Deportierte der Passimer und

Erzurumer Ebene dort in der Absicht zusammengeführt worden, sie zu ermorden.

«Es steht einwandfrei fest», betonte der deutsche Oberstleutnant August Stange, der als Ausbilder und Instrukteur für verdeckte Auslandseinsätze den besten Einblick in die Strukturen des Militärs und der TM in Erzurum hatte, in einem Bericht an die deutsche Militärmission in Istanbul, «dass diese Armenier fast ohne Ausnahme in der Gegend von Mamahatun (Tercan) von sogenannten Tschetes (Freiwilligen), und ähnlichem Gesindel ermordet worden sind, und zwar unter Duldung der militärischen Begleitung, sogar mit deren Beihilfe.»[42] Stange war dem 8. Infanterieregiment angegliedert und hatte den Auftrag, Sabotage- und Guerillaaktionen hinter den russischen Linien durchzuführen. Er war dadurch zwangsläufig in engem Kontakt mit Leuten wie Bahaeddin Schakir, dem kommandierenden General Mahmud Kamil sowie Polizeipräsident Khulussi Bey. Stange musste nun beobachten, wie die ursprünglich für militärische Sonderkommandos und geheime Einsätze in Russland vorgesehenen Spezialeinheiten der TM, unter anderem durch die weitere Zuführung von Irregulären zweifelhafter Herkunft, zu Todesschwadronen eines beginnenden Völkermords mutierten. Die Sonderkommandos der TM waren in diesen Monaten überall im Einsatz.

Einer solchen Einsatzgruppe begegnete Sarkis Manukian – nach seiner Promotion in Leipzig Lehrer an der armenischen Schule in Erzurum – Anfang Juli. Er war am 19. Juni in einer Kolonne von mehreren Tausend auf den Weg geschickt worden, begleitet von dreihundert Soldaten. Am 2. Juli kamen sie in Erzincan an und wurden von dort durch das Euphrattal Richtung Kemah geschickt. Östlich der Stadt führt die Straße einige Kilometer durch eine Ebene, um dann in dem immer mehr zu einer Schlucht werdenden Tal bald einen serpentinenartigen Verlauf zu nehmen. Zu beiden Seiten erheben sich mächtige Dreitausender, deren Gipfel oft auch im Sommer mit Schnee bedeckt sind. Bei Kemah, 55 Straßenkilometer von Erzincan entfernt, verengt sich das Tal so sehr, dass die Felsen fast senkrecht im Fluss zu stehen scheinen. Hier beobachtete Manukian, wie plötzlich an einer Art Kontrollpunkt

Milizionäre der TM gemeinsam mit dem Hauptmann der Begleittruppe, Kiamil Effendi, nach einer Liste zweihundert Personen aus dem Konvoi herausselektierten und abführten. Für sie sei der Tod bestimmt, erklärte Hauptmann Kiamil.[43] Auch Christine Tersibaschian gehörte zu Manukians Deportationskolonne aus Erzurum. Als sie zu einem anderen Zeitpunkt den Kontrollpunkt bei Kemah passieren wollte, «wurden von den Trupps 500 junge Leute herausgesucht», berichtete sie nach dem Krieg: «Man hat sie alle in Gruppen aneinander gebunden und ins Wasser geworfen.»[44] Die Vorfälle sind vielfältig bezeugt. Die Kemah-Schlucht war, wie anfangs erwähnt, das erste große *Killing Field*. Allein zwischen dem 10. und 14. Juni 1915 wurden hier 20 000 bis 25 000 Menschen ermordet.

Wie Treibholz trieben die Leichen unzähliger ermordeter Armenier in den nächsten Wochen auf dem Euphrat. Überall konnte man sie beobachten. Unter den deutschen Mitarbeitern der Bagdadbahn kursierte das Gerücht, die Türken hätten ihre Gefängnisse entleert. In den Gebieten südlich Adiyaman konnte man seit der zweiten Junihälfte einen ganzen Monat lang täglich zusammengebundene Menschenbündel im Euphrat treiben sehen, viele davon verstümmelt. «Die am Ufer angeschwemmten Leichen», so ein Beobachter, «werden von Hunden und Geiern gefressen.»[45] Konsul Rößler in Aleppo wurde Ähnliches aus Jarabulus an der heutigen syrischen Grenze berichtet. «Die Leichen waren alle in der gleichen Weise, zwei und zwei auf Rücken, gebunden», so Rößler, was in seinen Augen darauf hindeutet, «dass es sich nicht um Metzeleien, sondern um Tötung durch Behörden handelt» – also um staatlich verordnete und organisierte Maßnahmen. Einige Tage setzte das Leichentreiben aus, bis es Mitte Juli wieder «in verstärktem Maße» begann, wie Rößler feststellte. «Dieses Mal handelt es sich hauptsächlich um Frauen und Kinder.»[46] Rößler vermutete, dass sie alle bei Adiyaman an der Euphratausbuchtung etwas nördlich der beobachteten Stellen in den Fluss geworfen worden waren. Mehmet Reschid, der Vali von Diyarbakir, lokalisierte ihre Herkunft dagegen aus Erzurum und Mamuret el-Aziz, also aus den *Killing Fields* weiter im Norden.[47]

Seit Anfang Juni, als die ersten Deportierten aus Zeitun und den umliegenden Dörfern auf dem Weg in die mesopotamische Wüste dort Station machten, erlebte auch der entlegene Bezirk Aleppo Szenen der Vertreibung. Der Anblick, der sich jetzt auf dem Euphrat bot, bedeutete eine weitere Steigerung der Schreckensbilder, die von Woche zu Woche an Intensität zunahmen. In der Stadt Aleppo waren «alle Kirchen und Schulen voll von vertriebenen Armeniern», so ein Bericht Ende Juni[48] über die aus Zeitun und den umliegenden Dörfern einströmenden Scharen, die hier auf Anweisungen für ihren Weitertransport warteten. Sie alle waren auf dem Weg in die Wüste nach Deir es-Zor, wo seit Wochen Soldaten aus Zeitun in armenischen Arbeitsbataillonen am Ausbau der Straße nach Aleppo arbeiten mussten. Oft kam es dabei vor, dass sich in den vorbeiziehenden Kolonnen Angehörige ihrer eigenen Familien befanden. Eines Tages im Juni, erzählt der aus Urfa stammende Ephraim Jernazian in seinen Erinnerungen, «sahen die armenischen Soldaten, die bei Kudemma auf der Straße arbeiteten, eine Gruppe völlig erschöpfter Frauen und Kinder vorüberziehen. Die Soldaten und die Deportierten erkannten einander. Die Deportierten waren die Familien der Arbeiter – Mütter, Schwestern, Ehefrauen, Kinder –, die in erbärmlichem Zustand in die Wildnis getrieben wurden. Sie gehörten zu den Vertriebenen von Zeitun.»[49] Vom oberen Euphrat über den Taurus bis zur cilicischen Ebene und in die mesopotamische Wüste hinein hatte sich in wenigen Wochen eine Topographie des Terrors ausgebildet, von der Mitte Juni bereits 200 000 Armenier betroffen waren.[50] Doch das war erst der Anfang.

In den an die Provinz Van grenzenden Gebieten herrschte die Angst des Krieges, als in der zweiten Maiwoche zehntausende Türken mit Djevdets Truppen vor den Russen Richtung Bitlis flohen. Einige hatten Boote gechartert, von denen allein sieben durch Explosionen an Bord während der Überfahrt samt Besatzung untergingen.[51] Die meisten jedoch waren über Land mit den Truppen Richtung Bitlis nahe dem Westufer des Van-Sees unterwegs. Djevdets *Kasab Taburi*-Bataillone erreichten Ende Mai die Ortschaft Siirt südlich von Bitlis, wo sie in einem beispiellosen Akt von Rache erst den armenischen und den chaldäischen

Bischof öffentlich auf einem Platz verbrennen ließen, um anschließend alle 10 000 Christen des Orts niederzumachen.[52] In Van, behauptete die offizielle türkische Nachrichtenagentur jetzt, hätten die Armenier 18 000 Türken umgebracht[53], eine Zahl, die von der Propaganda schnell auf 120 000[54] und bald auf 150 000[55] hochgerechnet wurde. Angesichts der Tatsache, dass im Bezirk Van 180 000 Muslime lebten, davon 30 000 Türken, die zum großen Teil Richtung Bitlis geflohen waren, und 150 000 Kurden, die sich meist außerhalb des Kriegsgebiets befanden, waren das in allen drei Fällen ziemlich phantastische Zahlen.[56]

Mitte Juni vereinigten sich Djevdets Truppen mit der kleineren Armee Halil Beys vor der Stadt Bitlis, die sie am 25. Juni einkreisten. Zwanzig armenische Notabeln wurden sofort gehängt, die restlichen 4500 Männer der Stadt gefangen genommen. «Während der folgenden Tage», berichtete ein armenischer Zeitzeuge, «wurden alle verhafteten Männer außerhalb der Stadt erschossen und in tiefen Gräben, die die Opfer selbst ausheben mussten, verscharrt. Die jungen Frauen und Kinder verteilte man unter dem Pöbel, der Rest, die ‹Nutzlosen›, wurde nach Süden getrieben.»[57]

Im Herbst kam Scheubner-Richter, nachdem er wegen eines militärischen Spezialauftrags jenseits der Grenze in Persien seinen Posten im Konsulat in Erzurum niedergelegt hatte, auf dem Weg nach Mossul auch durch die Landstriche westlich des Van-Sees. «Auf dem Wege von Erzurum über Khinis, Musch, Bitlis, Siirt nach Mossul habe ich alle früher von Armeniern bewohnten Dörfer bzw. Häuser vollständig leer und zerstört angetroffen», berichtete er. «Auf dem ganzen Wege habe ich und die mich begleitenden deutschen Herrn noch Leichen von armenischen Männern und Frauen liegen sehen, vielfach mit Zeichen von Bajonettstichen, trotzdem die Wege vor uns auf Veranlassung der Regierung durch Gendarmerie von Leichen gesäubert worden waren.»[58] Nach Aussagen von Kurden, so Scheubner-Richter, wurden alle Armenier der dortigen Gegend umgebracht.

Im Juli wurde die Stadt Musch gestürmt. «Der Mutassarif, ein intimer Freund Enver Paschas, gebärdete sich wie ein Rasender»[59], notierte Generalkonsul Mordtmann in Istanbul nach Lektüre der Berichte, die ihm darüber vorgelegt wurden. Die Ausrottung des armenischen Musch war kaum anders als eine brutale Ersatzhandlung für eine Reihe von Misserfolgen zu verstehen, die mit dem Rückzug von Djevdets Truppen aus Van eingesetzt hatten. «Erst schlachten wir die Armenier»[60], hieß es, dann mögen die Russen kommen. «Am 10. 7. fing am Abend ein heftiges Schießen an, das ein paar Stunden dauerte», berichtete die dort in einem Waisenhaus arbeitende Schwedin Alma Johansson. «Die ganze Stadt war seit Wochen belagert, ringsum waren elf Kanonen aufgestellt.»[61] Am 11. Juli ließ der Mutassarif gegen Mittag einige wohlhabende und einflussreiche Armenier zu sich rufen, um ihnen mitzuteilen, dass die ganze armenische Bevölkerung Musch innerhalb von drei Tagen zu verlassen habe. Doch dazu kam es nicht. Schon wenige Stunden nach der Bekanntmachung des Deportationsbefehls begannen Soldaten, systematisch in die armenischen Häuser einzudringen.[62] In diesen Tagen zogen Truppen, gefolgt von TM-Einheiten, auch durch die hundert armenischen Dörfer der Ebene von Musch, um dort alle Männer einzufangen. Im Kloster des heiligen Garabed wurden alle Mönche und die Führer der Dörfer Gvars, Sotra und Pazou ermordet. In Kurdeiman und Sheklilan wurden 500 Frauen und Kinder von kurdischen Banden unter dem Kommando Rashid Effendis bei lebendigem Leibe verbrannt.[63]

Doch an vielen Stellen regte sich auch hartnäckiger Widerstand. In der Stadt Musch waren die meisten Armenier entschlossen, «lieber zusammen in ihren Häusern zu sterben»[64], als sich der Willkür der Soldateska oder dem qualvollen Tod der Deportation auszusetzen. In der Stadt verschanzten sich die Armenier in den Kirchen und den aus Stein gebauten Häusern und verteidigten sich vier Tage lang. Der 12. Juli begann morgens mit einigen leichten Schusswechseln, doch dann feuerten plötzlich die Kanonen der Belagerer aus allen Rohren auf die armenischen Viertel. «Bald brannte es an allen Ecken», berichtete die für eine deutsche Hilfsorganisation arbeitende Schwedin Alma Johansson, die an diesem Morgen auch die ersten Scharen von zur Deportation bestimmten Frauen und Kindern «blutend, weinend» an ihrem Haus vorbeiziehen sah. Einige Mädchen und eine Frau, die sich in der Nähe des Waisenhauses aufgehalten hatten, um dort Schutz zu suchen, wurden gezielt erschossen.[65] «In Musch waren die Straßen mit Körpern von Armeniern besät», berichtete der osmanische Leutnant Hassan Maaruf, ein Araber: «Sobald ein Armenier sich vor die Tür wagte, wurde er getötet. Selbst alte Männer, Blinde und Invaliden wurden nicht geschont.»[66] Drei Tage dauerte die Kanonade, eine ganze Woche lang die Schießerei, dann war alles vorbei. «Die Männer, die noch lebendig eingefangen wurden», so Johansson, «wurden gleich außerhalb der Stadt erschossen. Die Frauen wurden mit den Kindern nach den nächsten Dörfern gebracht, zu Hunderten in Häuser getan und verbrannt. Andere wurden in den Fluss geworfen.»[67] Was übrigblieb von den armenischen Vierteln in Musch, hat man nach der Räumung sofort in Brand gesteckt und dem Erdboden gleichgemacht.

Im benachbarten Sassun dauerten die Kämpfe noch bis in den August. Die Armee hatte sich nach der Einnahme von Musch, unterstützt durch in die TM[68] eingestellte Kurdenbanden, ganz auf diese rebellische Bergregion konzentriert, in der sich die Armenier über die Jahrhunderte immer eine gewisse Autonomie bewahren konnten und in der es immer wieder lokale Aufstände gegen kurdische Stammesführer gegeben hatte. Jetzt ging die Armee mit Kanonen gegen das Sassun vor. Ende Juli waren die Bauern des Sassun so weit in die Defensive geraten, dass sich die Überlebenden Tag für Tag weiter mit ihren Frauen und Kindern in die Höhen des Aydin Tepesi zurückziehen mussten. Ihnen ging die Munition aus. Die Männer, Frauen und Kinder griffen in ihrer aussichtslosen Lage zu allem, was sie hatten, und kämpften mit Messer und Sense, wenn sich ihnen ein Trupp näherte. Sie rollten Steine die steilen Abhänge hinunter, wenn sie unter sich Soldaten sahen. Doch ihre Lage war hoffnungslos. Am 5. August wurden die letzten Stellungen auf den blutgetränkten Felsen des Dreitausenders von Armee und kurdischen Milizbanden eingenommen. Eine ganze Region, in der einmal 180 000 Armenier gelebt haben, wurde auf diese Weise endgültig «gesäubert».

So sehr die brutale Räumung von Bitlis, Musch und Sassun durch Djevdets Revanchegelüste und die Obsession, ein «zweites Van» um jeden Preis zu verhindern, motiviert gewesen sein mag, so sehr war sie wie die Deportationen Bestandteil einer systematischen anatolischen Politik des CUP. Die Art und Weise, wie sie vollzogen wurde, hatte wegen des drohenden russischen Vormarschs etwas von einer undurchdringlichen Mischung aus Rache, Panik und Hektik an sich, nicht zu vergessen das damit einhergehende Ausmaß an Sadismus, das sich an diesen Orten besonders bemerkbar machte. Es war ein Schritt in die Richtung einer weiteren kumulativen Radikalisierung der Mentalitäten. Aber in gewisser Weise wurden hier auch die ersten Schlachten des künftigen «nationalen Befreiungskampfs» um Anatolien geschlagen, aus dem nach dem Krieg die kemalistische türkische Republik hervorging. Während Djevdet der Ausrottung der armenischen Bevölkerung eine größere Priorität einräumte als der Bekämpfung des russischen Gegners, waren die Kämpfe um Gallipoli in vollem Gange. Das Schicksal Istanbuls war noch keineswegs entschieden und auch nicht die Frage, ob die Hauptstadt nicht nach Bursa, Eskishehir oder Konya verlegt und der Krieg von Anatolien aus neu organisiert werden musste, wofür es konkrete Pläne gab, die erst nach dem Krieg zur Ausführung kamen und die Türkei in ihren heutigen Grenzen begründeten.[69]

In Diyarbakir regierte schon seit dem Frühjahr der Terror, und von den verhältnismäßig spärlichen Nachrichten, die von dort nach außen drangen, war jede einzelne niederschmetternd. «Kein Armenier traute sich auf die Straße», so Leslie Davis, «Soldaten hatten sich auf den Dächern der Häuser postiert und waren bereit, auf jeden Armenier zu schießen, der es wagte, auch nur den eigenen Vorgarten zu betreten; die meisten Männer waren bereits verhaftet und ins Gefängnis gebracht worden, und viele davon befanden sich schon auf dem Weg, der, wie wir wussten, den sicheren Tod bedeutete.»[70] Nirgendwo war es so schlimm wie hier. Der Gouverneur Reschid Bey sei ein notorischer Massenmörder, der unter der Christenheit seines Vilajets wie ein toller Bluthund wüte und sie alle für beinahe vogelfrei erklärt habe, urteilte der in Mossul residierende deutsche Vizekonsul Holstein.[71] Mehmet Reschid ordnete kaum Deportationen an, sondern ließ die Leute oft gleich an Ort und Stelle massakrieren. «Das war eine entsetzliche Prozedur, grauenerregend durch ihre Wildheit», berichtete der Druse Faiz El-Ghusein, der in dieser Zeit wegen «arabischem Separatismus» in Diyarbakir festgehalten wurde. «Wenn Befehl gegeben war, eine Familie abzuführen und umzubringen, kam ein Beamter zu dem Hause, zählte die Familienmitglieder und übergab sie dem Kommandanten der Miliz oder einem der Gendarmerieoffiziere. Posten wurden aufgestellt, um das Haus die Nacht über zu bewachen bis morgens acht Uhr. Zugleich wurde der Familie mitgeteilt, sie möchte sich auf den Trupp vorbereiten. Die Frauen schrien und schluchzten, Angst und Verzweiflung malte sich auf allen Gesichtern; noch ehe der Tod kam, starben sie fast. Nach acht Uhr kamen Wagen und brachten sie auf einen Platz in der Nähe, wo sie mit Gewehrfeuer erschossen, oder wie Schafe mit Messern, Dolchen oder Äxten massakriert wurden.»[72] Hier war kein Kriegsgebiet. Der Terror in Diyarbakir war das Ergebnis einer systematischen Politik der Zivilregierung Mehmet Reschids, der Ende März 1915, nach den Sitzungen des Zentralkomitees, auf denen auch die Erweiterung der Kompetenzen Schakirs im Kampf gegen den «inneren Feind» beschlossen worden war, den bisherigen Gouverneur Hamid Bey ersetzt hatte. «Mein Vorgänger hat nicht regiert», sagte Reschid, «er stürzte die Regierung ins Chaos und reduzierte die Staatsmacht auf Null.»[73] Nun regierte hier mit geradezu pathologischer Rigorosität eine harte Hand.

Als Henry Riggs sich Ende Mai auf dem Weg von Harput nach Diyarbakir befand, war die unerträgliche Spannung, die das Land überzogen hatte, unterwegs mit den Händen greifbar. Seit Wochen hatten die Dörfer Verhaftungen und Folter über sich ergehen lassen müssen. «Schlimmer als das Leid, das sie schon erlebt hatten, waren die unbeschreiblichen Ängste der Menschen», beobachtete Riggs. «Es schien, als hätte sich ein furchtbarer Sturm zusammengeballt, der sich mit unvorstellbarem Schrecken über ihren Köpfen entladen würde.»[74] Mehmet Reschid hatte sofort nach seiner Ernennung als neuer Gouverneur in Diyarbakir ein Komitee «zur Lösung der armenischen Frage»[75] gebildet und in der Wahl dieses Namens mit diabolischer Geste eine unheilvolle Absicht deutlich werden lassen. Der Name des Komitees war eine bewusste Anspielung auf die armenischen Reformbestrebungen vor dem Krieg, denen er ein endgültiges Ende setzen wollte.

Im Prinzip vollzogen sich in Diyarbakir die gleichen Dinge wie an anderen Orten auch. Erst setzte man die politischen Führer der Armenier fest, dann die Geistlichen, und aus den folgenden «Geständnissen» und Hausdurchsuchungen entwickelte sich jene Spirale der Eskalation, die unweigerlich zu größeren Maßnahmen führen musste. Doch in Mehmet Reschids Provinz Diyarbakir hatte das Ganze von Anfang an eine exterminatorische Systematik, die sich an anderen Orten erst langsam durchsetzte. Zu seiner Unterstützung hatte er sich eine loyale Kadertruppe von dreißig Tscherkessen mitgebracht, die der TM angehörten und ihm dabei halfen, die Polizei zu reorganisieren und eine lokale Miliz aufzubauen.[76] Der aus Makedonien stammende Ahmed Bey war einer von ihnen – eine dostojewskische Dämonenfigur. Er beherrschte mehrere Sprachen fließend, war Mitglied der besten Clubs von Istanbul und hatte viele Jahre in London verbracht. Er liebte englischen Tweed und hatte sich in England ein blasiertes Auftreten und aristokratische Manieren zugelegt. Vor dem Krieg hatte er sich 1910 durch den Mord an zwei kritischen Journalisten um das CUP verdient gemacht. Im Frühjahr 1915 war Ahmed durch sein rücksichtsloses Wüten in den armenischen Dörfern um Van aufgefallen,[77] bevor er jetzt seine Fähigkeiten in den Dienst Mehmet Reschids stellte.

Dass der Gouverneur von Diyarbakir «mit besonderer Schärfe gegen Armenier»[78] vorging und dort «die grausamsten Dinge gegen die Armenier geschehen»[79], war bekannt, als Henry Riggs Anfang Juni dort eintraf. Als Todesursache für die durch Folter im Gefängnis von Diyarbakir Umgekommenen ließ Reschid auf den offiziellen Todesscheinen regelmäßig von dazu gezwungenen Ärzten Typhus angeben. Bereits Anfang Mai schnellten die «Typhusfälle» in die Höhe.[80] In den Tagen, als sich Riggs in Diyarbakir aufhielt, war auch der armenische Bischof plötzlich «an Typhus» im Gefängnis gestorben. Riggs erfuhr von Totengräbern, dass sein Körper in Wahrheit durch Folter bis zur vollkommenen Unkenntlichkeit verstümmelt und anschließend in Brand gesetzt worden war.[81] Bei einer anderen Gelegenheit ließ Reschid in bewusst blasphemischer Absicht sechs nackt ausgezogene und mit Teer bestrichene Priester durch die Straßen der Stadt treiben.[82]

Dr. med. Mehmet Reschid war ein Veteran des CUP. Als Assistent des deutschen Professors Ernst von Düring am Krankenhaus von Haidar Pascha wurde er 1897 verhaftet und nach Libyen ins Exil geschickt.[83] Er gehörte im Kreis der Pioniere des CUP zu jenen, die sehr früh für den Aufbau eines organisatorischen Netzwerks und sichtbare politische Aktionen eintraten. Kurz nach seiner Verhaftung hatte er eine Abhandlung über den «Krieg für die Nation» verfasst. «Wir haben denjenigen den Krieg erklärt, die das Vaterland von innen zersetzen, und wir sind sicher, dass wir gewinnen werden», hieß es da. «Wir ziehen jene zur Rechenschaft, die unser Land ruinieren, unsere Dörfer ausbeuten und unsere Feinde dazu bringen, unsere Religion und die Nation zu beleidigen.»[84] Als er 1909 seinen Arztberuf an den Nagel hängte und ganz in die Politik einstieg, hatte er bald Gelegenheit, auf dieses Programm unter veränderten Bedingungen zurückzukommen, als er 1913 zum Verwaltungsdirektor von Kayseri ernannt wurde. Dort identifizierte er schnell die griechische Bevölkerung als «diejenigen, die das Vaterland von innen zersetzen». Reschid war ein radikaler türkischer Nationalist. Während einer Exkursion Ende Juli/Anfang August 1913 durch seine Verwaltungsgebiete kam er zu der Überzeugung, dass die Zukunft des Vaterlands ohne Griechen eine bessere wäre. Obwohl die Landwirtschaft in vielen muslimischen Dörfern recht gut florierte, so Reschid, konnten die Bauern «von ihren Produkten nicht wirklich gut leben oder, besser gesagt, von ihrer harten Arbeit. Die (griechischen) Monopolisten und Unterdrücker erlauben es ihnen nicht, ihre Augen zu öffnen und sich zu entwickeln.»[85] Er träumte von einer modernen Verwaltung und Infrastruktur, von blühenden Landschaften ohne störende Fremdkörper und mit einer rein türkisch-muslimischen Bevölkerung. Sein Ressentiment gegen die Anderen war fest in der Vision eines harmonischen Gesamtentwurfs verankert, und diese Vermischung, so Zygmunt Bauman, ist in der Politik immer eine höchst explosive Angelegenheit.[86] Mehmet Reschid sah sich in einem geradezu klinischen Sinn als Vollstrecker eines Programms der nationalen Volksgesundheit. Was er vorschlug, war eine radikale, aber in seinen Augen notwendige Therapie. «Die armenischen Banditen waren wie eine Menge schädlicher Mikroben, die den Körper des Vaterlandes befallen hatten», rechtfertigte er sein beispielloses Wüten in Diyarbakir. «War es nicht die Pflicht des Arztes, diese Mikroben zu töten?»[87] Wer sich diesem pathologischen Imperativ widersetzte, hatte seinerseits mit Konsequenzen zu rechnen. Mitte Juli meldete Holstein aus Mossul, dass Reschid Bey den Landrat von Midiat kurzerhand ermorden ließ, «da er sich geweigert hatte Christen seines Bezirks massakrieren zu lassen».[88]

Reschids «medizinische» Sicht auf den benachbarten Feind als einen dehumanisierten Fremdkörper war von einer gewissen populären muslimischen Sicht des Ungläubigen in Zeiten des Djihad nicht weit entfernt. Sprach das Schwert, konnten Christen schnell zu «Hunden» werden. Der überzeugte Atheist Mehmet Reschid wusste das, und er wusste auch, dass er an archaische Triebe und die Möglichkeit persönlichen Profits durch Raub appellierte[89], als er die muslimische Bevölkerung und besonders die Kurdenstämme der Desi, Miskiye, Kiki und Helecan durch seinen Emissär Aziz Fezi Mitte Mai in der Region Mardin zur Eliminierung der christlichen Bevölkerung auffordern ließ.[90] Auch TM-Sonderkommandos waren an den Massakern beteiligt.[91] «Fünf natürliche Zisternen voller Leichen» konnte Konsul Holstein allein bei Tell-Ermen persönlich in Augenschein nehmen, nachdem er zuvor in einer Kirche auf einen Haufen abgeschnittener Köpfe und Glieder gestoßen war. Zwischen Tell-Abiad und Kültepe, so ein anderer dem deutschen Konsulat in Aleppo vorliegender Bericht, sah man an verschiedenen Stellen tote Frauen und Kinder nackt auf der Erde herumliegen. Verwesungsgeruch lag über den Dörfern.[92] Reschid bezog in seinen Vernichtungsfeldzug vor allem in der Region Mardin, so Botschafter Hohenlohe-Langenburg, nicht nur Armenier, sondern sämtliche Christen «ohne Unterschied der Rasse und der Konfession» mit ein, insbesondere die Katholiken von Mardin und Tell-Ermen sowie die Chaldäer und nicht-unierten Assyrer der Bezirke Midiat, Djeziret ben Omer und Nisbin.[93]

Wiederholte Versuche der deutschen Botschaft, Talaat zum Eingreifen gegen Mehmet Reschid zu veranlassen, blieben ohne Ergebnis. Zwar ließ Talaat, auf eine Vorstellung Wangenheims reagierend, Reschid am 12. Juli ein Telegramm zukommen, in dem er ihn davor warnte, die Bevölkerung aufzuhetzen. Im Prinzip wollte er damit aber nur sagen, dass die «Maßnahmen» nicht der Kontrolle der Behörden entgleiten durften. Der entscheidende Satz der Weisung lautete: «Es ist absolut unakzeptabel, die für die Armenier vorgesehenen disziplinarischen und politischen Maßnahmen auf andere Christen auszudehnen.»[94] An Reschids flächendeckender antichristlicher Politik änderte das vorläufig nichts. Auf wiederholte deutsche Vorstellungen, im Bezirk Diyarbakir die «in Beamtenstellungen sitzenden Verbrecher rücksichtslos zur Rechenschaft zu ziehen»[95], erließ Talaat lediglich verschiedene Dekrete, mit denen die von den «Maßnahmen» betroffenen Bevölkerungsteile demographisch und statistisch genauer bestimmt werden sollten. Reschid stellte die flächendeckenden Verfolgungen tatsächlich irgendwann ein, aber erst, nachdem so gut wie alle christlichen Gemeinschaften in seinem Bereich bereits zerstört waren.[96] Er selbst hat die Zahl der auf seine Weisungen hin in der Provinz Diyarbakir ermordeten Christen auf 120 000 geschätzt. «Ich küsse Ihre Hand», telegrafierte ihm ein politischer Freund am 19. Oktober 1915, «denn Sie haben uns die sechs Provinzen gewonnen!»[97] – jene sechs Provinzen Ostanatoliens, die 1913 einmal Gegenstand internationaler Reforminitiativen gewesen waren. Reschid, dessen Wüten in Diyarbakir besonders durch die Eingaben deutscher und amerikanischer Diplomaten zu einem Problem geworden war, wurde Ende März 1916 für ein Jahr zum Vali von Ankara ernannt, und schließlich seines Amtes enthoben. Taner Akçam vermutet, dass man ihm persönliche Bereicherung vorwarf. Hans-Lukas Kieser meint dagegen, dass seine Purifikationsmanie sich nach der Vernichtung der osmanischen Armenier so sehr gegen alle möglichen anderen Übel und Versuchungen verselbständigt hatte, dass er für das Regime dysfunktional und damit untragbar geworden war, was angesichts des Charakters Reschids wahrscheinlicher ist.[98] Reschid verkörperte dennoch, wie Djevdet, eine jener in der Peripherie operierenden Personen, die durch ihre extreme Besessenheit von der Idee eines «gesäuberten» türkischen Staats nicht unwesentlich auf die Radikalisierung der Zentrale eingewirkt haben.[99]

8.
Der Weg in die Wüste

Im August 1915 kam der Deportationszug von Pailadzo Captanian aus Samsun am Schwarzen Meer, deren Nachkriegserinnerungen eine wertvolle Quelle über Details der Ereignisse auf dem Weg in die Wüste sind, in die Gegend von Malatya. Etwa die Hälfte des Weges hatte die Kolonne während des ersten Monats auf Pferdekarren zurückgelegt. Ihre Lage hatte sich von Station zu Station verschlechtert. In Samsun war ihnen bereits der größte Teil ihres Eigentums nach der Bekanntgabe des Deportationserlasses abgenommen worden. Doch trotzdem sah alles anfangs nach einer «normalen» und geordneten Deportation aus, eine Erfahrung, die auch die Vertriebenen anderer Deportationszüge machten.[1] Bis hinter Amasya war die Reise über die Hauptstraßen und auf den Pferdewagen sogar verhältnismäßig komfortabel, und die bewachenden Gendarmen, die auf jeder Etappe wechselten und die Zusammensetzung der Konvois neu festsetzten, hielten sich meist zurück und ließen nichts Auffallendes erkennen. Die Herbergen unterwegs waren voll mit Armeniern, doch das einzig Ungewöhnliche waren gelegentliche Übertritte von Deportierten zum Islam. In Kavak beobachtete Captanian, wie islamisierte Armenier nach ihrer Beschneidung in langen weißen Hemden mit dem beruhigten Gesichtsausdruck von Menschen, die einer Todesangst entkommen waren, durch den Ort liefen. In Havza starb der Musiklehrer der Samsuner Nationalschule auf seinem Karren. Hier erfuhr der Konvoi zum ersten Mal Widerstand von Seiten der Gendarmen, die dem Mann ein ordentliches Begräbnis verweigern wollten, doch wenigstens konnte der Leichnam noch vor der Abreise mit dem Versprechen auf eine christliche Bestattung in die Obhut der örtlichen griechischen Gemeinde übergeben werden.

Am Abend erreichte der Zug die in einem engen Tal am Südrand des Pontischen Gebirges gelegene Stadt Amasya mit ihrer antiken griechischen Zitadelle und ihren römischen Mauern. Einst im Mittelalter eine bedeutende und reiche Handelsstadt, hatte Amasya seit Jahrhunderten auch eine ansehnliche armenische Gemeinde, die sich nun in verordneter Auflösung befand. Alle Männer waren bereits fortgeführt und eine Stunde von der Stadt entfernt erwürgt worden, wie der Samsuner Tross, unter dem sich neben Pailadzo Captanians Mann auch noch viele andere Männer befanden, mit Schrecken erfuhr. In Amasya wurde ihnen plötzlich die Herberge verwehrt. Hier mussten sie, ein Zeichen bevorstehender weiterer Demütigungen, auf einem Schuttabladeplatz rasten. «Man behandelte uns mehr und mehr wie Parias», wurde Captanian in Amasya deutlich, «auf die man keine Rücksicht mehr zu nehmen brauchte.»[2] In die Stadt Tokat wurden sie erst gar nicht mehr hereingelassen. Hinter Camlibel trieben sie die Gendarmen in die Berge, wo die holprigen Wege abseits der großen Landstraße spürbar beschwerlicher wurden. Ein armenisches Dorf, in dessen Nähe sie abends zu einem Rastplatz geführt wurden, fanden sie menschenleer und vollkommen zerstört vor. Die Türen der Häuser standen offen, die meisten Fenster waren zerschlagen, überall lagen Möbel, Küchengeräte, Matratzen und Bekleidung herum, doch das einzige Lebenszeichen waren gackernde Hühner, die aufgescheucht mit ihren Küken umherliefen, als Captanian und einige andere sich neugierig im Dorf umsehen wollten. Offensichtlich war dieses Dorf in großer Eile geräumt worden, denn überall gab es noch Mehl und Getreide im Überfluss. In den Küchen fanden sie Sauermilch und Lebensmittel unter Fliegennetzen verpackt vor, als würden die Sachen gerade für das Abendessen gebraucht. Hier beobachtete Captanian zum ersten Mal Plünderungen, als die Kutscher des Konvois nachts in die Häuser eindrangen und alles mitnahmen, was sie verwenden konnten.

In Sarkisla trafen sie auf andere Deportierte aus Amasya, Bafra, Tokat und Merzifon, denen es wesentlich schlechter ging als ihnen selbst.

Eine armenische Mutter mit Kind während der Deportation auf den Höhen des Taurus, fotografiert von dem Schriftsteller Armin T. Wegner.

Viele waren völlig unvorbereitet und ohne Geld losgezogen. Niemand hatte an ihre Versorgung gedacht. Sie waren schon nach kurzer Zeit halb verhungert. Einige waren dabei wahnsinnig geworden und irrten, laut phantasierend, im Lager umher. Captanian begann zu ahnen, was auch ihr bevorstehen würde, wenn alle Vorräte aufgebraucht waren. Noch war ihre eigene Situation verhältnismäßig erträglich, doch das würde sich bald ändern. In einer einsamen Schlucht bei Tonuz weiter östlich sah sie etwas später, wie die Gendarmen am Abend im Flüsterton eine Besprechung abhielten. Etwas Einschneidendes, ahnte sie, stand ihnen bevor. Am nächsten Tag sonderten die Gendarmen alle Männer aus dem Samsuner Konvoi aus, ließen sie in Zweierreihen antreten und führten sie ab. Was mit ihnen passierte, konnte Captanian nur ahnen, doch es war eine Trennung für immer. Mit Peitschenhieben trieben die Gendarmen die Frauen auf ihre Wagen zurück und gaben den Kutschern das Kommando zur sofortigen Weiterreise.

Von jetzt an bestand der Tross nur noch aus Frauen, Jugendlichen und Kindern. Als hätte jemand nur darauf gewartet, sie ohne ihre Männer vollkommen schutzlos zu wissen, wurde nun jede Rast zu einer Station, auf der sie Schritt für Schritt alle ihnen verbliebenen Habseligkeiten abgeben mussten. In einer Schlucht zwischen Sivas und Kangal fing es an. Plötzlich erschien dort der Bürgermeister eines nahen Dorfs in Begleitung von Polizisten und verlangte die Herausgabe von Gold, Geld und Schmuck, angeblich um die Sachen mit der Post nach Malatya zu schicken, wo sie ihnen dann wieder ausgehändigt werden sollten. Man begann, ihr Gepäck zu durchsuchen. Die Frauen mussten sich bis auf die Unterwäsche entkleiden, damit auch die Röcke und Blusen gefilzt werden konnten. Wer sich zur Wehr setzte, wurde mit Stockschlägen dazu gezwungen. Erstaunlicherweise hörte die Plünderungsaktion auf, als die Männer mit einer kleinen Beute, hier ein paar Goldstücke, da eine Silberkette, plötzlich zufrieden ihrer Wege zogen.

Alles sah so aus, als ob ihnen irgendjemand eine Lizenz zum Raub erteilt hatte, deren Grenzen genau festgelegt waren. Captanian stellte später fest, dass es sich tatsächlich so verhielt, dass nämlich die Begleitgendarmen solche Plünderungslizenzen regelrecht verkauften.[3] Eine ähnliche Beobachtung machte auch der amerikanische Konsul Leslie A. Davis.[4] Offensichtlich waren die Plünderungen, denen die Konvois unterwegs ausgesetzt waren, in der Regel alles andere als das Ergebnis spontaner räuberischer Überfälle. Sie folgten vielmehr einem kalkulierten Ausdünnungsschema, das die Fiktion einer normalen Deportation aufrechterhalten und gleichzeitig eine progressive Mortalitätsrate sicherstellen sollte. Talaat versuchte die Fiktion der Normalität seinen deutschen Bündnispartnern gegenüber dadurch plausibel zu machen, dass er bestimmte «Ausschreitungen gegen die Armenier»[5] einräumte, die er allerdings wider besseres Wissen der Unsicherheit der Wege und räuberischen Kurdenbanden zuschrieb. Doch Konsul Rößler war sich sicher, nachdem ihm mehrere Berichte zugegangen waren, die im Prinzip alle das Gleiche enthielten, bei den Deportationen eine regelrechte «Methode» beobachten zu können, «die Verbannten auf der Wanderung umzubringen».[6] Vieles spricht dafür, dass diese Methode schon bei den kleinsten Plünderungen wirksam war. Umgekehrt war es so, dass die Begleittrupps oft tatsächlich eingriffen, wenn wilde und nicht geplante Überfälle stattfanden.[7] Selbst solche auf den ersten Blick unscheinbaren Einzelheiten erscheinen im Kontext als Stufen eines zumindest in groben Zügen geplant ablaufenden Dehumanisierungsprogramms, dem die Deportierten während der Wanderung überall unterworfen wurden.

Bei Hekimhan wurden plötzlich junge Mädchen aus dem Lager verschleppt, ein Vorgang, der sich unter Duldung durch die Gendarmen auf der Hochebene von Malatya wiederholte. Captanian beschmierte sich daraufhin das Gesicht mit Lehm, um möglichst unvorteilhaft und hässlich auszusehen. Am Ufer des Tohma Cayi, eines Nebenflusses des Euphrat, machten sie Rast. Tausende von Deportierten lagerten dort bereits, Bauern und Städter aus allen Schichten der armenischen Gesellschaft. Hier war eine Art Sammelstelle eingerichtet worden. Captanian entdeckte nahe der einzigen Trinkwasserquelle des riesigen Lagers ein Büro, das mit türkischen Beamten besetzt war, die den Durchzug der Deportierten überwachen und regulieren sollten. Viele waren schon vor ihnen da gewesen. Lumpen und mit Exkrementen beschmierte Bibelseiten lagen auf dem Boden. Beim Ausgraben von Erdlöchern für ihre Feuerstellen stießen sie auf eilig verscharrte Leichen. Ihre eigenen Kranken dämmerten, in Gruppen zusammengetragen, auf der Erde zwischen verwesenden Leichen dahin und warteten auf den erlösenden Tod. Eine Gruppe alter Frauen stürzte sich aus Verzweiflung in den Fluss. Hier und da wurde jemand wahnsinnig und tanzte mit lautem Lachen im Lager umher.

Wieder wurden sie bei der Weiterreise an der Stadt Malatya vorbeigeführt, wieder wurden sie unterwegs ausgeraubt, wieder wurden ihnen junge Mädchen entführt. In den Bergen südlich Malatya, abseits der großen Verkehrsstraßen und Siedlungen, gelangten sie schließlich in das Tal von Firendjilar. Mitten in der Wildnis waren hier Zehntausende von Frauen und Kindern zusammengetrieben worden, weit mehr als an den Ufern des Tohma Cayi. Sie kamen aus Harput, Erzurum, Trabzon, Samsun, Sivas und anderen Orten des Nordostens. Das Tal von Firendjilar war ein Deportationsknotenpunkt, an dem die Kolonnen aus dem oberen Euphrattal und vom Schwarzen Meer zusammengeführt wurden und sich ihr zukünftiges Schicksal entschied. Die Deportationsverwaltung hatte hier, wo sie kein fremdes Auge beobachten konnte, eine regelrechte Station errichtet, die den Ein- und Auszug der Karawanen regulierte. Die neben verwesenden Leichen dahinsiechenden Kranken boten den gleichen Anblick wie im Lager auf der Ebene von Malatya, nur dass es weit mehr waren. Gruppen von verlassenen Kindern irrten im Lager umher. Doch das Auffälligste am Tal von Firendjilar war für Captanian der rege Handel, der dort mit jungen Mädchen getrieben wurde. Tag für Tag waren Beamte und türkische Händler im Lager unterwegs, um sich die Schönsten für einen fremden Harem oder als Dienstmädchen für den Haushalt auszusuchen. Unter ihnen war auch ein zum Islam übergetretener Armenier aus Malatya, der Captanian eröffnete, dass die Stadt selbst kurz vor der Deportation stand. Er war zu der Überzeugung gekommen, dass die Heirat einer jungen Armenierin mit einem Türken der einzige Weg sei, sie und den Rest ihrer Familie vor dem sicheren Untergang zu bewahren. Auch diese Aktionen waren ein Weg, durch die Islamisierung und Türkisierung von Frauen den armenischen Bevölkerungsanteil in Anatolien dauerhaft zu reduzieren.

Aus dem Tal von Firendjilar wurde Captanians Konvoi nach einigen Tagen auf die Berge getrieben, deren Almen, teils in über 2000 Metern Höhe gelegen, den Kurden als Sommerweiden dienten. Der Aufstieg war anstrengend und gefährlich, oft über schmale Pfade, die an steilen Abgründen entlang führten. Manche, die den Strapazen nicht gewachsen waren, stürzten dabei tief ins Tal. Oben auf der Alm wurde der Konvoi von bewaffneten Kurdenbanden unter der Führung Zeynel Beys erwartet. Die Begegnung mit Zeynel Bey ist auch von anderen Deportierten immer wieder beschrieben worden.[8] Sarkis Manukian berichtete, wie sein Konvoi von Überlebenden aus Erzurum bei Malatya den offensichtlich zu anderer Verwendung abgestellten Kaymakam von Adiyaman, Nuri Bey, als Führer zugeordnet bekam, der sie auf beschwerlichen Wegen in die unzugänglichen Berge zu Zeynel Bey führte.[9] Zeynel Bey und sein Bruder Bekir waren die Führer des relativ kleinen kurdischen Reshvan-Stammes, der für eine ganze Reihe von Massakern an Armeniern in den Regionen Trabzon, Sivas, Harput und Erzurum verantwortlich gemacht werden konnte[10] und der hier in den Bergen südlich Malatya für gewöhnlich seine Sommer verbrachte. Nuri Bey, der Weisungen aus Istanbul hatte, war derjenige, der den exakten Verlauf der Deportationswege sowie den Zeitplan der Märsche bestimmte. Er hatte mit Zeynel und Bekir seine Verabredungen getroffen, ein System des Zusammenspiels von Politkommissaren und Kurdenführern, das Leslie Davis auch an anderer Stelle beobachtet hat.[11]

Als Captanians Konvoi im Lager von Zeynel Bey eintraf, wurden dort alle männlichen Jugendlichen über dreizehn Jahren ausgesondert.[12] Man hat sie dort, wie Christine Tersibaschian, die einem anderen Konvoi angehörte, mit Beilen totgeschlagen.[13] Nechsa Petrosian aus Harput konnte die gleiche Geschichte erzählen.[14] Sarkis Manukian berichtete, wie Zeynel Bey 2115 jüngere Männer aus seiner Kolonne mit verbundenen Händen in ein enges Tal führen ließ. Er wusste die Zahl deshalb genau, weil ihn die Gendarmen dazu gezwungen hatten, eine Liste zu führen, aus der das ihnen zustehende Kopfgeld berechnet werden konnte. Zeynel hatte sich gemeinsam mit Ali Pascha, dem Bruder von Nuri Bey, vor seinem Zelt platziert und ließ sich die Delinquenten einzeln vorführen, um ihnen persönlich alle ihre verbliebene Habe abzunehmen. Danach wurden ihnen zehn Schritte weiter mit Messern und Beilen die Köpfe abgeschnitten. Die Leichen wurden anschließend in einen Abgrund geworfen. «Nur 115 Mann haben sich durch Wunder gerettet», berichtete Manukian später Konsul Rößler in Aleppo. «Es waren solche, die etwas kurdisch konnten und durch Geldversprechungen erreichten, dass sie nicht vor Zeynel Bey geführt wurden.»[15] Er selbst gehörte auch dazu.

Hratch Tarbassian und Yervant Kouyoumdjian überlebten aus einem ähnlichen Grund. Am Tag nach dem Massaker beobachteten sie, wie man die restlichen Deportierten wieder Zeynel Bey vorführte. Diesmal wurden die Frauen nach Geld und Juwelen durchsucht. Sie mussten sich vor aller Augen nackt ausziehen, während kurdische Reshvan-Frauen sie peinlich inspizierten.[16] Sarkis Manukian erzählte, wie zwei Beamte aus Malatya am Tag nach dem Massaker Kleidung, Bettzeug, Goldschmuck, Geld, 800 Ochsen, Pferde und Esel von den Überlebenden beschlagnahmten, denen Zeynel Bey zudem 3000 türkische Pfund in bar abverlangte.[17] Auch Captanians Kolonne musste «Schutzgeld» zahlen.[18] In Zeynel Beys Bereich wurden die Konvois um ihre letzten Männer dezimiert. Die Überlebenden, denen nun eine zweimonatige Fußreise durch die Berge nach Suruc am Rand der mesopotamischen Wüste bevorstand, bewegten sich spätestens seit diesem Zeitpunkt, von allem Besitz und Komfort entkleidet, auf einem für die meisten aussichtslosen Todesmarsch. Tag für Tag mussten sie abseits der regulären Straßen beschwerliche Strecken zurücklegen, unter freiem Himmel übernachten, ohne hinreichende Nahrung und Wasser dem Hunger, der Dehydrierung und Krankheiten ausgesetzt. Besonders hart traf es die kleinen Kinder, die den Strapazen nicht gewachsen waren und oft tot am Wegrand liegen gelassen werden mussten. Die Todesrate war hoch, Suizide keine Seltenheit.[19]

Ein Auffanglager wie im Tal von Firendjilar befand sich auch am Rand der Stadt Mamuret el-Aziz im Bezirk Harput. «Mehrere größere Straßen, auf denen die Deportierten entlangzogen, liefen in Harput oder in der Umgebung zusammen», beobachtete Henry Riggs. «Vertriebene aus den Gebieten Erzurum, Trabzon, Baiburt und Erzincan und aus Kughi, Palou, Peri, Chemishgerzek, Egin and Arabkir kamen alle durch Harput oder in der Nähe an und wurden dann auf verschiedenen Wegen in Richtung der großen mesopotamischen Ebene geführt.»[20] Die Ersten erreichten Harput im Juli, und so ging es den ganzen Sommer über.

Manchmal waren es mehrere Tausend, manchmal weniger. Anfangs wurden sie auf einem riesigen weiten Feld außerhalb von Mamuret el-Aziz gelagert, wo sie ungeschützt der heißen Sommersonne ausgesetzt waren. Später verfrachtete man sie auf den großen armenischen Friedhof. «Die meisten von ihnen waren zerlumpt und fast nackt», berichtete Leslie Davis. «Sie waren abgemagert, krank, verdreckt, von Ungeziefern geplagt und glichen eher Tieren als menschlichen Wesen.»[21] Im Lager herrschte Hunger, und jedes Mal, wenn es etwas Brot zu verteilen gab, brachen dort unerbittliche Verteilungskämpfe aus. «Und doch waren viele dieser Frauen», so ein nachdenklicher Riggs angesichts solcher Anblicke, «die wie wilde, hungrige Hunde um ein Stück Brot kämpften, noch vor wenigen Wochen kultivierte, empfindsame christliche Frauen in einem glücklichen Zuhause gewesen.»[22] Von seinem Arbeitszimmer aus konnte er mit dem Fernrohr die täglich stattfindenden Begräbnisse beobachten.[23]

Die Mortalitätsrate im Lager war hoch. Wie im Tal von Firendjilar fand auch hier ein reger Menschenhandel mit jungen Mädchen statt. Mamuret el-Aziz war den ganzen Sommer über voll von Gendarmen, TM-Kommandos und Kurden. Fast alle Kurden trugen offen ihre Kriegswaffen zur Schau. Das Personal des amerikanischen Konsulats wurde von der Polizei aufgefordert, vorsichtshalber nur in Begleitung auszugehen, und Davis befürchtete ein Massaker in der Stadt, doch nichts passierte. Weiter kamen Karawanen an und verließen das Lager nach einigen Tagen wieder, nachdem sie ihre Toten dort begraben hatten.[24] Riggs bemerkte in diesen Tagen einen schwunghaften Handel mit getragener europäischer Kleidung auf dem Marktplatz von Mamuret el-Aziz[25], für den er keine Erklärung fand. Niemand wusste, woher die Kleider stammten. Erst im September kam Licht in die Sache, als der passionierte Reiter Davis während eines Ausritts eine schreckliche Entdeckung machte.

Fünf Stunden südöstlich von Mamuret el-Aziz in den Quellgebieten des Tigris hatte ihm ein Türke unter dem Siegel der Verschwiegenheit mitgeteilt, er habe Tausende von Leichen rund um den von hohen felsigen Bergen umgebenen Gölcük-See gesehen. Der Mann bot an, ihm die entsprechenden Plätze zu zeigen. Ende September machten die beiden eine erste Entdeckungsreise. Bei Mollakendi verließen sie die Hauptstraße. Auf der Hochebene Richtung Kücükkurdemlik sahen sie Hunderte von Toten verstreut im Steppengras liegen. Es waren fast nur Frauen und Kinder, die offensichtlich, wie Davis feststellen konnte, nicht an Krankheit oder Hunger gestorben, sondern ermordet worden waren. Einige Körper hatte man vollständig verbrannt. «Zuerst hielt ich es für eine hygienische Maßnahme», so Davis, «doch dann erzählte man mir, dass sie diese Leichen verbrannt hätten, um das Gold zu finden, das die Menschen vielleicht verschluckt hatten.»[26] Es waren Kurden eines benachbarten Dorfs, wie Davis erfuhr, die man zu diesem Massaker angestiftet hatte.

Über die Berge kamen sie zum See. Es waren fast überall felsige Steilufer, auf deren Höhen sie jetzt entlangritten. Manchmal wurden die Klippen durch tief eingeschnittene Täler unterbrochen. In den meisten dieser Täler lagen Leichen herum, und von den Klippenkronen aus konnte Davis auch im Wasser tote Körper und Gebeine entdecken. Sie waren offenbar die Abhänge hinunter in den See gestürzt worden. An einer anderen Stelle beobachtete Davis eine Anzahl von Köpfen, die am Wasserrand aus dem Sand ragten. Dort waren Tote im Sand begraben und jetzt von den Wellen wieder freigewaschen worden. Es waren Tausende ermordeter Armenier, die Davis auf diesem Ausritt entdeckte, und fast alle waren sie nackt ausgezogen worden, bevor man sie getötet hatte.[27] Die ihnen abgenommenen Kleider wurden anschließend auf dem Marktplatz von Mamuret el-Aziz verkauft.

Im Oktober kehrte Davis noch einmal an den Gölcük-See zurück. Am Ostufer stieß er auf Leichen von Armeniern, die während seines ersten Ausritts noch gelebt haben mussten. Sie waren eindeutig erst kurz zuvor ermordet worden. In einem benachbarten Tal entdeckte er neben verstreut herumliegenden und nur halbwegs beerdigten Leichen Reste von Lagerfeuern, zerbrochene Tonkrüge, Holzlöffel, und eine ganze Reihe von Reisepässen, die dort liegen geblieben waren, als man das Lager in den Tod schickte. Fast alle Toten stammten aus Erzurum[28] und hatten, wie Davis im Sommer beobachten konnte, Mamuret el-

Aziz im Vergleich zu anderen Trupps verhältnismäßig unversehrt erreicht.[29] Im März 1917 entdeckte er im oberen Bereich dieses Tals noch einmal mehrere Hundert Leichen. Sie waren vom Regen freigewaschen worden. Offensichtlich hat es sich so abgespielt, schloss Davis, dass nach jeder Exekution die Toten begraben wurden, um die Spuren zu verwischen, bevor ein neuer Trupp eintraf. An einer anderen Stelle sah er Hunderte von toten Körpern dicht nebeneinander am Strand liegen, viele mit sichtbaren Verletzungen, die eindeutig von Bajonettstichen herrührten. «Es ist ein Rätsel, wie sie so eng beieinander umgebracht werden konnten», fragte sich Davis. «Eine große Zahl von Gendarmen oder Kurden muss sie umringt haben, um sie auf diese Art abzuschlachten.»[30] Jetzt war ihm auch klar, aus welchem Grund Mamuret el-Aziz den ganzen Sommer über von Gendarmen, TM-Banden und bewaffneten Kurden überschwemmt war. Sie wurden für das Schlachthaus rund um den Gölcük-See gebraucht.

In der Zeit, als dies geschah, befand sich der aus Istanbul angereiste TM-Kommandeur Nazim Bey in Mamuret el-Aziz, was darauf hindeutet, dass das CUP und die TM den Vorgängen dort eine hohe Prominenz eingeräumt haben. «Werden die Armenier, die von dort abtransportiert werden, beseitigt?», fragte ihn Schakir von Erzurum aus in einem Telegramm: «Werden die schädlichen Personen, von denen Sie mitteilen, dass sie umgesiedelt und vertrieben werden, vernichtet? Oder werden sie lediglich abtransportiert und fortgeschickt? Teilen Sie mir dies klar mit, Bruder.»[31] Das Wort «Bruder» war, wie an anderer Stelle erwähnt, so etwas wie die esoterische Anrede für Mitglieder des von der CUP-Führung handverlesenen Kreises der einige Hundert Mann zählenden TM-Kommandeure. Nazim wurde von Schakir auch gebeten, dem Gouverneur Sabit Bey, der im engeren Sinn für die Maßnahmen in seinem Gebiet verantwortlich war, die gleiche Frage vorzulegen. Er konnte sie eindeutig beantworten. «Innerhalb von Sabit Beys Hoheitsgebiet waren die armenischen Männer dem gewaltsamen Tod geweiht», stellte Riggs fest. «Die Straße zwischen Harput und Kizin Khan (Gezim) und die Straßen jenseits von Malatya sind so sehr mit verstümmelten Leichen übersät, dass es kaum einen Zweifel daran geben kann, dass die Provinz Harput nicht nur für ihre eigenen Bewohner zum Schlachthaus wurde, sondern auch für die überlebenden Männer, die über ihre Grenzen aus anderen, weniger betroffenen Provinzen kamen.»[32] Kaum einer der Männer überlebte die Deportationsknotenpunkte in der Region Harput, aber auch viele Frauen und Kinder mussten hier ihr Leben lassen, wenn sie nicht an muslimische Haushalte verschachert wurden. Die verbleibenden Überlebenden wurden in die Wüste geschickt.

«Es ist heiß in der arabischen Wüste», sagte ein türkischer Hauptmann Ende August zu einem amerikanischen Mitreisenden in der Anatolischen Eisenbahn, «es gibt kein Wasser, und diese Menschen können ein heißes Klima nicht vertragen.»[33] Der Zug hielt gerade an einem Bahnhof, als das Gespräch auf die «armenische Frage» kam. Draußen spielten sich unterdessen die unglaublichsten Szenen ab. Auf den Bahnsteigen und vor der Station drängten Tausende von Gendarmen die streng bewachten Armenier vorwärts, die darauf warteten, in einen der Viehwagen verfrachtet zu werden, die dort in einer langen Reihe auf den Abstellgleisen standen. «Kein Chaos, kein Jammern, keine Schreie, nur eine Menge unterjochter Menschen, niedergeschlagen, traurig, hoffnungslos, keiner Tränen mehr fähig», so der amerikanische Arzt, der später erfuhr, dass sie aus einem Ort stammten, der erst vor ein paar Tagen geräumt worden war.

Die Anatolische Eisenbahn, deren Route von Haidar Pascha auf der asiatischen Seite Istanbuls über Ankara nach Konya verlief, war so etwas wie eine Grenzlinie zu den östlichen Provinzen Anatoliens, aus denen zu diesem Zeitpunkt alle Armenier bereits weitgehend vertrieben waren. Jetzt, bemerkte der Reisende, waren auch die westlichen Gebiete betroffen, eine Maßnahme, die der Chef der Sicherheitspolizei im Innenministerium, Ismail Djanbolat, bereits Ende Juni Generalkonsul Mordtmann gegenüber mit einer Generalstabskarte Anatoliens in der Hand angekündigt hatte.[34] Die Deportationen aus diesen Gebieten waren in der Regel nicht, wie in den östlichen Provinzen, von großen Massakern begleitet. Aber auch sie hatten die mesopotamische Wüste zum Ziel, und die Eisenbahn spielte bei der Logistik ihrer Ausführung eine große Rolle.

Als der Zug wieder in Bewegung geriet, führte er die Viehwagen, die Frauen und Kinder, auf zwei Stockwerken zusammengepfercht, und die Männer, auf die Wagendächer getrieben, im Schlepptau mit sich. Sechzig Leute drängten sich in einem Wagen, der bestenfalls für vierzig einen engen Platz bot, und sie alle hatten dafür eine Fahrkarte bezahlen müssen.[35] An einer Station auf dem Weg rief ein türkischer Kommandeur laut und vernehmlich «ja, ich habe hier 30 000 unter meinem Befehl»[36], und der Amerikaner sah, soweit er blicken konnte, ein Meer von aus Bettzeug und Decken improvisiert zusammengestellten Zelten, unter denen sich die Vertriebenen notdürftig gegen die heiße Sommersonne schützten. «Kann man sich die hygienischen Verhältnisse in einem Lager von 30 000 vorstellen», fragte er sich, «ohne die geringste Versorgung, wie man das bei der gleichen Anzahl von Vieh tun würde?»[37]

Der Hauptmann war unterdes ausgestiegen und kam nach einiger Zeit mit einem fünfzehnjährigen armenischen Mädchen zurück ins Abteil. Sie war verschreckt, versuchte zu entkommen, kratzte mit den Fingern an den Fenstern, sie bettelte, schrie und raufte sich die Haare, während ihre Mutter angst- und demutsvoll auf der Waggonplattform stehen blieb und sich nicht traute, den Wagen zu betreten. «Ich vermute, Effendi, dass Sie solche Dinge nicht gutheißen», sagte der Offizier, «aber lassen Sie mich erklären, wie es sich verhält. Dieses Mädchen hat Glück. Ich nehme sie mit mir nach Hause und ziehe sie dort als moslemische Dienerin auf. Sie wird es gut haben und vor einem schlimmeren Schicksal bewahrt sein.»[38]

Aus Bursa, einmal die erste Residenz des osmanischen Sultans Murat I., waren die armenischen Einwohner am 18. August vertrieben worden[39], nachdem man auch hier, wie im Osten, alle Intellektuellen und Notabeln auf der Grundlage einer aus Istanbul stammenden Proskriptionsliste verhaftet und umfangreiche Hausdurchsuchungen vorgenommen hatte.[40] Bursa liegt nicht weit von Istanbul entfernt. Auch in der Hauptstadt begann die Polizei im August Armenier, die nicht in Istanbul geboren wurden, einzufangen und nach Anatolien zu schicken.[41] Einigen Tausend gelang die Flucht nach Bulgarien. Zu dieser Zeit waren die Ein-

Im Westen Anatoliens wurden die Armenier oft in Viehwagen der Bagdadbahn Richtung Süden verschickt. Die Fahrt mussten sie selbst bezahlen.

wohner der Dörfer am oberen Bosporus bereits verschickt worden.[42] Ende September war die Region bis vor die Tore Istanbuls leergefegt, das Armenierviertel von Ismit in Schutt und Asche gelegt.[43] Die Ausweisung der Armenier aus Edirne begann Ende Oktober.[44] In Adazapart regierte der Terror, seit dort ein verantwortlicher Sekretär des CUP aus Istanbul, den alle nur «das Biest» nannten, das Regiment führte. Mitte September wurde den 25 000 Armeniern der Stadt mitgeteilt, dass sie sich auf ihr Exil vorbereiten sollten. Wer die Fracht bezahlen konnte, sollte im Viehwagen bis Konya transportiert werden, der Rest musste sich zu Fuß auf den Weg machen.[45] Ein deutscher Reisender traf die Stadt Anfang Oktober «fast menschenleer» an. «Fast alle Läden sind geschlossen», bemerkte er, «Handwerker, Schuster, Schneider fehlen. Fast alle Ortschaften sind ohne Ärzte oder Apotheker.» In Bilecik, einer kleinen sauberen Stadt mit großen Häusern, stellte er auf der Weiterreise fest, lebten nur noch einige wenige Türken.[46] In Afyon wurden die Armenier aufgefordert, sich innerhalb von vierundzwanzig Stunden auf dem Bahnhof einzufinden, während der Ausrufer auf den Straßen bekannt gab, dass jeder, der ihnen in irgendeiner Weise zu Hilfe kommen wolle, mit harten Strafen zu rechnen habe.

Amerikanische Reisende beobachteten auf dem Weg von Konya nach Istanbul an jedem Bahnhof endlose Geisterzüge entlang der Eisenbahnlinie. «Sie bestanden aus Viehwagen, und aus jedem Waggon schauten hinter den winzigen vergitterten Fenster die Gesichter kleiner Kinder heraus», berichtete die Amerikanerin Anna Harlowe: «Die Schiebetüren an der Seite standen weit offen, und man konnte alte Männer und alte Frauen und junge Mütter mit kleinen Babys erkennen, Männer, Frauen und Kinder, alle zusamengedrängt wie Schafe oder Schweine – menschliche Wesen, die man schlimmer als Vieh behandelte.»[47] Drei Tage lang hatten sie nichts zu essen bekommen. Ausländern und selbst einheimischen Türken war es streng verboten, den Leuten Brot oder Wasser zu geben.[48] Sie wurden, bemerkte ein anderer Amerikaner, «im Allgemeinen wie Kriminelle behandelt, die keinen Anspruch auf irgendeine Art von Rücksichtnahme haben».[49] Es herrschte Chaos. Oft mussten die Verschickten tagelang auf Züge warten, weil die Logistik nicht funktionierte oder weil Militärtransporte Vorrang hatten. Innerhalb weniger Wochen sollten auf dieser einspurigen Strecke Hunderttausende in den Süden verschleppt werden, was dazu führte, dass man sie an den Bahnhöfen immer wieder ein- und ausladen musste, um entgegenkommenden Zügen Platz zu machen. Aus Istanbul waren aus diesem Grund Anfang September Deportationskommissare in Kütahya angekommen, «um die verstopften Wege frei und den Verkehr wieder flüssig zu machen».[50]

Das Ergebnis war ein ausgeklügeltes Lagersystem entlang der Strecke. In Eskisehir lagerten Zehntausende auf freiem Feld, und die Todesrate war, obwohl keine Epidemien herrschten, extrem hoch.[51] Ein Augenzeuge des Lagers bei Eskisehir berichtete, er habe in einer Gewitternacht im Blitzlicht Hunderte von Leichen auf dem Feld liegen sehen, darunter besonders viele Kinderleichen.[52] In Afyon fasste das Lager zeitweilig 60 000 Menschen, wie ein deutscher Reisender feststellen konnte.[53] Eines der größten Konzentrationslager befand sich am Eisenbahnknotenpunkt Konya.[54] «Täglich kommen lange Züge mit Armeniern an», berichtete eine Gruppe deutscher Lehrer und Ingenieure Mitte September von dort, «die nach ihren Aussagen aus Ismit, Adapazart und Umgebung ausgewiesen worden sind».[55] Ein Teil der Deportierten wurde von hier aus über den Taurus gebracht, ein anderer mit der Eisenbahn bis zur Endstation Pozanti[56], wo die ausgebaute Strecke aufhörte. Von hier aus stand ihnen ein beschwerlicher Fußweg über eine hohe Passstraße bis Tarsus und von dort in die cilicische Ebene bevor. «Der Konvoi, der über die Bergkette von Pozanti nach Süden zieht, scheint kein Ende zu nehmen», berichtete ein Augenzeuge. «Von Sonnenaufgang bis Sonnenuntergang ist die Straße, soweit man blicken kann, von diesen Vertriebenen bevölkert.»[57] Bis November hatten nach amerikanischen Schätzungen eine halbe Million Deportierter Pozanti passiert.[58]

Überall an der Eisenbahnlinie, und besonders an Großbaustellen wie hier, trafen sie auf bei der Bagdadbahn beschäftigte Armenier, teilweise in leitenden Funktionen, zu Tausenden aber auch Arbeiter beim Streckenbau. Die deutschen Verantwortlichen hatten sie für unabkömmlich erklärt und immer wieder Armenier unter falschem Namen, teils mit ihrer ganzen Familie, angestellt, worüber es regelmäßig zu Auseinandersetzungen mit osmanischen Instanzen kam. Bezeichnenderweise ging es bei den Aufforderungen der Behörden um zwei Punkte. Erstens sollten das Personal «türkisiert» und die Armenier deportiert werden. Zweitens sollte Türkisch auch bei der Bahn und im Geschäftsverkehr als Amtssprache eingeführt werden. Hilmar Kaiser hat die Details in einer ausführlichen Fallstudie beschrieben.[59] Mehmet Talaat gab Untersuchungen über illegal von den Deutschen angestellte Armenier in Auftrag. Es gelang trotzdem, die meisten von ihnen bis zum Sommer 1916 vor Deportationen zu schützen, obwohl Oberstleutnant Böttrich als Direktor des Feldeisenbahnwesens aus Prestigegründen – er wollte Ismail Enver seine Autorität demonstrieren – bereits am 13. Oktober 1915 einen Deportationsbefehl persönlich und ohne Absprache mit seinen Vorgesetzten und der deutschen Botschaft unterzeichnet hatte, was man im Auswärtigen Amt als einen Skandal empfand.[60] Die Sache blieb jedoch, wie Kaiser gezeigt hat, mit dem Argument der Unersetzbarkeit Böttrichs ohne Folgen und führte in der Folge immer wieder zu Spekulationen über eine aktive und initiative Beteiligung des Deutschen Reichs an diesem Genozid.

In dieser Zeit sorgte das CUP durch politische Säuberungen und Disziplinierungsmaßnahmen unter Regierungsbeamten dafür, dass seine harte Linie in der armenischen Politik auch im Landesinneren und in der cilicischen Ebene kompromisslos durchgesetzt werden konnte. Mazhar Bey, der Gouverneur von Ankara, der sich geweigert hatte, in seinem Bereich Verschickungen und Vernichtungsaktionen durchzuführen, wurde seines Amtes enthoben. An seine Stelle trat Ende August 1915 der achtundzwanzigjährige Atif Bey, nach den Worten des Korrespondenten der *Kölnischen Zeitung* «eine Kreatur des Polizeidirektors Djanbolat von Konstantinopel, eines fanatischen Armenierhassers und Nationalisten».[61] Atif war ein leitender Parteifunktionär des CUP, und er gehörte zum Führungskreis der TM.[62] Kaum im Amt, ging er mit äußerster Brutalität gegen die mehrheitlich katholischen Armenier Ankaras vor. Ende August wurde dort nach der Verhaftung der meisten Männer von einem großen Massaker an Frauen berichtet, Gerüchte sprachen von über 5000 Opfern.[63] Aus Yosgat kamen zur gleichen Zeit ähnlich erschreckende Meldungen.[64] Nach dem Krieg gaben die Hauptleute Sahadeddin und Haili Racai offen zu, dass in diesem Bezirk östlich von Ankara praktisch kein Unterschied mehr zwischen «Umsiedlung» und «Abschlachten» gemacht worden ist.[65] «Als wir nach Yosgat kamen, welches der blutigste Ort war», berichtete Krikoris Balakian, «sahen wir in der Nähe, vier Stunden weit, in einem Tal ein paar Hundert Köpfe mit langen Haaren, also Köpfe von Mädchen und Frauen.»[66] Über 40 000 Armenier sind hier ermordet worden, darunter viele Frauen und Kinder. Auch nach Yosgat hatte das CUP einen Kommissar aus Istanbul gesandt.[67] Der Gouverneur von Adana, Hakki Bey, hatte sich anfangs bemüht, seine Armenier zu schützen. Doch als er Mitte August 1915 zum Rapport nach Istanbul berufen wurde, kehrte er völlig umgedreht wieder nach Hause zurück.[68] Als würde das CUP seiner Wandlung keinen rechten Glauben schenken wollen, wurde ihm kurz später Ali Münif Bey, ein Intimus Mehmet Talaats, als Kommissar zur Seite gestellt. Der lokale Führer des CUP, Ismail Safa, drohte sogar mit einem allgemeinen Massaker, falls Hakki Bey nicht umgehend Deportation anordnete.[69] In Adana ging das Gerücht einer bevorstehenden alliierten Landung im Golf von Iskenderun um. Panikstimmung herrschte, und sie wurde bewusst gegen den «inneren Feind» geschürt. Ende September waren alle 25 000 Armenier der Stadt vertrieben, und der Gouverneur Hakki Bey hatte dabei tatsächlich eine harte Hand gezeigt. Selbst Kranke und Blinde wurden nicht geschont.[70] Anfang Oktober konnte ein deutscher Reisender beobachten, wie in Adana verschiedene armenische Häuser abgerissen wurden, angeblich, um einer künftigen Straßenerweiterung Platz zu machen. Alle armenischen Dörfer in der Ebene von Adana fand er vollkommen verödet vor, und nicht ein einziger Bauer war auf den Feldern zu sehen.[71]

In Urfa war es die Ankunft des aus Diyarbakir angereisten Cerkez Ahmed und seines TM-Komplizen Halil Bey am 10. August, mit der sich die Situation über Nacht verschärfte. Die beiden Kommissare «setzten sich kühn über die Urfabehörden hinweg und taten, als ob sie selbst zu regieren hätten»[72], berichtete Jakob Künzler. Erst ließen sie sämtliche Armenier aus den Gefängnissen deportieren, dann ordneten sie in der Harran-Ebene die Vernichtung der zum Straßenbau eingesetzten armenischen Arbeitsbataillone an[73], und schließlich inszenierten sie am 19. August ein Massaker, das in der Konsequenz nach einem blutig niedergeschlagenen verzweifelten Aufstand im Herbst zum Untergang des armenischen Urfa führte.[74]

General Fahri Pascha, der den Aufstand niederschlug, hatte zuvor machtlos erleben müssen, wie französische Schiffe 4058 Armenier, die fünfzig Tage auf dem umlagerten und umkämpften Berg Musa Dagh am Mittelmeer ausgehalten hatten, an Bord nahmen. Die erste Reaktion auf diese gelungene Flucht war, dass alle Armenier aus Iskenderun vertrieben wurden. Nach Urfa beordert, bestand Fahri auf bedingungsloser Kapitulation des armenischen Viertels. Am Vormittag des 16. Oktober fand dort die Übergabe statt, und nun war für ihn die Stunde der Rache für den Musa Dagh gekommen. Frauen und Kinder mussten sich in verschiedenen Gruppen aufstellen, die Männer hatten sich mit erhobenen Händen an anderen Plätzen einzufinden. Noch am Abend setzten die Massenexekutionen der Männer auf dem Moscheeplatz ein. Über Tage ging es so weiter. Dann erst begann die Austreibung der Frauen und Kinder in die mesopotamische Wüste. «Es bedurfte mehrerer Wochen, bis ganz Urfa von Armeniern gesäubert war», berichtete Künzler. «Über 15 000 Menschen auszutreiben, sie entweder abzuschlachten oder abzutransportieren, war offenbar keine leichte Arbeit.»[75] Noch Ende November waren von Zeit zu Zeit Schüsse zu hören, wenn irgendwo ein Armenier in seinem Versteck aufgespürt wurde.

Wenn man im Spätherbst 1915 durch die armenischen Stadtviertel Urfas wanderte und die nackten Wände der ausgeplünderten Wohnungen sah, erzählte nach dem Krieg der Mitarbeiter des dortigen Lepsius-Hilfswerks Bruno Eckart, mochte man sich des Eindrucks nicht erwehren, dass die armenische Bevölkerung letztlich «der türkischen Habgier zum Opfer gefallen»[76] war. Kein Fenster, keine Tür, nicht einmal übriggebliebener Hausrat war in einem der über tausend verlassenen Häuser mehr zu sehen. Alles armenische Eigentum war auf eine wundersame Weise plötzlich türkisch geworden. «Die ‹Vornehmen›», so Eckart, «raubten die großen Vermögen und Güter, die ‹Niedrigen› entrissen wie Hyänen den Ärmsten ihre letzte Habe.»[77] Anfangs hatte es nach der Kapitulation der Aufständischen wilde Plünderungen von Seiten der Soldaten und der muslimischen Bevölkerung gegeben, dann hatte man im Dezember eine erste «Liquidationskommission» eingerichtet. Sie sollte den Verkauf des restlichen armenischen Besitzes, der Warenmagazine, Häuser und Ländereien regeln. Hier und an anderen Orten betrachtete man wie selbstverständlich jeden in die Verbannung geschickten Armenier als eine tote Person. Überall stellte sich das Problem, was mit dem armenischen Eigentum geschehen sollte, erst nach dem Beginn der Deportationen und Massaker. Einen vorausgreifenden Plan dafür gab es nicht[78], aber schon bald wurden sehr präzise Anweisungen ausgearbeitet und erlassen.

Im November 1915 hatte die Stadtregierung von Urfa, einer zentralen Direktive folgend, alles Geld und alle Juwelen der Armenier bei der Ottomanbank beschlagnahmen und alle armenischen Geschäfte und Firmen versiegeln lassen, um weitere wilde Plünderungen zu verhindern. Ein Komitee war Ende des Monats eigens aus Istanbul angereist, um den geregelten Verkauf des, so wörtlich, «herrenlosen» armenischen Besitzes in die Hand zu nehmen. Offiziell gab es 33 solcher Kommissionen im ganzen Land, und an Stellen, wo sie nicht tätig waren, übernahm die lokale CUP-Organisation diese Aufgabe.[79] Dem waren mehrere zentrale Verordnungen vorausgegangen. Die wichtigste stammte vom 10. Juni 1915, in der festgelegt wurde, dass das Innenministerium die Aktivitäten dieser Kommissionen überwachen sollte, die ihrerseits angehalten waren, alle fünfzehn Tage präzise Berichte nach Istanbul zu liefern. Am 26. September wurde ein provisorisches Gesetz über das Eigentum und die Vermögensverhältnisse der deportierten Personen erlassen, das am 8. November und 3. Dezember noch einmal Spezifikationen erfuhr.[80] Verkäufe fanden meist weit unter Wert und ausschließlich an türkische Muslime – in der Regel mit guten Verbindungen zum CUP – statt und hatten das Ziel, eine «nationale» Wirtschaft zu begründen. «Die nationale Renaissance der Türken kann der rühmenswerte Grund für die Entstehung einer türkischen Bourgeoisie innerhalb des osmanischen Staats werden», meinte Yusuf Akchura bereits 1911. «Während der osmanischen Zeit gab es fast keine türkische Bourgeoisie. Doch die Bourgeoisie bildet die Grundlage aller modernen Staaten.»[81] Vor dem Krieg hatte die osmanische Statistik feststellen müssen, dass 66 % des Binnenhandels, 79 % der Industrie- und Handwerksunternehmen und 66 % der akademischen Berufe sich in den Händen der christlichen Minderheiten, also der Griechen und Armenier, befanden.[82] Die antigriechischen Maßnahmen vom Frühjahr 1914 waren ein erster Schritt, diese Statistik im türkischen Sinne zu korrigieren. Aber erst der gewaltige Umverteilungsprozess, der seit dem Frühjahr 1915 in Gang gekommen war, schuf die materiellen Grundlagen für die Entstehung einer türkischen Bourgeoisie. Neben der Verfolgung von «Revolutionären» und «Staatsfeinden», gab Mehmet Talaat in aller Offenheit Pallavicini zu verstehen, sei es im Sommer und Herbst 1915 in erster Linie auch darum gegangen, «unangenehme wirtschaftliche Konkurrenten» auszuschalten.[83]

Dabei handelte es sich um nicht unerhebliche Werte. Allein in der Kirche von Erzurum lagen nach der Deportation konfiszierte Güter im Wert von 150 000 Lira[84] – das entsprach 2 775 000 Reichsmark nach dem Stand von 1915. «Dass die Valis tatsächlich instruktionsgemäß vorgehen, erhellt aus einem in meine Hände gelangten Jahresbericht des Gouverneurs von Aleppo an das türkische Handelsministerium, worin folgender Passus vorkommt», so ein österreichischer Konfidentenbericht: «‹Mit Genugtuung kann ich melden, dass es, den Instruktionen der Regierung gemäß, gelungen ist, sowohl hier als auch im Sandjak Marasch eine völlige Änderung der Verhältnisse herbeizuführen. Mein Wilayet ist von christlichen Elementen gesäubert. Während noch vor zwei Jahren mehr als 80 % der Kaufleute und Gewerbetreibenden aus Christen bestanden, entfallen derzeit 95 % auf die Mohammedaner und nur 5 % auf die Christen.›»[85] Die Deportationen und die antiarmenische Politik des CUP zielten im Kern auch auf eine mit Gewalt durchgeführte nationale Sozialrevolution.

Im Sommer und Herbst 1915 war die cilicische Ebene voll mit Zügen von Deportierten. «Sie waren zumeist barhäuptig, und ihre Gesichter waren von der Sonne geschwollen», berichtete ein amerikanischer Augenzeuge. «Viele hatten keine Schuhe, und einige hatten ihre Füße mit Stofffetzen umwickelt, die sie aus ihrer Kleidung gerissen hatten.»[86] Überall am Rand der Straßen waren Lager aufgeschlagen, in denen die halb verhungerten und erschöpften Menschen für kurze Zeit Ruhe fanden und ihre Toten beerdigten, sofern es ihnen erlaubt wurde. 30 000 bis 40 000 lagerten allein bei Osmaniye[87], 150 000 in einem riesigen, von der Armee bewachten Konzentrationslager weiter südöstlich. Sie waren alle auf dem Weg nach Aleppo.

Anfang Oktober kam auch Pailadzo Captanian in Aleppo an. Sie war drei Monate unterwegs gewesen, von der Schwarzmeerküste bis an den Rand der syrischen Wüste. Nach der Begegnung mit Zeynel Bey hinter Malatya hatte der für sie eigentlich beschwerliche Teil der Reise erst begonnen. Zwei Monate war sie zu Fuß auf Viehwegen durch die verschiedenen Bergketten des Taurusmassivs unterwegs gewesen, immer wieder in Täler hinabgeführt und dann wieder auf die Berge getrieben worden. Überall unterwegs hatte es kalkulierte Überfälle gegeben. Zu Hunderten waren Menschen in ihrem Konvoi gestorben, Abhänge hinuntergestürzt, Krankheiten erlegen, dem Hunger und der Schwäche anheimgefallen. Die meisten waren verdurstet. Nie war es den Armeniern von den Begleitgendarmen gestattet worden, ihre Toten zu beerdigen. Sie mussten sie am Wegrand liegen lassen. Immer wieder begegneten ihnen die verwesenden Körper von anderen Deportierten, die den gleichen Weg vor ihnen zurücklegen mussten.

Schon Anfang Mai hatten die ersten Vertriebenen aus Zeitun den Eisenbahnknotenpunkt Aleppo erreicht, und so ging es den ganzen Sommer und Herbst über weiter. Die Stadt war voll mit Armeniern aus allen Teilen des Landes. Sie wurden notdürftig in der Stadt oder auf Feldern außerhalb untergebracht, wenn sie nicht Verwandte hatten, bei denen sie vorläufig unterkommen konnten. Aleppo wurde zu einer Schaltstelle, an der sich das weitere Schicksal der Deportierten entschied. Einige wurden nur durchgeschleust, um anschließend mit der Hidjaz-Eisenbahn weiter Richtung Hama, Homs und Damaskus bis nach Jerusalem transportiert zu werden, wo sie nach einem bestimmten demographischen Schlüssel unter der lokalen Bevölkerung verteilt und assimiliert werden sollten, was unter den gegebenen Voraussetzungen eine relativ gute Überlebenschance bedeutete. Die meisten jedoch schickte man in die mesopotamische Wüste Richtung Deir es-Zor und weiter. Ende Juli waren dort nach Auskunft von Konsul Rößler 15 328 Deportierte angekommen, von denen 10 000 in der Wüstenoase und der Rest in der Umgebung Unterschlupf fanden, meist unter freiem Himmel und bei völlig unzureichender Versorgung.[88]

Noch war die armenische Bevölkerung Aleppos selbst nicht von den Deportationen betroffen. Einige von ihnen begannen im Sommer 1915 ein Untergrundnetzwerk aufzubauen, das anfangs damit beschäftigt war, Verstecke zu organisieren, und sich mit der Zeit zu einer regelrechten Geheimorganisation ausweitete, die bis nach Deir es-Zor und in die Konzentrationslager der Ebene von Osmanije reichte. Anfangs zählte Katholikos Sahag II., der selbst nach Aleppo deportiert worden war, dazu, bevor er im November nach Jerusalem weiterverschickt wurde. Eines der Verstecke, besonders der überlebenden Intellektuellen des 24. April, war das den Brüdern Onnig und Armenag Mazlumian gehörende Baron Hotel.[89] In erster Linie aber ging es dem Netzwerk darum, den mittellosen Verbannten Geld und Lebensmittel zukommen zu lassen, um die Chancen ihres Überlebens bis zum Ende des Krieges so weit wie eben möglich zu verbessern. Der junge protestantische Pastor Hovhannes Eskijan spielte dabei eine herausragende Rolle. Er verfügte bald über ein ganzes System von verdeckt arbeitenden Kurieren, darunter Armenier wie Hagop Haleblian, der fließend Arabisch und Kurdisch sprach und bei der Bagdadbahn beschäftigt war. Er erledigte seine Kurierdienste unerkannt in lokaler Stammeskleidung und mit eigens für diese Mission tätowierten Händen. Auch Selim Effendi, ein Polizeioffizier albanischer Herkunft, gehörte zu diesem Netzwerk.[90]

Als Eskijan im Frühjahr 1916 verhaftet wurde, übernahm seine Aufgaben zunehmend die Schweizer Lehrerin Beatrice Rohner, die für den *Deutschen Hülfsbund* in Aleppo ein Waisenhaus betrieb. Rohner traf bereits Ende November 1915 in Istanbul durch die Vermittlung des dort anwesenden Leiters des *Hülfbundes*, Friedrich Schuchardt, und Henry Morgenthaus mit William Peet, dem Leiter des amerikanischen *Board of Commissioners for Foreign Mission* (ABCFM) zusammen, um die Arbeit der beiden Organisationen zu koordinieren.[91] Spendengelder aus den USA, der Schweiz, aber auch aus Deutschland wurden von da ab mit Wissen amerikanischer und deutscher Stellen wie dem Auswärtigen Amt[92] – und ohne Kenntnis der osmanischen Autoritäten – über das amerikanische sowie das deutsche Konsulat und die Deutsche Orientbank in Aleppo transferiert, zu deren diesbezüglichen Konten auch Rohner Zugang hatte.[93] Kleinere Beträge, so Rohner, ließen sich unauffällig über den Postweg an das Ziel mancher Deportationsorte bringen, größere Summen wurden durch Geschäftsleute und Durchreisende sowie mutige junge Armenier überbracht. Kuriere nähten sich die Gelder in ihre Kleidung ein und schafften sie nachts in die Lager bis nach Deir es-Zor. Die deutsche Reichsregierung war über diese Untergrundarbeit informiert.[94]

Eine wichtige Rolle in diesem internationalen humanitären Netzwerk spielten die Konsuln Jesse Jackson und Walter Rößler in Aleppo. Rößler führte sogar, bis weit in das Jahr 1916 hin, genau Buch über die Zahl der unterstützungsbedürftigen Personen in seinem Konsulatsbereich und teilte sie Bethmann-Hollweg in Berlin mit.[95] Johannes Lepsius gelang es zur gleichen Zeit auf weniger bekannten Wegen, seinem in Urfa tätigen Mitarbeiter Jakob Künzler größere Summen zukommen zu lassen.[96] Aber so umfangreich die Aktivitäten auch waren, sie blieben, wie Rohner an Peet schrieb, trotz der Höhe der überwiesenen Summen nur ein «Tropfen auf einen heißen Stein».[97] Im September 1916 flogen Rohners Aktivitäten auf, nachdem man einen ihrer Mittelsmänner verhaftet und unter Folter zur Aussage gezwungen hatte.[98] Aleppo aber blieb wegen seiner zentralen Lage, und weil von hier aus Bahnlinien Richtung Deir es-Zor und Damaskus abgingen, die ganze Zeit über der Deportationsknotenpunkt.[99]

9.
«Endlösungen»

Die Zahl der Armenier, die in Aleppo eintrafen, erhöhte sich schlagartig mit dem Beginn des Herbstes 1915. Waren die Konvois aus den östlichen Provinzen durch die hohen Todesraten und Massaker unterwegs soweit dezimiert worden, dass nur zwischen 10 und 20 % Syrien überhaupt erreichten, so war das bei den Deportierten aus dem westlichen Anatolien nicht in gleichem Maße der Fall. Viele von ihnen wurden mit der Eisenbahn transportiert. Es hatte auf dem Weg zwar auch Todesfälle durch Krankheiten und Erschöpfung, doch so gut wie keine Massaker gegeben. Von diesen Konvois trafen 80 bis 90 % Überlebende in der Region Aleppo ein, was das Innenministerium mit dem Problem konfrontierte, neue Strukturen etablieren zu müssen, um die damit gewachsenen Aufgaben bewältigen zu können. Im Herbst 1915 richtete das IAMM deshalb ein Subdirektorat für die Deportierten in Aleppo ein, das die Verwaltung der Konzentrationslager in der Region und den Weitertransport der Deportierten zu regulieren hatte.[1] Wurden im Sommer noch Verschickungen Richtung Damaskus und weiter in den Süden vorgenommen, so zeigten seit Anfang Oktober Maueranschläge in Aleppo an, dass als Ziel der weiteren Deportationen nur noch die Orte Rakka und Deir es-Zor sowie der westliche Hauran vorgesehen waren. Wenig später kam Ras el-Ain hinzu.[2]

Auf den Straßen Aleppos spielten sich unterdes schreckliche Szenen ab. Am 10. und 12. September beobachtete Konsul Rößler einen Zug von zweitausend verbannten Frauen und Kindern, die «zu Fuß in völlig erschöpftem Zustand» angekommen waren. «Die Gendarmen trieben die elenden abgemagerten Geschöpfe, denen vielfach der Tod auf dem

Gesicht geschrieben stand, mit Peitschenhieben vor sich her durch die Straßen Aleppos zum Bahnhof», so Rößler, «ohne dass sie hier in der Stadt einen Schluck Wasser hätten trinken dürfen oder ein Stück Brot erhalten hätten. Die Einwohner der Stadt, die Wasser und Brot verteilen wollten, wurden daran gehindert.»[3] Einige Tausend waren immer in der Stadt und wurden von Zeit zu Zeit eingefangen und in Konvois in die mesopotamische Wüste geschickt. Andere führte man an der Stadt vorbei direkt dorthin. Wieder andere versteckten sich, Kranke und Sterbende lagen an Ecken, auf Plätzen und Friedhöfen herum. Viele starben an Hunger. «Über hundert Leichen Verhungerter trägt man täglich aus Aleppo heraus»[4], berichtete eine Gruppe deutscher Lehrer. Ständig waren Totengräber mit schwarzen Kastenwagen in der Stadt unterwegs, um die Toten aufzusammeln.[5] Und manchmal kamen Leute in die Stadt, um nach Angehörigen zu suchen wie jener in Jerusalem stationierte und deshalb von den Deportationen nicht betroffene armenische Soldat, der im Frühherbst Fronturlaub hatte. «Der Mann irrte am Euphrat umher und suchte seine Frau und seine Kinder, die angeblich in jene Gegend verschickt waren», berichtete ein deutscher Missionsangestellter, der die Szene beobachtet hat. «Solchen Unglücklichen begegnet man auch oft in Aleppo, da sie meinen, dort näheres über den Verbleib ihrer Angehörigen erfahren zu können.»[6] Meist kehrten sie unverrichteter Dinge zurück. Hinter Aleppo beginnt die Wüste.

«Als wir im Lastauto bis zur Seekrankheit hin und her geschüttelt, bei fast vollem Mond in die geisterhafte cilicische Ebene hinabflogen, den Staubschweif der Landstraße hinter uns herziehend, deutete jemand über den Rauch nächtlicher Zeltdächer, die einsam in der Ebene standen, auf einen hellen Streifen in der Ferne, wo die Flammen verbrannter Baumwollstauden in die Finsternis leuchteten. Dort musste das Meer sein.»[7] Es war Mitte November 1915, in der Ebene von Osmanije, als der Schriftsteller Armin T. Wegner während einer Reise von Istanbul zum Stab des Feldmarschalls Colmar von der Goltz nach Bagdad, dem er als Sanitätsunteroffizier angehörte, zum ersten Mal auf armenische Flüchtlingslager traf. Schon auf den Höhen des Taurus war er den endlosen Karawanen begegnet, die sich in die Ebene Richtung Aleppo ergossen, um von dort in die Wüste weitergeleitet zu werden. In einer Bretterbaracke des Bahnhofs im mesopotamischen Ras el-Ain notierte er am Abend des 28. November seine ersten Eindrücke.

«Eben, da ich diese Zeilen schreibe, bin ich von einem Gang durch das Lager zurückgekehrt», so Wegner. «Von allen Seiten schrien Hunger, Tod, Krankheit, Verzweiflung auf mich ein. Geruch von Kot und Verwesung stieg auf. Aus einem Zelte klang das Wimmern einer sterbenden Frau. Eine Mutter, die an den dunkelvioletten Aufschlägen meiner Uniform meine Zugehörigkeit zur Sanitätstruppe erkannte, eilte mit erhobenen Händen auf mich zu. Mich für einen Arzt haltend, klammerte sie sich mit letzter Kraft an mich Ärmsten, der ich weder Verbandmittel noch Arzneien bei mir trug und dem es verboten war, ihr zu helfen.

Dies alles aber wurde übertroffen durch den furchtbaren Anblick der täglich wachsenden Schar verwaister Kinder. Am Rande der Zeltstadt hatte man ihnen eine Reihe von Löchern in die Erde gegraben, die mit alten Lappen bedeckt waren. Darunter saßen sie, Kopf an Kopf, Knaben und Mädchen in jedem Alter, verwahrlost, vertiert, verhungert, ohne Nahrung und Brot, der niedrigsten menschlichen Hilfe beraubt und vor der Nachtkälte schaudernd aneinandergedrängt, ein kleines Stückchen glimmende Holzasche in der erstarrten Hand haltend, an dem sie vergeblich versuchen, sich zu wärmen. Einige weinten unaufhörlich. Ihr gelbes Haar hing ungeschnitten über die Stirn, ihre Gesichter waren von Schmutz und Tränen verklebt. Andere lagen im Sterben, und ihre kleinen Hände rollten sich zusammen wie ein im Frost verwelktes Blatt. Ihre Kinderaugen waren unergründlich und von Leiden ausgegraben, und obwohl sie stumm vor sich hinblickten, schienen sie doch den bittersten Vorwurf gegen die Welt im Antlitz zu tragen. Ja, es war, als hätte das Schicksal alle Schrecken der Erde an den Eingang dieser Wüste gestellt, um uns noch einmal zu zeigen, was uns erwartet. Entsetzen ergriff mich, dass ich klopfenden Herzens aus dem Lager eilte, und obwohl ich auf flacher Erde dahinschritt, erfasste mich Schwindel, als bräche die Erde zu beiden Seiten in einen Abgrund zusammen.

Die Täler aller Berge, die Ufer aller Flüsse sind von diesen Lagern des Elends erfüllt. Über die Pässe des Taurus und Amanus zieht sich dieser gewaltige Strom eines vertriebenen Volkes, jener Hunderttausende von Verfluchten, der um den Fuß der Berge brandet, um, schmäler und schmäler werdend, in unabsehbaren Zügen in die Ebene hinabzugleiten und in der Wüste zu versickern. Wohin? Wohin? Dies ist ein Weg, von dem es keine Heimkehr gibt.»[8]

Beim Anblick dieser Bilder wurde Wegner an Geschichten erinnert, die seine Phantasie bereits als Kind beschäftigt hatten, als er von den Massakern des «roten Sultans» Abdul Hamid hörte. Er hatte als Neunjähriger darüber sogar einmal einen Aufsatz gelesen.[9] Sofort wurde in ihm der Gedanke wach, das hier Gesehene nicht nur literarisch festzuhalten, sondern es auch fotografisch zu dokumentieren[10], obwohl der Kommandeur der Vierten Armee, Djemal Pascha, ein strenges Fotografierverbot erlassen und die unverzügliche Auslieferung aller bereits vorhandenen Abzüge, Platten und Filme angeordnet hatte.[11] Wegners Fotografien zählen zu den seltenen authentischen Bilddokumenten der Schauplätze dieses Völkermords.

Eine Zeitlang sah es so aus, als ob das CUP die Agenda verfolgte, in Syrien und an Orten wie Ras el-Ain oder entlang des Euphrat, wie in Meskene oder Deir es-Zor, ein beschränktes, nach den hohen Todesraten des Sommers 1915 erheblich reduziertes armenisches Leben zuzulassen. Die aus dem Westen Anatoliens Deportierten hatten zwar alle Grundlagen ihrer früheren Existenz verloren und waren durch Hunger und Krankheiten dezimiert und in großen Lagern konzentriert, aber sie waren unmittelbar keinen organisierten Massakern zum Opfer gefallen. In südlicheren Orten wie Homs, Hama und Damaskus, und selbst entlang der Euphratlinie hatte sich in bescheidenem Umfang sogar ein gewisses neues armenisches Leben entwickelt. Der aus Istanbul deportierte Schriftsteller Yervant Odian berichtet von einem fast normalen Leben in Hama bis zum Frühjahr 1916. 5000 Deportierte hatten sich dort angesiedelt, die Hälfte der Läden im Bazar war in armenischen Händen, und Armenier eröffneten die zwei ersten Restaurants der Stadt.[12]

In der Region um Aleppo entstanden oft riesige Zeltlager, bevor die Armenier weiter Richtung mesopotamische Wüste verschickt wurden.

Aus anderen Städten Syriens wie Homs und Rakka ließ sich Ähnliches berichten. In Deir es-Zor hatte man sogar den Versuch unternommen, die Fiktion eines Ansiedlungsprogramms zu inszenieren. Ende 1915 wurden dort einige neue Wohnviertel errichtet[13], die Leute bemühten sich, neue Existenzen aufzubauen, und die Armenier genossen auf den Straßen für einige Zeit eine gewisse Freiheit.[14] Doch nichts ließ erkennen, dass diese Gebiete je auf Hunderttausende von Deportierten vorbereitet gewesen wären. Schon im September 1915 wurde der Gouverneur von Aleppo zudem vor der Gefahr gewarnt, dass die Armenier in dieser Region bald eine Mehrheit bilden könnten.[15] Grundsätzlich, so Taner Akçam nach der Auswertung einschlägiger osmanischer Archivbestände, ging die Politik des CUP davon aus, dass der Anteil von Armeniern nach den Deportationen an keinem Ort die Marge von 5 bis 10 % übersteigen durfte, um ihnen damit jede Möglichkeit des Neuaufbaus eines kulturellen und politischen Eigenlebens zu nehmen. Nach dieser Vorgabe war es auf Grundlage der offiziellen osmanischen Statistik notwendig, die armenische Vorkriegsbevölkerung von etwa 1,7 Millionen auf etwa 200 000 zu reduzieren.[16] Alle Zeichen deuteten also darauf hin, dass man nach einer Lösung suchen musste, die nach Lage der Dinge nur in weiteren genozidalen Maßnahmen bestehen konnte.

Im Spätherbst 1915 begann man damit, etappenweise alle großen Konzentrationslager von Osmaije bis zur Euphratlinie aufzulösen. Die Gründe dafür waren unterschiedlicher Natur. Rößler nannte als einen Grund das Interesse des Militärs, die Etappe frei zu bekommen. Andere waren die unhaltbaren hygienischen Verhältnisse sowie der sich ausbreitende und auch die muslimische Bevölkerung und die Armee bedrohende Typhus.[17] Im Konzentrationslager Katma gab es für 40 000 Menschen nur eine einzige Wasserquelle[18], verwesende Leichname lagen überall herum, die Notdurft von Zehntausenden hatte ihre Spuren hinterlassen und erfüllte das ganze Lager mit einem unerträglichen Gestank.[19] Im benachbarten Lager Islahiye starben zwischen August 1915 und dem Frühjahr 1916 60 000 Armenier an Hunger und Seuchen.[20]

Alles spricht aber dafür, dass sich unterm Strich auch unabhängig davon in dieser Zeit die Bereitschaft und die entsprechenden Pläne für weitere Schritte zur «Endlösung» der Armenierfrage herausbildeten, die deutlich über die bisherigen hinausgingen. Talaat war Ende August 1915 davon ausgegangen, dass die armenische Frage mit den Massakern und Deportationen in den ostanatolischen, armenischen «Reformprovinzen» und der Verschickung der westanatolischen Armenier Richtung Süden im Prinzip erledigt sei.[21] Die Verschickung der letzteren war allerdings ursprünglich ein Plan ohne klares Ziel, und alle Indizien sprechen dafür, dass er erst nach dem faktischen Beginn der Deportationen und Massaker im Osten Mitte/Ende Juni 1915 in Erwägung gezogen wurde.[22] Es verging noch mehr als ein Monat bis zur Ausführung, und die genauen Konturen konkretisierten sich, mit beeinflusst durch pragmatische und äußere Faktoren, in einem bis 1916 dauernden Prozess. Noch im Herbst 1915 wurde den Armeniern, wie in Katma, die Auskunft erteilt, sie seien nun am Ziel ihrer Reise angekommen.[23] Am

27. Oktober erließ Talaat ein Dekret, alle weiteren Deportationen einzustellen. Logistische Probleme, die Ansiedlung von muslimischen Flüchtlingen und Nomaden in den von Armeniern «gesäuberten» Orten zu organisieren, standen einstweilen im Vordergrund.[24] Ein darüber hinausgehendes Konzept gab es zu diesem Zeitpunkt offenbar noch nicht.

Deutliche Anzeichen für eine weitere Radikalisierung der armenischen Politik machten sich bemerkbar, als Ende Juli 1916 per Dekret das armenische Patriarchat in Istanbul mitsamt seinen politischen und repräsentativen Körperschaften aufgelöst und der Patriarch nach Jerusalem verschickt wurde.[25] Dem letzten verbliebenen Rudiment des ehemaligen armenischen *Millets* wurde damit in Kleinasien ein Ende gesetzt. Am 24. August erfasste man alle noch in Anatolien verbliebenen Armenier durch einen Zensus. Der Vorgang hatte dort Restdeportationen zur Folge. Das Recht auf Konversion zum Islam war seit dem 8. März in Anatolien auf armenische Frauen beschränkt, die an Türken verheiratet wurden. Außerhalb dieser Grenzen des künftigen türkischen Nationalstaats gab es diese Beschränkungen nicht[26], wie Yervant Odian aus Hama berichtete. In Syrien war Konversion und die damit verbundene Bereitschaft zur Assimilation seit diesem Jahr aber praktisch die einzige Überlebenschance.[27] Armenische Waisenkinder wurden zur gleichen Zeit in staatliche Waisenhäuser geschickt, um sie dort zu guten Türken zu erziehen, eine Aufgabe, der sich unter anderen die Schriftstellerin Halide Edib mit Hingabe widmete.[28]

Anfang 1916 hatten sich die Briten von den Dardanellen zurückgezogen, und Bulgarien befand sich an der Seite der Mittelmächte im Krieg. Die Bedrohung Istanbuls war damit vorerst abgewendet. Aber die russische Besetzung des 1915 «gesäuberten» alten armenischen Zentrums Erzurum am oberen Euphrat Anfang Februar 1916, verbunden mit kosakischen Grausamkeiten beim Vormarsch, führte neben dem territorialen Verlust zu Ängsten vor armenischen Racheaktionen im Gefolge der Russen, die es tatsächlich gab. Sie waren begrenzt, denn die Russen praktizierten in diesem Gebiet, im Unterschied zu Galizien, eine relativ moderate Besatzungspolitik.[29] Die armenische Gefahr jedoch wurde, vergleichbar mit den Reaktionen auf die russische Eroberung

Vans im Frühjahr 1915, in Istanbul erneut zu einem von Paranoia aufgeladenen Thema. Auch wenn die Ursachen komplexer Natur waren und durch logistische Sackgassen sowie militärische und hygienische Überlegungen mit beeinflusst wurden, lag hierin einer der Hauptgründe für eine erneute Radikalisierung der Politik gegenüber der nach Syrien vertriebenen armenischen Restbevölkerung. Die von Raymond Kévorkian sogenannte zweite Phase des Völkermords an den Armeniern setzte mit aller Macht im Sommer 1916 ein, als zwischen Aleppo, Damaskus, der Euphratlinie und Deir es-Zor noch etwa 500 000 Deportierte am Leben waren, eine Zahl, der man erst durch statistische Erhebungen gewahr wurde und mit der man nicht gerechnet hatte.[30]

Die Region Deir es-Zor wurde während dieser Zeit für Ausländer und Nichtmuslime zu einer Off-Limits-Zone erklärt, und jede Hilfeleistung für die Deportierten strikt untersagt.[31] Eine wirkliche Ansiedlung der vertriebenen Menschenmengen, die sich dort aufhielten, war ohnehin nicht möglich, was den Planern von Anfang an klar war. Schon die Entscheidung vom 24. April 1915, die Bewohner von Zeitun in diese Wüstenregion zu schicken, wurde unter der Maßgabe getroffen, eine «unreformierbare» Bevölkerung in einer «unreformierbaren» Region verschwinden zu lassen.[32] Jetzt war die Zahl der «unreformierbaren» Vertriebenen dort auf eine halbe Million angewachsen, und dieser Lage konnte man nur noch durch eine – aktiv betriebene oder bewusst einkalkulierte – Politik der forcierten Dezimierung Herr werden. Zusätzliche Gendarmen und Soldaten wurden aus diesem Grund in die Region beordert und dem Regiment der TM unterstellt. Von nun an, so Taner Akçam unter Verweis auf einschlägige osmanische Dokumente, war die Politik des Massakers, begleitet von einer Politik des langsamen Todes in einer großflächigen, für jedes Leben ungeeigneten Region, in den Augen von Talaat, der über alles den genauen Überblick behielt, ausschließlich ein Zahlenspiel.[33]

Einige Einblicke in diese mörderischen Monate eröffneten sich Armin T. Wegner, als er nach fast einem Jahr aus Bagdad zurückkehrte. Der Weg führte ihn noch einmal durch die mesopotamischen Lager. Es war im Herbst 1916. «Der letzte Leichnam?», notierte Wegner am

11. Oktober 1916 in Abu Herera. «Als wir in die verlassene Karawanserei treten, die von Unrat und üblen Gerüchen erfüllt ist, liegt er in der offenen Tür. Die ausgehungerte Gestalt eines zwölfjährigen armenischen Knaben. Mit strohblondem Haar, den Leib bis auf die Knochen abgemagert, Hände und Füße wie Keulen. Nur der linke Arm steckt noch in Lumpen. Als ich an den Fluss trete, finde ich viele Gräber, zahllose alte Feuerstellen. Ist dieses das Ende einer furchtbaren und grausamen Jagd? Wieder tritt jener Auszug eines vertriebenen Volkes vor meine Augen, durch dessen schmerzliche Lager ich im vergangenen Jahre mit erschrockener Seele geirrt bin. Bald begegnen wir den ersten Flüchtlingen. Die Ränder aller Wege sind mit ihren Knochen besät, die grell in der Sonne bleichen. In Maden treffen wir das erste Lager. Kinder und Frauen umdrängen unseren Wagen, schlagen sich wund um ein Stück Brot oder eine leere Melonenschale.»[34] Bei Meskene begegnete Wegner den Hinterlassenschaften eines Massakers. «Ich gehe im Dunkel an den Fluss hinunter», notierte er: «In einer Schlucht finde ich einen Haufen übereinander getürmter Menschengerippe. Weiße Schädel, die noch mit Haaren bedeckt sind, ein Becken, die Brustrippe eines Kindes, zierlich gebogen wie eine Spange. Einen Augenblick überkommt mich eine dumpfe Verzweiflung, die mir die Tränen in die Augen treibt, als müsste ich alle Hoffnungen, alle Keime der Liebe vernichten, die mich je an das Lebendige banden. Unendlich märchenhaft aber fließt der Fluss in die weite Einsamkeit hinaus, in den unterspülte Erdschollen zuweilen donnernd hinabfallen, und an dessen Ufern ich verlassen dahinschreite, als wäre ich der letzte Mensch.»[35]

Was Wegner in Abu Herera und Meskene im Herbst 1916 beobachten konnte, war das Ergebnis dieser zweiten Phase des Genozids. Lange schon ging es nicht mehr darum, die Überlebenden an irgendeinen «Bestimmungsort» ihrer Deportation zu führen. Jeder Versuch einer – wenn auch nur temporären – Ansiedlung wurde zunichtegemacht und alle Konvois mit unbestimmtem Ziel Richtung Deir es-Zor geschickt.[36] Offensichtlich, so Wolff-Metternich Ende März 1916, habe man nun die Absicht, «auch mit den Überresten der Verschickten aufzuräumen» und alles, was bisher dem Elend und dem Verderben entgangen sei, nach Möglichkeit noch vor dem Ende des Krieges zu vernichten[37], um vollendete Tatsachen zu schaffen.

Dennoch zeigte sich bei der Ausführung an manchen Orten anfangs eine gewisse Konzeptlosigkeit, die gleichwohl im Ergebnis tödlich war. «Je nach Gutdünken der sich mit jenen Angelegenheiten befassenden und sehr skrupellos vorgehenden ‹Spezialkommissionen›», meldete Konsul Holstein aus Mossul, würden die Armenier, kaum in der Illusion des Endes ihrer Leiden irgendwo angekommen, bald darauf wieder «ruhelos hin- und hergehetzt»[38] und auf neue Todesmärsche geschickt, die anscheinend nie enden wollten.

«In Meskene sah ich über 600 Vertriebene, die bisher in Muarra gelebt hatten und schon dort seit 9 Monaten ein jämmerliches Dasein gefristet hatten; nun waren sie zum zweiten Mal aufgejagt und wieder auf die Landstraße geschickt worden», berichtete Beatrice Rohner Ende Juni 1916. «Langsam, ermattet, kamen sie mit ihren Habseligkeiten auf dem Rücken an. Als Wegzehrung kochten sie sich Gras ab, drücken das Wasser aus und formen sich Klöße, die sie an der Sonne trocknen. Am 1. Mai kam ich in Dibsy an, dort fand ich die oben erwähnten 600 Vertriebenen in Verzweiflung. Man hatte sie nicht einmal rasten lassen und ihnen nicht erlaubt Gras zu sammeln, sondern trieb sie unbarmherzig weiter. Auf den Wegen sah ich überall Sterbende, sie waren von Hunger und Durst erschöpft hinter dem Zuge zurückgeblieben und mussten so elend umkommen. Alle paar Minuten kommt einem Leichengeruch entgegen. Die Gendarmen schlagen solche arme Zurückgebliebene erst noch halb tot, indem sie behaupten, sie stellten sich nur so, als seien sie müde.»[39]

Auch sie passierte Abu Herera, das Wegner während seiner Rückreise beschrieben hat. Hier gab es im Juni 1916 nicht einmal mehr Gras, weil die Heuschrecken alles abgefressen hatten. «Ich sah, wie diese Leute sich die Heuschrecken sammelten, um sie roh oder gekocht zu verzehren», beobachtete Rohner. «Andere wieder graben sich die Graswurzeln aus. Sie fangen sich Straßenhunde, sie stürzen sich wie die Wilden auf gefallene Tiere, deren Fleisch sie meist roh mit Heißhunger essen.»[40] So wurden die Reste der Deportierten langsam zu Tode marschiert und qualvoll ausgehungert. Um die 300 000, schätzte der amerikanische Konsul Jesse Jackson, waren bis Oktober 1916 allein auf dem Weg nach Deir es-Zor durch Krankheit, Hunger oder Dehydrierung umgekommen.[41] «Der Schwächere muss verschwinden», meinte der wie viele Kader des CUP mit darwinistischen Phrasen gefütterte Chef der Deportationsbehörde in Aleppo: «Das Endresultat muss die Ausrottung der armenischen Rasse sein.»[42]

Im Lager bei Ras el-Ain, das Wegner im Oktober 1915 auf seiner Reise nach Bagdad aufgesucht hatte, waren im März und April 1916 die meisten Insassen ermordet worden. Tscherkessenbanden, meldete Konsul Rößler, hätten das Lager überfallen[43] und einen Monat lang täglich dreihundert bis fünfhundert Deportierte abgeführt, um sie etwa zehn Kilometer hinter Ras el-Ain zu töten. «Die Leichen», so Rößler, «wurden in den Fluss geworfen»[44], und die Systematik der Vorgänge lässt dahinter kalkulierende TM-Kommandostrukturen vermuten. Etwa 2000 Menschen überlebten diese Massenschlächterei, nur um Ende Juni zum angeblichen Bestimmungsort Deir es-Zor abtransportiert und auf dem Weg dorthin ermordet zu werden.[45] Auch aus Deir es-Zor wurden seit dem Frühjahr 1916 die meisten Armenier wieder vertrieben. Im April 1916 erhielt der Mutassarif von Deir es-Zor den Befehl, «nur so viel Armenier dort zu lassen, als es 10 % der ansässigen Bevölkerung entspricht», den Rest aber weiter zu schicken.[46] Wieder wurden sie vertrieben, oft mit brutalen Peitschenhieben, wie Beatrice Rohner beobachten konnte.[47] Von den 19 000 am 15. April aus Deir es-Zor nach Mossul Verschickten haben am 22. Mai 2500 tatsächlich den Ort erreicht, in den darauf folgenden dreieinhalb Monaten niemand mehr.[48] Die anderen 16 500 waren unterwegs umgekommen.

Ende Juli 1916 traf es den Rest der Armenier von Deir es-Zor. Noch einmal griff das Muster, mit dem man sich seit dem Beginn der Deportationen der armenischen Gemeinschaften bemächtigt hatte. «Am 17. wurden alle Geistlichen und führenden Männer verhaftet», berichtete Rößler. «Bis zum 22. Juli, so war der Befehl, sollten alle Armenier wieder zum Wanderstab gegriffen haben.»[49] Ende August war die Straße von Aleppo nach Deir es-Zor fast leer geworden. Die Stadt war geräumt, und unter ihren arabischen Einwohnern erzählte man sich, die seit April vertriebenen Armenier seien alle südöstlich Deir es-Zor an der Mündung des Chabur in den Euphrat geworfen worden.[50] Kapitänleutnant von Mücke, der eine abenteuerliche Flucht von Tsingtau über Sumatra und die arabische Halbinsel nach Istanbul hinter sich hatte und im September mit seinem Kanonenboot eine Erkundungsfahrt auf dem Euphrat unternahm, sah oberhalb der Mündung des Chabur Scharen von Leichen vorbeitreiben. Es handelte sich um ermordete Armenier.[51]

Als Diplomingenieur Bünte Anfang April 1917 von einer Reise am Chabur zurückkehrte, berichtete er von großen Mengen dort liegender menschlicher Schädel und Gebeine, die von Metzeleien im Sommer 1916 herrühren. «[Ich] fand am linken Ufer große Mengen von ausgebleichten Menschenschädeln und Gerippen, zum Teil waren die Schädel mit Schusslöchern», so Bünte. «An einigen Stellen fanden wir Scheiterhaufen, ebenfalls mit menschlichen Knochen und Schädeln. Gegenüber der Kischla Scheddade waren die größten Anhäufungen.»[52]

Bei Scheddade befand sich ein Lagerplatz, wie Hosep Sarkissian nach gelungener Flucht Konsul Rößler berichten konnte. Er zählte zu den im Juli aus Deir es-Zor Ausgewiesenen, wo er fast ein Jahr lang als Tagelöhner gearbeitet hatte. Zunächst, so Sarkissian, wurden alle nach Marrat gebracht, wo sie auf Trupps aus Sabkha, Mejadin, Ana und anderen Orten trafen, die zur gleichen Zeit von ihren vorgeblichen «Ansiedlungsplätzen» wieder vertrieben worden waren. In Marrat hatte man sie in kleine Karawanen zu mehreren Tausend aufgeteilt. Sarkissians Trupp, 1700 an der Zahl, erreichte nach einer mehrtägigen Wanderung entlang des Chabur Schedadde, wo sie sich am Tag nach der Ankunft plötzlich von berittenen Tscherkessen umringt sahen. Sie wurden bis auf ihre letzten Kleider ausgeraubt, nur um anschließend drei Stunden lang in völlig nacktem Zustand weitergetrieben zu werden, bis sie eine von Hügeln umgebene schwer einsehbare Hochebene erreichten. Während Soldaten die ganze Ebene umstellt hielten, begannen Tscherkessen damit, alle der Reihe nach mit Äxten, Säbeln und Dolchen umzubringen. Sarkissian konnte sich unter einem Leichenhaufen verstecken und entkam, nachdem alles vorüber war.[53] Auch Manuk Kyrmenikian wurde nach Marrat und von dort an den Chabur verschleppt, doch die Massaker, die er erlebte, fanden an einem anderen Ort als Schedadde statt.[54] Nazareth Muradian erzählte Rößler, wie sich die letzten überlebenden Zeitunlis bei Schedadde gegen ihren Untergang zur Wehr gesetzt hatten. Auch sie, etwa 15 000 Menschen, waren über Marrat den Chabur entlang hierher getrieben worden. Doch ihnen gelang es, einigen der Wachgendarmen ihre Waffen abzunehmen und sich eine Zeit lang zu verteidigen, bis ihnen die Übermacht von Tscherkessen und Gendarmen keine andere Wahl mehr ließ, als sich in den Fluss zu stürzen. Die meisten von ihnen ertranken, doch Nazareth Muradian und einige wenige andere konnten überleben.[55]

Offensichtlich, schloss Rößler aus diesen Berichten, waren am Chabur weit mehr Menschen als die aus Deir es-Zor Vertriebenen umgebracht worden.[56] Niemand wusste genau, wie viele Armenier sich in den Lagern südlich Deir es-Zor, in Mejadin und Ana, aufgehalten hatten. Weit abseits der üblichen Reiserouten hatte sie kaum jemand zu Gesicht bekommen. Es werden mehrere Zehntausend gewesen sein. Von Zeki Bey, dem Bezirkshauptmann von Deir es-Zor, der nach dem Zeugnis von Sarkissian und Muradian die Massaker am Chabur befehligte, ist jedenfalls überliefert, dass er auf die Frage eines Korrespondenten der Zeitung *Taswiri Efkiar,* ob er tatsächlich zehntausend Armenier umgebracht habe, geantwortet hat: «Für 10 000 bin ich nicht zu haben. Erhöhe mal die Zahl!»[57] Diese Massaker waren systematisch, gnadenlos und in einigen Fällen ein regelrechter «Holocaust». Kerosin wurde in einem bekannten Fall eingesetzt, um 2000 an Händen und Füßen gefesselte Waisenkinder dem Flammentod auszuliefern. Im Lager Sabha hat man 60 000 Menschen mit anderen Methoden verbrannt, weitere in Höhlen bei Schedadde am Chabur.[58] Die Region wurde in diesen mörderischen Monaten zu einem Zentrum für planmäßig vorgehende *génocidaires.* Insgesamt, so neuere Berechnungen, sind zwischen April und Herbst 1916 um die 200 000 Armenier in der Region Deir es-Zor systematisch getötet worden.[59]

Im Oktober 1916 behandelte der Parteitag des CUP das Thema. Außer Istanbul und Izmir, so *Taswiri Efkiar,* sei kein Platz übrig geblieben, wo «die Aussiedlung» bisher nicht durchgeführt wurde. Leider sei dabei nicht immer nach einem einheitlichen Prinzip verfahren worden, was der Autor Yunus Nadi darauf zurückführte, dass «unsere Auffassung der armenischen Frage einer absolut sicheren und festen Grundlage entbehrte». Er meinte damit vermutlich die Probleme, die es mit einzelnen Regional- und Provinzbeamten gegeben hatte, die sich oft den Ausführungsbestimmungen widersetzen wollten. Doch der Parteitag, so Nadi, habe «diese Frage» noch einmal gründlich behandelt und sei zu dem einmütigen Schluss gekommen, dass der Regierung «bei ihrem Vorgehen gegen die Armenier keine andere Wahl übriggeblieben war». Schließlich habe sich «der Staat» als Folge der armenischen «Verbrechen» in einem «furchtbaren Kampf auf Leben und Tod» befunden und war aus diesem Grund gezwungen, eine «Ära der Säuberungen» einzuleiten.[60] Fast modellhaft zeigte sich in solchen Argumentationen noch einmal die für genozidäre Mentalitäten typische projektive Verkehrung von Ursachen und Wirkungen. Natürlich hätte «der Staat» eine andere Wahl gehabt, wäre die ihn okkupierende nationalrevolutionäre Elite nicht von extremen Homogenisierungsmanien besessen gewesen.

Im Jahr 1917 schien sich auf den ersten Blick einiges zu ändern. Wenn es zu einem Separatfrieden mit Russland kommen sollte, verkündete Mehmet Talaat nach der russischen Revolution im Spätherbst, habe er die Absicht, einen allgemeinen Gnaden- und Amnestieerlass für alle Armenier zu verkünden.[61] Er besprach diese Frage Anfang 1918 sogar mit Trotzki[62], den er während der ersten Friedensverhandlungen in Brest-Litowsk im Januar kennengelernt hatte.[63] Es war offensichtlich, dass die Regierung Talaat Pascha, die seit seiner Ernennung zum Großwesir Anfang Februar 1917 im Amt war, schon frühzeitig, wie Pallavicini süffisant bemerkte, alles unternahm, um «ein für die Friedensverhandlungen günstigeres Terrain zu schaffen, indem man die Schuld für die Massaker der früheren Regierung (unter dem Großwesir Said Halim) in die Schuhe» schob.[64] Die Aufgabe war erledigt, die armenische Frage existierte nicht mehr, wie Talaat wusste, doch «das Gefühl, dass die armenische Frage von allen Mächten (Freund oder Feind) zum Anlass genommen werden wird, um sich wie früher in die inneren Fragen der

Türkei einzumischen»,[65] wie der k. u. k.-Diplomat Trauttmansdorff bemerkte, nahm in dem Maße wieder zu, in dem der Krieg seinem Ende entgegenzugehen schien und die Türkei sich in künftigen Friedensverhandlungen erneut mit einer internationalen Öffentlichkeit konfrontiert sah, vor der sie der Krieg und das Bündnis mit den Mittelmächten bis dahin geschützt hatten. Im März 1917 war das Deportationsbüro in Aleppo aufgelöst worden.[66] Nichts allerdings deutete darauf hin, dass sich die Praxis im Jahre 1917 grundlegend geändert hatte. Schon am 25. März meldete die deutsche Botschaft, die Armenierausweisungen hätten wieder eingesetzt.[67] Andererseits hat es nach dem Frieden von Brest-Litowsk 1918 tatsächlich Amnestien von «Langzeitdeportierten» gegeben. Jedenfalls konnte Pailadzo Captanian, die in Aleppo überlebt hatte, im Sommer Syrien Richtung Istanbul verlassen.[68] Im Rahmen einer allgemeinen Politik des CUP, die laut Taner Akçam davon ausging, dass armenische Überlebende, die nicht mehr in der Lage waren, kollektiv zu agieren und ihre Nationalität und Kultur beizubehalten, keine Gefahr mehr darstellten, war das weniger verwunderlich, als es auf den ersten Blick erscheint.[69] Trotzdem blieben das Einzelfälle.

Die beherrschende Richtung im CUP hat, angeführt von Ismail Enver, in der Schwäche Russlands eher eine Chance zur Revanche als ein Motiv zur Mäßigung gesehen. Das vorläufige Ziel hieß Baku. Unversehens nahm auch die antiarmenische Propaganda wieder zu. Seit dem 13. März 1918 häuften sich, verordnet durch Envers Kriegsministerium[70], die antiarmenischen Artikel in der Presse.[71] Der Krieg, so *Tanin* am 20. März, habe die Armenier hoffentlich endgültig vom verhängnisvollen Weg des «Imperialismus» abgebracht und sei ihnen «eine große Lehre» gewesen.[72] Sichtlich lag darin auch eine Warnung an die ehemals russischen Armenier in der nach der Oktoberrevolution neu entstandenen Transkaukasischen Föderation. Die nationale Kraft der Türken, triumphierte die Zeitung *Tercüman*, sei «unerschöpflich».[73] Istanbuls herrschende Kreise, stellte der neue deutsche Botschafter Bernstorff in diesen Tagen fest, waren nach dem Frieden von Brest-Litowsk von einem maßlosen Taumel des Siegesbewusstseins, Nationalismus und Panislamismus erfasst worden.[74]

Die armenischen Provinzen Ostanatoliens, in die unter dem Schutz der Russen ab 1916 etwa 150 000 armenische Flüchtlinge zurückgekehrt waren, wurden nun, als sich die russische Armee nach der Revolution in Auflösung befand, erneut türkisches Angriffsziel und Ort neuer, mit ungeheuren Grausamkeiten verbundener Vertreibungen.[75] Batum wurde Mitte April erobert. Das alles geschah im Widerspruch zu den Friedensbedingungen von Brest, die ausdrücklich das Selbstbestimmungsrecht der kaukasischen Völker einschließlich der Bezirke Kars, Ardahan und Batum anerkannt hatten. Kars fiel am 25. April 1918 in türkische Hand, und im Vertrag von Batum wurde nach dem Zerfall der Transkaukasischen Föderation der armenische Staat am 3. Mai auf die ehemals russischen Regionen Eriwan und Sevan begrenzt.[76] Zum ersten Mal seit zweihundert Jahren hatte das Osmanische Reich wieder einen Gebietsgewinn zu verzeichnen.

Militärisch gesehen war der Feldzug durch den Kaukasus angesichts der in Mesopotamien vorrückenden britischen Truppen ein abenteuerliches Vabanquespiel, von dem der nüchtern denkende Hindenburg Enver immer wieder abzubringen versuchte. Vergebens, denn längst hatte das CUP sich von einer gemeinsamen Kriegsplanung mit den Deutschen verabschiedet und führte nun einen rein «türkischen» Krieg, wie General von Lossow feststellte.[77] Nichts, was in Brest-Litowsk vereinbart worden war, so Lossow, galt mehr. Auch die ehemals russischen Gebiete Armeniens wurden nun überrollt, als seien sie eine alte türkische Erbmasse. Kurdische und tatarische Freiwillige begleiteten die Armee und raubten und mordeten nach bekanntem Muster in allen armenischen Ortschaften, die auf dem Weg lagen. Wie während der großen Verfolgungswelle des Jahres 1915 wurden auch hier als Erstes sämtliche Männer ausgesondert und weggeführt. Es gehe der türkischen Politik in Armenien darum, so Bernstorff, «bezüglich des Territorialbesitzes *fait accompli* zu schaffen»[78], eine Maßlosigkeit, die nach den Worten Lossows auf nichts anderes hinauslaufen konnte als die «völlige Ausrottung der Armenier auch in Transkaukasien».[79] Aserbaidschan mit seiner mehrheitlich turksprachigen Bevölkerung werde ohnehin bereits «als türkisch betrachtet».[80]

Der Feldzug in Armenien wurde mit ungeheurer Brutalität geführt. Eine «Trennung zwischen Volk und militärischem Gegner» sei im Fall der Armenier, meinte Enver, ohnehin nicht möglich, da sie allesamt feindlich gesinnt und, wie früher mit den Russen, nun mit den Engländern verbunden seien.[81] Hunderttausende von Armeniern flohen in die Berge, wo sie von den Türken bewusst dem Hunger ausgesetzt wurden, wie Kreß von Kressenstein, der Leiter der deutschen Delegation im Kaukasus, beobachten konnte.[82] «Systematisch und planmäßig», so Kress, werde das gesamte besetzte Gebiet ausgeplündert und alles, was nicht niet- und nagelfest sei, weggeführt.[83] Überall irrten Flüchtlinge auf den Straßen hin und her. 80 000 Armenier waren in den Schluchten von Bakuriani zusammengedrängt, und auch die Täler von Karakilissa waren voll mit Flüchtlingen. Metzeleien wurden verübt. Keineswegs, so Kress von Kressenstein, hätten die Türken «ihre Absicht, die Armenier auszurotten», aufgegeben.[84]

Der pantürkische Feldzug erreichte seinen Höhepunkt, als Nuri Pascha, Envers Halbbruder, im Sommer seine «Armee des Islam» durch die aserbaidschanische Ebene nach Baku führte. Baku war ein strategisch wichtiges Zentrum der Ölindustrie, doch die Stadt wurde zu dieser Zeit von russischen Sozialrevolutionären und armenischen Daschnaken mit Unterstützung eines britischen Expeditionscorps unter dem Kommando von Generalmajor L. C. Dunsterville beherrscht. Die Deutschen hatten auf eine kurzfristige Sowjetisierung Aserbaidschans gesetzt und für diesen Fall Anfang September mit Lenin einen Vertrag über die Nutzung der Ölvorkommen Bakus unterzeichnet.[85] Doch darauf nahm Envers «türkischer» Krieg jetzt keine Rücksichten mehr. Baku sollte türkisch werden.

«Über der schwarzen Stadt hingen mächtige Rauchwolken. Türkische Artillerie hatte am 15.9. vormittags einen Massut-Tank in Brand geschossen», berichtete Oberstleutnant Paraquin nach dem Einzug von Nuris «Armee des Islam» in Baku: «Die Straßen waren fast menschenleer. Die Läden und Häuser waren nahezu ausnahmslos geplündert.» Schon bei der Einfahrt in die Stadt hatte er Kinderleichen auf den Straßen liegen sehen und laut vernehmliche Hilfeschreie gehört. Die Eroberung Bakus ging, wie kaum anders zu erwarten, mit großen Massakern und Plünderungen einher. Offensichtlich, so Paraquin, hatte Nuri das erlaubt. Auch während einer Stunden dauernden Parade, auf der Nuri seine Truppen und Kanonen zum Zeichen des Sieges in der Stadt aufmarschieren ließ, ging das Morden und Plündern weiter, begleitet von einer völligen «inneren Teilnahmslosigkeit» des gesamten türkischen Offiziercorps, wie Paraquin feststellen konnte. Nichts, auch nicht der erregte dänische Konsul, konnte sie zum Eingreifen bewegen. Stattdessen ließ Nuri auf einem Festmahl im Hotel Metropol nach der Siegesparade in Hochstimmung das Kaukasuslied aufspielen. «Mit unverhohlenem Triumph wurde mir der Inhalt verdeutscht», berichtete Paraquin, «dass nunmehr die Türkei sich ihr altes Eigentum, den Kaukasus, wieder holen werde.»[86] Doch daraus wurde nichts.

Während Nuri Pascha in Baku von einem Großreich in Mittelasien träumte, begann die Autorität der Zentralregierung in Istanbul zu schwinden. Der Tod des Sultans Mehmed Reshad am 3. Juli hatte den CUP-kritisch eingestellten Vahidettin auf den Thron gebracht. Britische Bombenangriffe versetzten im Juli Istanbul in Panik. Mitte September erklärte sich der neue Sultan an der Stelle Envers zum Oberkommandierenden der osmanischen Streitkräfte[87], Funktionäre des CUP im Beraterstab des Sultans wurden entlassen und durch Vertraute Vahidettins ersetzt. Währenddessen nahm die Hungersnot in Istanbul katastrophale Ausmaße an. Talaat sah sich aus diesem Grund Anfang September gezwungen, eigens nach Berlin zu fahren, um dort die dramatische Lage zu erklären und einen Kredit für Lebensmittel einzufordern. Auf seinem Rückweg wollte er in Sofia Station machen, um Zar Ferdinand zu treffen. Doch als er dort eintraf, befand sich Bulgarien schon mitten in Friedensverhandlungen. Talaat erkannte sofort, dass der Krieg verloren war.[88]

Er schien auf diese Situation gut vorbereitet gewesen zu sein. Schon den nächsten Aufenthalt während der Rückreise nutzte er zu einem Treffen mit dem örtlichen Gouverneur auf dem Bahnhof von Edirne, um ihm Instruktionen für die Zeit nach dem Krieg zu erteilen. Thrazien müsse unter allen Umständen türkisch bleiben, sagte er ihm, und aus diesem Grund müssten organisatorische Vorbereitungen zur Verteidigung der türkischen Interessen nach dem Krieg getroffen werden.[89] Wenig später wurde die TM damit beauftragt, im ganzen Land ein Netz für den kommenden nationalen Widerstand gegen eventuelle Teilungspläne der Entente aufzubauen.[90] Der Krieg war für Talaat zwar einstweilen verloren, aber noch nicht vorbei. Er selbst trat gemeinsam mit Enver am 10. Oktober zurück, um einer Regierung Platz zu machen, die unbelasteter mit der Entente verhandeln konnte, gleichwohl aber weiter der Kontrolle des CUP unterstand,[91] und traf Vorbereitungen für seine Flucht nach Berlin. Zwar war er nun kein Regierungschef mehr, doch als Parteimann, der einer «heiligen Sache» verpflichtet war, wollte er weiter derjenige bleiben, der im Land die Fäden zog.

Kurz vor seiner Abreise fand in der letzten Oktoberwoche 1918 ein Treffen in Envers Villa statt, bei dem auf Talaats Initiative hin eine zweite Widerstandsorganisation aus der Taufe gehoben wurde. Die Geheimorganisation *Karakol* hatte Verbindungen zur TM und war nach dem bewährten klandestinen Zellensystem des CUP organisiert. Kara Kemal, ein Kampfgefährte Talaats seit frühen Tagen, wurde an diesem Abend in Envers Villa mit ihrer Führung im Land beauftragt.[92] Über ihn sollten in Zukunft die Weisungen aus Berlin an den nationalen Untergrund in der Türkei weitergeleitet werden, nach dessen Plänen der Krieg um ein homogenes türkisches Kernland mit dem bevorstehenden Waffenstillstand keineswegs beendet war. Schon vor dem risikoreichen Kampf um die Dardanellen 1915 hatte man sich in Details auf alle Eventualitäten einer möglichen Niederlage vorbereitet.

10. Anfänge des internationalen Rechts

Talaat, Enver und andere Führer des CUP, unter ihnen Bahaeddin Schakir und Mehmed Nazim, setzten sich Anfang November 1918 in geheimer Mission auf einem deutschen Torpedoboot über das Schwarze Meer Richtung Sewastopol und anschließend mit der Bahn über Simferopol nach Berlin ab.[1] Kurz darauf trat in Istanbul der Waffenstillstand in Kraft. Nach dem Ausscheiden Bulgariens aus dem Bündnis waren Briten und Franzosen, unterstützt durch griechische Truppen, in Thrazien rasch vorgedrungen, und es war nur noch eine Frage der Zeit gewesen, wann sie Konstantinopel erreichen würden. Am 31. Oktober schwiegen die Waffen.[2]

Istanbul war erschöpft nach dem langen Krieg. Am 13. November begann eine vier Jahre andauernde Besatzungszeit.[3] Der Winter 1918/1919 war ein einziger Alptraum für die Bevölkerung. Die große Grippewelle nach dem Krieg hatte auch Istanbul im Griff, es fehlte an Kohle und Holz, und Jugendbanden machten nachts die Straßen unsicher.[4] Der Staat war bankrott, die Inflationsrate nahm horrende Ausmaße an.[5] Zehntausende russischer Flüchtlinge waren seit dem Beginn des Bürgerkriegs in Russland in die Stadt geströmt. Reiche Russen heizten mit verschwenderischer Geste den Immobilienmarkt an, doch die meisten vegetierten in Lagern auf Gallipoli oder vor den Toren der Stadt, wenn sie nicht auf dem Schwarzmarkt oder in den Etablissements um den Taksim-Platz ihren kleinen Halbweltgeschäften mit den Soldaten der alliierten Mächte nachgingen.[6] Vieles in Istanbul, beobachtete der Reporter des *Toronto Star*, Ernest Hemingway, hatte die unverwechselbare und fast unwirkliche halbseidene Mischung von Glanz und Schatten, die Besatzungszeiten oft mit sich brachten.[7] Wie eine Operetteninszenierung wirkte es, als der Oberkommandierende der alliierten Armeen im Orient, General Franchet d'Espèrey, am 8. Januar 1918 auf einem Schimmel die Grand rue de Péra hinunter paradierte,[8] dabei bewusst Mehmed den Eroberer zitierend, als hätte er die Stadt nach fünfhundert Jahren Türkenherrschaft gerade wieder für das Abendland einkassiert.

«Talaat und Enver haben das Reich Osmans verspielt», war die Ansicht vieler Türken in diesen Tagen. Mit der Aufhebung der Zensur nach dem Waffenstillstand machte sich diese Meinung auch in der türkischen Presse Luft. Oppositionelle kehrten aus dem Exil oder der Verbannung zurück. Plötzlich wurde deutlich, dass es trotz drastischer Gleichschaltungsmaßnahmen und zahlreicher politischer Morde dem CUP nie gelungen war, seine Gegner völlig zum Schweigen zu bringen. Ehemalige CUP-Mitglieder wie Damad Ferid Pascha, der Stiefbruder des Sultans, hatten sich während des Kriegs desillusioniert von ihrer politischen Vergangenheit abgewandt und spielten nun eine Rolle als Wortführer der neu entstandenen osmanischen Liberalen[9], die eine klare Zäsur und eine deutliche Abrechnung mit der Vergangenheit verlangten. «Vor vier oder fünf Jahren ist ein historisch einmaliges Verbrechen begangen worden, ein Verbrechen, das die Welt schaudern lässt»[10], schrieb die Tageszeitung *Sabah* im Januar 1919, und ein Leitartikler von *Alemdar* forderte: «Lasst uns beweisen, dass wir genügend nationale Energie besitzen, um mit der Kraft des Gesetzes gegen die Köpfe dieser Banditen vorzugehen, die die Gerechtigkeit mit Füßen getreten und unsere Ehre und unser nationales Leben in den Schmutz gezogen haben.»[11] Die Abrechnung mit der Vergangenheit, darin war sich *Alemdar* mit vielen anderen einig, stellte die Grundvoraussetzung für einen nationalen Neuanfang nach dem Krieg dar.

Am 30. Oktober 1918, dem Tag der Waffenstillstandsverhandlungen, schrieb Viscount Bryce an Theodore Roosevelt: «Enver und Talaat, die beiden Hauptverbrecher, sollten gehängt werden, wenn man sie fassen kann.»[12] Jedem war klar, dass die Forderung nach Bestrafung der Hauptkriegsverbrecher zu den elementaren Forderungen der Alliierten bei

Friedensverhandlungen zählen würde. Dennoch ist es nicht ohne Bedeutung, dass die erste Initiative dazu vom osmanischen Parlament ausging. Es war der arabische Abgeordnete Fuad Bey, der am 28. Oktober den Antrag stellte, Ermittlungen gegen die Mitglieder der Kriegskabinette aufzunehmen. Der Antrag wurde am 4. November von den Abgeordneten debattiert.[13] Das führte dazu, dass eine parlamentarische Untersuchungskommission mit dem Ziel eingerichtet wurde, «die Kabinette Said Halim und Talaat Pascha vor den Hohen Gerichtshof»[14] zu bringen. Die sogenannte Fünfte Kommission des Parlaments begann ihre Arbeit mit der Vernehmung von Said Halim am 9. November. Das wichtigste Ergebnis der Befragungen war, dass der Eintritt in den Krieg über die Köpfe des Kabinetts hinweg rechtswidrig von einem kleinen inneren Zirkel des CUP beschlossen wurde.[15] Insgesamt jedoch waren die Ergebnisse der Fünften Kommission, was die Aufklärung der Verbrechen an den Armeniern betraf, eher mager, obwohl Fuad in seinem Antrag die temporären Gesetze über Deportation und Enteignungen als «im völligen Widerspruch zu Geist und Buchstaben unserer Verfassung stehend»[16] bezeichnet hatte und nicht weniger deutlich die Minister als «der Mitwirkung an den tragischen Verbrechen»[17] beschuldigte, die von den Banden der TM begangen wurden.

Schon vor dem Waffenstillstand waren die Deportationsverbrechen am 19. Oktober im osmanischen Senat zur Sprache gebracht worden. Ausgerechnet Ahmed Riza, der ehemalige intellektuelle Führer des CUP und frühere Mentor von Bahaeddin Schakir und Mehmet Nazim, fand dabei deutliche Worte. «Ahmed Riza Bey brandmarkte die Behandlung der Armenier und Araber unter dem Regime des früheren Kabinetts», meldete die deutsche Botschaft nach Berlin, «und sprach die Erwartung aus, dass die Hinterbliebenen der Ermordeten aus der Verbannung zurückkehren und entschädigt werden würden.»[18] Wörtlich hatte er gesagt, dass die Armenier «grausam ermordet wurden» und Araber, denen man eine Beteiligung am arabischen Aufstand zur Last gelegt hatte, «erhängt und vertrieben wurden».[19]

Als er zwei Tage später für diese Äußerungen mit dem Argument kritisiert wurde, er wolle damit einseitig nur die Türken zu Tätern machen, antwortete Riza mit derselben Klarheit, die Schuld treffe im Kern den osmanischen Staat, der die genannten Verbrechen ausschließlich aus «politischen» Gründen begangen habe.[20] Riza war kurz zuvor von Sultan Vahidettin zum Präsidenten des Senats ernannt worden und hatte in seiner Antrittsrede am 19. Oktober die Überzeugung zum Ausdruck gebracht, «dass mit der Thronbesteigung des gegenwärtigen Herrschers ein Zeitalter der Gesetzlichkeit und Gerechtigkeit für das Land angebrochen»[21] sei. Deutlich wollte er mit solcher Wortwahl auch zu verstehen geben, dass dies in seinen Augen während der diktatorischen Alleinherrschaft des CUP nicht der Fall gewesen war. Riza, der in den Jahren vor der Revolution 1908 als der unumstrittene Führer des Komitees im Pariser Exil galt, hatte sich schon in der Zeit, als Schakir und Nazim seine konservativ-moderne Bewegung in eine aktivistische nationalistische Kampfpartei umformten, mehr und mehr in Distanz zu dieser Art von Radikalismus begeben. Schakir hatte er frühzeitig eine fast krankhafte Armenierfeindlichkeit attestiert[22], doch erst die Vernichtungspolitik während des Kriegs führte zum Bruch mit dem von ihm nicht unwesentlich weltanschaulich und politisch geprägten CUP. Am 25. September 1915 war Riza aus dem CUP ausgeschlossen worden. Offensichtlich deshalb, vermutete ein österreichischer Diplomat, weil «Ahmed Riza die Regierung ganz offen wegen der rücksichtslosen Verfolgung der Armenier getadelt hatte».[23] 1918 war es Rizas Rede im Senat, mit der die öffentliche Auseinandersetzung über die Verbrechen des CUP begann.

Unabhängig von der Fünften Kommission des Parlaments wurde am 23. November der ehemalige Gouverneur von Ankara, Mazhar Bey, von der neuen Regierung beauftragt, eine Kommission zu gründen, die in Sachen Kriegsverbrechen, einschließlich des Völkermords an den Armeniern, ermitteln sollte. Hassan Mazhar war mit Bedacht ausgewählt worden, denn er hatte sich 1915 den Deportationsbefehlen widersetzt. Von der Nachkriegsregierung mit weitreichenden Kompetenzen für seine Kommission ausgestattet, war Mazhar befugt, ohne Rücksicht auf Dienstgrad oder Amt Personen vorzuladen, Haussuchungen durchzuführen, Beweismittel zu beschlagnahmen, Verdächtige festnehmen zu lassen und in Untersuchungshaft zu überführen. Die Kommission arbeitete sehr effektiv. 130 umfangreiche und personenbezogene Dossiers führten zur Aufnahme von strafrechtlichen Verfolgungen.[24]

Im Januar 1919 kam es zu den ersten Verhaftungen, teils auch auf Grund einer der Regierung von den Briten vorgelegten Liste, die zeitweise die Namen von mehreren Hundert Personen enthielt. Doch erst im März herrschte Klarheit über die Art und Weise des Verfahrens. Die Angeklagten wurden vor das Kriegsgericht und nicht, wie die Fünfte Kommission es vorgesehen hatte, vor den Hohen Gerichtshof bestellt. Wegen des andauernden Kriegsrechts waren ordentliche Gerichte ohnehin nicht zuständig, aber die Wahl des Kriegsgerichts hatte noch einen anderen Hintergrund. Vor dem Hohen Gerichtshof wären sie als politische Amtsträger und nicht in erster Linie als Personen angeklagt worden, was in der Konsequenz bedeuten konnte, dass auch Staatsorgane, politische Ämter oder Organisationen im Zweifelsfall selbst unter das Strafrecht gefallen wären. Um das zu vermeiden, wählte das Kriegsgericht die Variante, sie nicht als Amtsträger, sondern als Mitglieder einer politischen Geheimorganisation, des CUP, persönlich anzuklagen.[25]

Dennoch war die Einrichtung dieses Gerichtshofs, vor dem, so der Vorsitzende des Kriegsgerichts Nazim Pascha, «im Namen der allgemeinen Menschenrechte»[26] Mitglieder einer verbrecherischen politischen Organisation im Besitz der Staatsgewalt von einem Gericht ihres eigenen Landes zur Rechenschaft gezogen werden sollten, etwas Ungewöhnliches. Die Verbrechen, um die es ging, nannte der Staatsanwalt mit deutlichen Worten während der Eröffnungssitzung des ersten Verfahrens «Verbrechen gegen die Menschheit».[27]

Am 8. April wurde in einem untergeordneten Verfahren das erste Urteil gesprochen. Wegen «Massaker, Plünderungen und Beraubungen»[28] wurde der Landrat von Yozgad, Kemal Bey, zum Tode verurteilt und am 10. April auf dem Bayezit-Platz gehängt. Das Hauptverfahren begann am 28. April. Hauptangeklagte in absentia waren Talaat, Enver, Ahmed Djemal, Mehmet Nazim und Bahaeddin Schakir. Sie wurden in ihrer Eigenschaft als Amtsträger des CUP oder als Mitglieder seines

Zentralkomitees angeklagt, «durch die Bildung einer vierten bedrohlichen Kraft oberhalb der drei Kräfte» von Legislative, Exekutive und Justiz «die gesetzliche Form der osmanischen Herrschaft»[29] zerstört und sich illegitim des Staats bemächtigt zu haben, um «dem Anschein nach mit der Absicht, nationale Bestrebungen zu befriedigen», in Wirklichkeit «den Weltkrieg auszunutzen», der ihnen die Gelegenheit gegeben habe, ihre «heimlichen Ziele in die Tat umzusetzen».[30] Eindeutig war mit dieser Formulierung in der Anklageschrift die Vernichtung der osmanischen Armenier gemeint. «Massaker an der Bevölkerung» wurden ihnen zur Last gelegt, «Plünderungen von Gütern und Geldern, Verbrennen von Häusern und Leichen, Vergewaltigungen, Folterungen und Quälereien»[31], um auf diese Weise «die orientalische Frage»[32] gewaltsam zu lösen. Alles das, so die Anklage, sei nachweislich «von einer vereinigten zentralen Kraft organisiert» worden, «welche sich aus den genannten Personen zusammensetzte und deren Durchführung durch die Erteilung mündlicher und geheimer Befehle und Anordnungen gewährleistet und geleitet wurde».[33]

Eine zentrale Rolle im Verfahren selbst spielte die Aufklärung über die Sonderorganisation TM. Nachdem die Angeklagten sich lange darauf zurückgezogen hatten, die TM sei nichts als ein dem Kriegsministerium angegliedertes «offizielles Amt» gewesen, musste der Angeklagte Riza Bey während der fünften Sitzung des Gerichts zugeben, dass die TM auch für die «verborgenen Umsiedlungs- und Massakerangelegenheiten»[34] zuständig gewesen war. Dem Gericht war dieses fast beiläufig und in Selbstverteidigung vorgebrachte Geständnis deshalb wichtig, weil es in ihm eine Bestätigung seiner durch verschiedene Zeugenaussagen und Dokumente belegten Anschuldigung sehen konnte, wonach die TM eine auf «kriminelle Operationen und Handlungen»[35] ausgerichtete Geheimorganisation der Partei zur Vernichtung der osmanischen Armenier gewesen war, also die eigentliche Sturmtruppe des Völkermords. «Die Ermordung und Vernichtung der Armenier und die Plünderung und der Raub ihrer Güter sind das Ergebnis der Beschlüsse des Zentralkomitees von Einheit und Fortschritt», hatte General Vehib Pascha in einer schriftlichen Aussage, die dem Gericht vorlag, festgehalten: «Derjenige, der im

Gebiet der Dritten Armee Menschenschlächter heranschaffte, diese leitete und einsetzte, ist Bahaeddin Schakir Bey.»[36] Anhand der Indizien, Beweise und der Gesamtheit der Dokumente sah es das Gericht als erwiesen an, dass die Sonderkommandos der TM «in der Angelegenheit eingesetzt wurden, die Kolonnen der Umgesiedelten zu ermorden und zu vernichten».[37] Extremer Nationalismus, die «sonderbare» Auffassung, «die Nation als Quelle der Freiheit»[38] aufzufassen, war nach Ansicht des Gerichts das Motiv dieser politischen Verbrechen.

Die Prozesse haben in der Türkei eine erhebliche Publizität hervorgerufen. Die Zeitung *Sabah* bezeichnete das Hauptverfahren sogar als den wichtigsten Prozess in der Geschichte des Osmanischen Reichs.[39] Mitte März hatten verschiedene Blätter eine Erklärung des neuen Innenministers Djemal publiziert, derzufolge «800 000 Armenier tatsächlich ermordet worden waren».[40] Er sorgte mit diesen offenen Worten für großes Aufsehen, bei dem sich zum ersten Mal auch Gegner der Verfahren wieder lautstark äußerten. «Das ziemt sich nicht für einen muslimischen Minister»[41], warf der Schriftsteller und Nationalist Süleiman Nazif Djemal vor. Doch auch Mustafa Kemal «Atatürk» nannte gegenüber dem amerikanischen General James G. Harbord die Zahl von 800 000 umgekommenen Armeniern, allerdings mit der Einschränkung: «Die Ermordung von Menschen und ähnliche Verbrechen kommen in Amerika, Frankreich und England ebenso vor, doch nur die Türkei wird für das Massaker an 800 000 ihrer Staatsbürger zur Rechenschaft gezogen.»[42] Die Massenmorde waren für Mustafa Kemal eine unbestreitbare Tatsache, aber er maß ihnen kaum eine moralische oder rechtspolitische Bedeutung bei. Ganz im Gegensatz zu dem kurzzeitigen Innenminister Djemal, für den die Aufarbeitung der Vergangenheit eine unverzichtbare Bedingung des nationalen Neubeginns blieb. «Hat die Nation nicht das Recht auf einen Bericht über die Gräueltaten?», fragte Djemal. «Nur so wird die blutige Vergangenheit ausgelöscht.»[43]

Talaat, Enver, Ahmed Djemal und Mehmet Nazim wurden am 5. Juli 1919 in Abwesenheit zum Tode verurteilt, Bahaeddin Schakir erhielt am 13. Januar 1920 in einem getrennten Verfahren dieselbe Höchststrafe. Insgesamt kam es bei den Verfahren des Kriegsgerichtshofs zu

17 Todesurteilen, von denen aber nur drei vollstreckt werden konnten. «Was von uns erwartet werden kann, ist eine Gerechtigkeit im Namen der allgemeinen Menschenrechte», hatte Staatsanwalt Mustafa Nazim bei der Eröffnung des Hauptverfahrens gesagt.[44]

In dieser Zeit lebte Talaat unbehelligt in der Hardenbergstraße in Berlin und war damit befasst, aus der Ferne die Fäden des nationaltürkischen Untergrunds zusammenzuhalten. «Keineswegs gewillt, die Niederlage als etwas Endgültiges hinzunehmen», so der deutsche Außenamtsmitarbeiter Wipert von Blücher, wurde «die Hardenbergstraße» zu einer Schaltstelle des revanchistischen jungtürkischen Exils[45] und seiner geheimen Netze und Aktivitäten. Aus der Hardenbergstraße erteilte Talaat Anweisungen an *Karakol* in der Türkei. Am 10. April 1919 organisierte *Karakol* anlässlich der Hinrichtung des als Kriegsverbrecher verurteilten Mehmed Kemal Bey eine Großkundgebung zu seinem Begräbnis, die in Istanbul und Anatolien einen nachhaltigen Stimmungsumschwung gegen die «Siegerjustiz» einleitete. *Karakol* hatte über klandestine Kanäle um die tausend Einladungen zum Begräbnis Kemals an Vertrauensleute versandt.[46] Auf diesen Demonstrationen, die zwei Tage andauerten, wurde Kemal Bey von alten Anhängern des CUP und neuen Anhängern der Nationalbewegung Mustafa Kemals öffentlich als «großer Märtyrer der Türken» gefeiert. Der Wind begann sich zu drehen.

Noch größer waren die Demonstrationen auf dem Sultan-Ahmed-Platz am 23. Mai nach der griechischen Besetzung Izmirs.[47] *Karakol* hatte seine Leute auch in den Gefängnissen, in denen verhaftete Kriegsverbrecher einsaßen. Sie gewährten ihren Gefangenen Freigang und sorgten dafür, dass der Schlächter von Diyarbakir, Mehmet Reschid, fliehen konnte.[48] *Karakol* spielte durch Waffenschmuggel eine große Rolle beim Aufbau von Mustafa Kemals Nationalbewegung.[49] Die Organisation schleuste gesuchte Kriegsverbrecher in die von den Kemalisten beherrschten Teile Anatoliens.[50]

1920 wies Mehmet Talaat *Karakol* an, in Zukunft die Führungsrolle Mustafa Kemals, den er anfangs glaubte für seine eigenen Zwecke funktionalisieren zu können[51], umstandslos zu akzeptieren.[52] Spätestens seit dem Vertrag von Sèvres am 10. August 1920, in dem Armenien weite Teile Ostanatoliens zugesprochen wurden, hatte für Talaat die Stunde der Einheitsfront aller Irredentisten geschlagen. Auch die Haltung Mustafa Kemals zu den Prozessen des Kriegsgerichtshofs nahm nach dem Vertrag von Sèvres deutlich an Schärfe zu. Am 11. August 1920 beschloss die Nationalregierung in Ankara, die Kriegsgerichte, die sich «mit Verfahren wegen der Deportation»[53] befassten, aufzulösen. Der hoffnungsvolle Versuch einer Aufarbeitung der Vergangenheit war damit beendet. Mustafa Kemals nationale Widerstandsbewegung marschierte in die Regionen Kars und Ardahan ein, wo zu dieser Zeit 300 000 zurückgekehrte Armenier lebten, und wurde bei ihrem Vormarsch erst kurz vor Eriwan durch die Rote Armee zum Halten gebracht. Etwa 60 000 Armenier kamen bei diesen Nachkriegskämpfen in der kaukasischen Region ums Leben.[54]

Am 15. März 1921 wurde Mehmet Talaat auf der Berliner Hardenbergstraße erschossen. Das Attentat schrieb Geschichte und auch Rechtsgeschichte. Der Mörder, das stellte sich schnell heraus, war der armenische Student Soghomon Tehlirjan. Er hatte Talaat, der unter falschem Namen in einer Achtzimmerwohnung am heutigen Ernst-Reuter-Platz wohnte, wochenlang beobachtet und ihm dann mit einer 9-Millimeter Parabellum aus nächster Nähe in den Hinterkopf geschossen. Das Istanbuler Urteil gegen Talaat hatte zum Zeitpunkt des Berliner Attentats noch den Status der Rechtsgültigkeit. Die Meinung in der Türkei über den Anschlag war deshalb ausgesprochen gespalten. «Talaat ist mit dem gestraft worden, worin er gesündigt hat – sein Tod ist die Sühne seiner Taten»[55], meinte beispielsweise die liberale, der türkischen Nationalbewegung gegenüber kritische Tageszeitung *Alemdar*.

Auch in Deutschland war die Reaktion nicht einheitlich. Schon seit Kriegsende, als die ersten Nachrichten über die armenischen Massaker durch die ehemaligen türkischen Weltkriegsverbündeten zensurfrei an die Öffentlichkeit gelangten, war das so. «Talaat, Halil, Enver und ihre Komplicen sind neulich in Konstantinopel zum Tode verurteilt worden – vorläufig in contumaciam, da sie sämtlich flüchtig sind», meldete das *Berliner Tageblatt* im August 1919, um prophetisch mit den Worten zu

Am 15. März 1921 erschoss der armenische Student Soghomon Tehlirjan Mehmet Talaat auf der Berliner Hardenbergstraße unweit des Bahnhofs Zoo.

schließen: «Sollte das Schicksal, oder der Gendarm, sie eines Tages erreichen, so hätte man keinen Anlass, diesen Tag als Trauertag zu begehen.»[56] Der «berechtigte unmenschliche Hass gegen Talaat Pascha», diagnostizierte der *Berliner Lokalanzeiger* nach dem Anschlag, sei deshalb, wenn nicht zu billigen, so doch zumindest nachvollziehbar.[57] Die *Deutsche Allgemeine Zeitung* betonte dagegen Talaats große Leistungen als dem Reich verbundener Staatsmann und Diplomat, der vollkommen zurückgezogen in Berlin lebte und nun durch feige «Mörderhand» gefallen war.[58] Deutschland werde sein Andenken immer in Ehren halten.[59]

Für die Berliner Politik war das Attentat vom 15. März 1921 eine delikate Angelegenheit. Nach wie vor beherrschte die Kriegsschuldfrage die internationale Debatte. In Großbritannien setzte sich langsam die Meinung durch, dass Deutschland doch wahrscheinlich den Krieg nicht absichtlich herbeigeführt habe, als in Antwort auf einen Artikel des Historikers Hans Delbrück in der *Contemporary Review* plötzlich dort ein ganz anderes Thema aufgeworfen wurde: die Schuld Deutschlands an seiner türkischen Politik während des Krieges.[60] Das war nur wenige

Tage vor dem Anschlag auf Talaat Pascha. Durch den Pistolenschuss des Armeniers Tehlirjan war publik geworden, dass die deutsche Republik gesuchte türkische Kriegsverbrecher beherbergte, und die Gefahr war groß, dass bei dem Prozess gegen Thelirjan die Rolle der deutschen Regierung während des Völkermords an den Armeniern öffentlich zur Sprache kommen könnte. Der Prozess begann am 2. Juni 1921 vor dem Landgericht Berlin-Moabit in der Turmstraße. Er endete überraschend mit einem Freispruch. In den Augen der Geschworenen, der Zuschauer und der Presse war die Verhandlung durch das Geschick der Verteidiger und Gutachter zu einer Verhandlung über die Taten des Opfers geworden. Der Verteidigung war es in dieser Stimmung gelungen, erfolgreich auf eine eingeschränkte Willensfreiheit des Angeklagten zum Zeitpunkt der Tat zu plädieren. «Ihr Spruch wird wahrscheinlich nach Tausenden von Jahren noch wegen dieser gemeinen Verbrechen beachtet werden», hatte Rechtsanwalt Johannes Werthauer in seinem leidenschaftlichen Schlussplädoyer zudem den Geschworenen ans Herz gelegt: «Welche Jury der ganzen Welt würde Wilhelm Tell verurteilt haben, weil er den Landvogt niedergeschossen hat?»[61] Tehlirjan konnte das Moabiter Landgericht, umarmt und beglückwünscht von Landsleuten, als freier Mann verlassen.[62]

«Obwohl die Verteidigung von Tehlirjan auf zeitweilige Unzurechnungsfähigkeit plädierte», kommentierte die *New York Times*, «war seine wirkliche Verteidigung die entsetzliche Vergangenheit von Talaat Pascha, wodurch der Freispruch des Armeniers von der Anklage des Mords in deutscher Sicht zum Todesurteil für den Türken wurde.»[63] Es war diese innere Dialektik, die den Prozess vom Juni 1921 zu einem der denkwürdigsten gemacht hat, die jemals in Deutschland stattgefunden haben.

Im Gerichtssaal saß auch ein junger Mann, der zu dieser Zeit in Berlin Jura studierte. Sein Name war Robert M. W. Kempner. Er würde später als verfolgter Jude in die USA emigrieren und im Verlauf der Nürnberger Kriegsverbrecherprozesse als Stellvertreter des amerikanischen Chefanklägers Robert H. Jackson international bekannt werden. Kempner fand in dieser Zeit unter anderem das sogenannte Wannsee-

Protokoll. Doch schon während des Prozesses gegen Tehlirjan wurde er mit jenem Problemfeld konfrontiert, das ihn nach 1945 in Nürnberg beschäftigen würde. Der Pistolenschuss Tehlirjans und der folgende Prozess, schrieb er im Rückblick, führten der Welt zum ersten Mal ein völkerrechtliches Dilemma vor Augen, in dem sie sich während des Ersten Weltkriegs befunden hatte. Der Tehlirjan-Prozess hatte zwar nicht dazu geführt, dass der Völkermord an den Armeniern auf die Agenda der Anklage gesetzt werden konnte. Es handelte sich schließlich um einen Strafprozess gegen einen Attentäter, der unzweifelhaft diese Tat begangen hatte.

Die ganze Verhandlung und die Art und Weise jedoch, wie sie öffentlich wahrgenommen wurde, hatte unfreiwillig – aber durchaus bedingt durch die formale Struktur eines Strafgerichtsprozesses, in dem auch die Tatmotive eine entscheidende Rolle spielen müssen – etwas von einem frühen Völkerrechtstribunal an sich. Im Vordergrund der Wahrnehmung stand nämlich weniger die Tat selbst als das Motiv des Täters und damit die Taten des Opfers. «Rechtspolitisch war dieser Prozess von besonderer Bedeutung», meint deshalb Kempner, «weil zum ersten Mal in der Rechtsgeschichte der Grundsatz zur Anerkennung kam, dass grobe Menschenrechtsverletzungen, insbesondere Völkermord, begangen durch eine Regierung, durchaus von fremden Staaten bekämpft werden können und keine unzulässige Einmischung in innere Angelegenheiten eines anderen Staates bedeuten.»[64] Diese etwas wohlwollend überzogene Aussage lässt sich zwar streng juristisch gesehen kaum aufrechterhalten, doch es kamen während des Prozesses einige interessante neue Aspekte zur Sprache, die darauf aufmerksam machten, dass das internationale Recht gerade in dieser Frage noch sehr unvollkommen war.

«Die Verhandlung hier ist nicht eine wie jede andere», so Rechtsanwalt Niemeyer, einer der drei Verteidiger Tehlirjans in seinem Schlussplädoyer. «Sie sprengt von selbst den Rahmen dieses Gerichtssaales und zwingt uns, unsere Blicke auf weitere Zusammenhänge zu richten. … Wir sind gezwungen, die Rechtsprechung des Landgerichts III und dieses Schwurgerichts im Sinne einer weitgespannten und erleuchteten

Erkenntnis des Wesens des Rechts und der Aufgaben der Menschheit und ihrer Zusammenhänge zu üben, und wenn dies geschieht, so glaube ich nicht, dass Sie Salomon Teilirian (i. e. Soghomon Tehlirjan) des Todes schuldig finden werden.»[65] Niemeyer bewegte sich damit hart an der Grenze einer fast demagogisch zu nennenden emotionalen Beeinflussung der Geschworenen, und Rechtsanwalt Werthauer assistierte ihm bedenkenlos mit den Worten: «Lassen Sie Ihr Gefühl rückhaltlos walten, getragen von der juristischen Überzeugung der wohlbegründeten Gerechtigkeit.»[66] Dennoch wurde damit eine Komponente von Naturrecht in einen Strafprozess mit einbezogen, die ungewöhnlich war und Kempners Einschätzung in gewisser Weise verständlich werden lässt.

Die Vorbereitung war so gut, dass Johannes Werthauer – der zu den großen Anwälten der Weimarer Zeit gehörte und im August 1933 auf der ersten Ausbürgerungsliste der Nationalsozialisten stand – schon wenige Tage nach dem Attentat der Gewissheit Ausdruck verlieh, er habe «nicht den geringsten Zweifel», dass der Prozess mit einem Freispruch für den Attentäter enden werde.[67] «Die entscheidende Phase dieses dramatischen Prozesses», so die *New York Times*, «begann, als Professor Lepsius offizielle türkische Dokumente vorlegte, die bewiesen, dass die Führer der türkischen Regierung in Konstantinopel – und besonders Talaat selbst – unmittelbar dafür verantwortlich waren, dass die Deportationen zu einem Blutbad wurden.»[68] Die Geschworenen kamen in dieser Stimmung zu der einstimmigen Auffassung, dass der Angeklagte im Affekt und in einem Zustand geistiger Unzurechnungsfähigkeit zum Zeitpunkt der Tat gehandelt hatte, und plädierten auf Freispruch.[69] Tatsächlich befand sich Tehlirjan seit einiger Zeit wegen psychosomatisch bedingter affekt-epileptischer Anfälle in Behandlung.[70]

Das persönlich beteiligte Opfer, als das er sich durch intensive Vorbereitung und mit äußerster Konzentration vor Gericht präsentierte, war Tehlirjan jedoch nicht. Er zeichnete dort ein außerordentlich glaubhaftes Bild der Massaker in seiner Heimatstadt Erzincan, denen seine ganze Familie zum Opfer gefallen war und das durch den Vergleich mit anderen Zeugenaussagen aus der Region noch glaubhafter erschien. Er war

Raphael Lemkin, der Vater der UN-Völkermordkonvention von 1948, wurde durch Tehlirjans Attentat auf Lücken im internationalen Recht aufmerksam.

extrem gut präpariert. Tatsächlich war seine Familie umgekommen, doch er selbst hatte das nicht erlebt, denn zu dieser Zeit kämpfte er auf russischer Seite in einem armenischen Freiwilligenbataillon.[71] Tehlirjan war ein armenischer Revolutionär, wie ihn die türkische Propaganda nicht besser hätte erfinden können, und er hatte vorsätzlich und geplant gehandelt. Den Auftrag, Talaat Pascha zu ermorden, erhielt er im Herbst 1920 im Bostoner Restaurant «Koko», bevor er sich von dort aus auf den Weg nach Berlin machte.[72] Mit Tehlirjans Mission begann eine systematische armenische Vergeltungspolitik, bei der Talaat Pascha nur das erste Opfer war. Wäre sein Vorsatz dem Gericht bekannt gewesen, hätte er niemals mit einem Freispruch den Gerichtssaal verlassen.

Für die rechtsgeschichtliche Würdigung des Berliner Prozesses ist dieser Umstand heute jedoch ohne Belang. Er hatte andere langfristige Wirkungen, und eine davon hängt mit der Person von Raphael Lemkin zusammen. «Tehlirjan hatte sich selbst zum Vollstrecker des Gewissens der Menschheit ernannt», schrieb Lemkin, der als junger Student im ostpolnischen Lemberg darüber in der Zeitung gelesen hatte, in seinen autobiographischen Aufzeichnungen. «Doch kann jemand sich selbst dazu ernennen, Gerechtigkeit auszuüben? Wird eine solche Art von Gerechtigkeit nicht eher von Emotionen beherrscht sein und zur Karikatur ausarten? In diesem Augenblick erhielt der Mord an einem unschuldigen Volk eine größere Bedeutung für mich. Ich hatte zwar noch keine endgültigen Antworten, aber das sichere Gefühl, dass die Welt ein Gesetz gegen diese Form von rassisch oder religiös begründetem Mord erlassen musste. Souveränität, meinte ich, kann nicht als das Recht missverstanden werden, Millionen unschuldiger Menschen umzubringen.»[73] Er wiederholte diesen Gedanken noch einmal in einem CBS-Interview 1949: «Ich habe begonnen, mich für das Thema Genozid zu interessieren, weil dieses Schicksal den Armeniern widerfuhr. … Der Prozess Talaat Pascha 1921 in Berlin ist in diesem Zusammenhang sehr lehrreich. Ein Mann, dessen Mutter während des Völkermords ermordet wurde, tötete Talaat Pascha. … Aber, sehen Sie, als Richter bin ich der Auffassung, dass ein Verbrechen nicht durch das Opfer bestraft werden sollte, sondern durch ein ordentliches Gericht.»[74]

Fünf Jahre zuvor hatte Lemkin, zu dieser Zeit Honorarprofessor für Völkerrecht in Yale, seine berühmte Abhandlung über die Besatzungspolitik der Achsenmächte in Europa veröffentlicht, in der er, und zwar im 9. Kapitel, zum ersten Mal den Versuch einer juristisch einwandfreien Definition des Begriffs «Genozid» unternahm. Am 9. Dezember 1948 nahm die Vollversammlung der Vereinten Nationen mit Resolution 260 A (III) auf dieser Grundlage die «Konvention zur Verhütung und Bestrafung des Genozids» an.[75]

Wichtig ist dabei vor allem, dass Lemkin, indem er eine einzige rechtliche Definition für historisch höchst unterschiedliche Formen des Völkermordes finden wollte, von Anfang an einen komparatistischen

Diskurs eröffnete. Schon 1933 versuchte er auf einer Juristenkonferenz des Völkerbundes in Madrid allgemein verbindliche internationale Regeln zur Verfolgung von Massenmord an Menschen wegen deren religiöser, ethnischer oder sozialer Herkunft durch ihre eigenen Staaten durchzusetzen. Lemkin war zu diesem Zeitpunkt stellvertretender Staatsanwalt in Warschau, und seine Aktivitäten im eigenen Land alles andere als unumstritten. Józef Beck, der polnische Außenminister, untersagte ihm persönlich den geplanten Auftritt in Madrid. Als Lemkins Plan dort dennoch präsentiert wurde, verließen die deutschen Delegierten – Hitler war seit kurzem an der Macht – unter Protest den Raum.[76] Ein Jahr später gab Lemkin auf und arbeitete bis zu seiner Flucht nach dem deutschen Überfall auf Polen 1939 als Anwalt. Immer wieder – auch nach der Shoah, der 49 Mitglieder seiner Familie zum Opfer fielen – kam er jedoch auf sein initiales Erlebnis zurück, eben jenen denkwürdigen Prozess in Berlin 1921, den Völkermord an den Armeniern während des Ersten Weltkriegs und die dadurch offenbar gewordenen Mängel des internationalen Rechts.

Nachbemerkung und Danksagungen

In dem Manuskript für dieses Buch sind Materialien aus früheren Publikationen und Vorträgen verwendet worden, so insbesondere aus dem Buch «Operation Nemesis. Die Türkei, Deutschland und der Völkermord an den Armeniern» von 2005. Seitdem ist eine Fülle neuerer Forschungsliteratur erschienen, neue Primärquellen wurden gesichtet, neue Sichtweisen haben sich eröffnet. Alles das hat in dieses Buch Eingang gefunden. Einiges wurde präzisiert, vieles, insbesondere zur armenischen Politik, zu den Strukturen des jungtürkischen Einparteienstaats und zum Prozess der kumulativen Radikalisierung, ist hinzugekommen, der systematische Zugang unterscheidet sich. Neue Anregungen verdanke ich Begegnungen und Gesprächen in den letzten Jahren mit Taner Akçam, Margaret Lavinia Anderson, Jörg Berlin, Frank Bösch, Mihran Dabag, Christian Gerlach, Gerd Hankel, Elke Shohig Hartmann, Stefan-Ludwig Hoffmann, Raymond Kévorkian, Hans-Lukas Kieser, M. Rainer Lepsius, Ulrich Sieg, Ronald Grigor Suny, Ugur Ümit Üngör, Michael Wildt und anderen. Margaret Anderson, Hans-Lukas Kieser, Roy Knocke und Christin Pschichholz haben sich der Mühe unterzogen, das Manuskript kritisch gegenzulesen. Meine Frau Elke war schließlich wie stets, zu passenden und unpassenden Zeiten, eine geduldige Zuhörerin. Die Namen und Schreibweisen der genannten Orte folgen mit Ausnahme von bekannten Städten wie Istanbul, Izmir und anderen den in der beschriebenen Zeit üblichen Bezeichnungen und Transkriptionen.

Literaturverzeichnis

Archive, Dokumentensammlungen, Zeitschriften, Internet

Bryce-Report: Bryce, James, and Arnold Toynbee: The Treatment of the Armenians in the Ottoman Empire 1915–1916. Documents Presented Viscount Grey of Falloden by Viscount Bryce. London 1916. Kommentierte Neuausgabe Princeton 2000

CO: Der Christliche Orient. Herausgeber: Dr. Johannes Lepsius, Jahrgang 1897, Jahrgänge 1900–1918

DA: Deutschland und Armenien 1914–1918. Sammlung diplomatischer Aktenstücke. Herausgegeben und eingeleitet von Dr. Johannes Lepsius (1919). Reprint Bremen 1996

Dadrian, Vahakn N.: Documentation of the Armenian Genocide in Turkish Sources. London/New York 1991

Der Orient. Herausgeber Dr. Johannes Lepsius. Jahrgänge 1919–1925

DGP: Lepsius, Mendelssohn-Bartholdy, Thimme: Die Große Politik der Europäischen Kabinette 1871–1914. Sammlung diplomatischer Akten des Auswärtigen Amts. Berlin 1923

DOA: Documents on Ottoman Armenians, Vol. I, II. Prime Ministry. Directorate General of Press and Information, Ankara, o. J.

Gust, Wolfgang (Hg.): Der Völkermord an den Armeniern 1915/16. Dokumente aus dem Politischen Archiv des Deutschen Auswärtigen Amts. Springe 2005.

HHStA: Haus-, Hof- und Staatsarchiv Wien

Jahrbuch der Deutschen Orient-Mission. Herausgeber: Dr. Johannes Lepsius, Jg. 1903

Kriegsgerichtshof Istanbul: Prozessprotokolle in Taner Akçam: Armenien und der Völkermord. Die Istanbuler Prozesse und die türkische Nationalbewegung. Hamburg 1996, S. 166–366

LAP: Lepsius-Archiv Potsdam

Mikaelijan, Wardges: Die armenische Frage und der Genozid an den Armeniern in der Türkei (1913–1919). Dokumente aus dem Politischen Archiv des Deutschen Auswärtigen Amts. Jerewan 2004

New York Public Library, Rare Books Division: Raphael Lemkin Papers

Ohandjanian, Artem (Hg.): Österreich-Ungarn und Armenien 1912–1918. Sammlung diplomatischer Aktenstücke. Jerewan 2005
PA-AA: Politisches Archiv des Auswärtigen Amts, Berlin
USOD: Safarian, Ara (Ed.): United States Official Documents on the Armenian Genocide, Vol. I, II, III. Watertown 1993
8 Uhr Abendblatt, Berliner Tageblatt, Berliner Lokalanzeiger, Deutsche Allgemeine Zeitung, Frankfurter Zeitung, Spectator, The New York Times
http://www.armenocide.de
http://www.armenian-genocide.org/us

Bücher und Aufsätze

Abels, Norbert: Franz Werfel. Reinbek 1990
Adanir, Fikret: Non-Muslims in the Ottoman Army and the Ottoman Defeat in the Balkan Wars of 1912–1913. In: Suny, Ronald Grigor/Fatma Müge Göcek/Norman Naimark (Ed.): A Question of Genocide, Armenians and Turks at the End of the Ottoman Empire. Oxford/New York 2011
Ahmad, Feroz: The Young Turks. The Committee of Union and Progress in Turkish Politics 1908–1914. London 2010
Ahmad, Feroz: Turkey. A Quest for Identity. Oxford 2003
Akçam, Taner: A Shameful Act. The Armenian Genocide and the Question of Turkish Responsibility. New York 2006
Akçam, Taner: Armenien und der Völkermord. Die Istanbuler Prozesse und die türkische Nationalbewegung. Hamburg 1996
Akçam, Taner: From Empire to Republic. Turkish Nationalism and the Armenian Genocide. London/New York 2004
Akçam, Taner: The Young Turks' Crime against Humanity. The Armenian Genocide and Ethnic Cleansing in the Ottoman Empire. Princeton and Oxford 2012
Aksakal, Mustafa: The Ottoman Road to War in 1914. The Ottoman Empire and the First World War. Cambridge 2008
Aksakal, Mustafa: «Holy War Made in Germany»? Ottoman Origins of the 1914 Jihad. In: Haldun Gülalp/Günter Seufert (Hg.), Religion, Identity and Politics: Germany and Turkey in Interaction. Abingdon/New York 2013
Albrecht, Richard: «Wer redet heute noch von der Vernichtung der Armenier?» Adolf Hitlers Geheimrede am 22. August 1939. Aachen 2007
Alexander, Edward: A Crime of Vengeance. An Armenian Struggle for Justice, Lincoln 2000
Anderson, Margaret Lavinia: Germany and the Armenian Genocide. An Interview with Margaret Lavinia Anderson by Khatchig Mouradian, ZNet, November 14, 2006
Anderson, Margaret Lavinia: Who Still Talked about the Extermination of the Armenians? German Talk and German Silences. In: Suny/Göcek/Naimark (2011)

Anderson, M. S.: The Eastern Question 1774–1923. A Study in International Relations. London, Melbourne, Toronto 1966

Andonian, Aram: Exile, Trauma and Death. On the Road to Chankiri with Komitas Vardabed. Translated, edited and annotated by Rita Soulahian Kuyumjian. London 2010

Arkun, Aram: Into the Modern Age, 1800–1913. In: Edmund Herzig/Marina Kurkchiyan: The Armenians: Past and Present in the Making of National Identity. London 2005

Arkun, Aram: Zeytun and the Commencement of the Armenian Genocide, in: Suny/Göcek/Naimark (2011)

Astourian, Stephan H.: Modern Turkish Identity and the Armenian Genocide. From Prejudice to Racist Nationalism. In: Richard G. Hovannisian (Ed.): Remembrance and Denial. The Case of the Armenian Genocide. Detroit 1999

Astourian, Stephan H.: The Silence of the Land. Agrarian Relations, Ethnicity, and Power. In: Suny/Göcek/Naimark (2011)

Aydin, Cemil: The Politics of Anti-Westernism in Asia. Visions of World Order in Pan-Islamic and Pan-Asian Thought. New York/Chichester 2007

Baden, Max von: Erinnerungen und Dokumente, Berlin/Leipzig 1927

Balakian, Krikoris: Armenian Golgatha. A Memoir of the Armenian Genocide, 1915–1918. Translated by Peter Balakian with Arvis Sevag. New York 2010

Bauman, Zygmunt: Moderne und Ambivalenz. Das Ende der Eindeutigkeit. Hamburg 1992

Bayraktar, Seyhan: Politik und Erinnerung. Der Diskurs über den Armeniermord in der Türkei zwischen Nationalismus und Europäisierung. Bielefeld 2010

Birand, Mehmet Ali: We are surrendering ourselves to ‹genocide›. Hürriyet Daily News, 24. 4. 2012

Bloxham, Donald: The Beginning of the Armenian Catastrophe: Comparative and Contextual Considerations. In: Kieser/Schaller (2002)

Bloxham, Donald: The Final Solution. A Genocide. Oxford 2013

Bloxham, Donald: The Great Game of Genocide. Imperialism, Nationalism, and the Destruction of the Ottoman Armenians. Oxford/New York 2005

Bloxham, Donald: The First World War and the Development of the Armenian Genocide. In: Suny/Göcek/Naimark (2011)

Bloxham, Donald/Dirk A. Moses (Ed.): The Oxford Handbook of Genocide Studies. New York 2010

Blücher, Wipert von: Deutschlands Weg nach Rapallo. Wiesbaden 1951

Bryce, James: Viscount Bryce of Dechmont, O. M., Volume II. New York 1927

Buchan, John: A History of the Great War, 4 Volumes. Boston 1922

Captanian, Pailadzo: 1915. Der Völkermord an den Armeniern. Eine Zeugin berichtet. Leipzig 1993

Cashmore, Ellis: Encyclopedia of Race and Ethnic Studies. London 2004

Ceadel, Martin: Gladstone and a Liberal Theory of International Relations. In: Peter

Gosh and Lawrence Goldman (Ed.): Politics and Culture in Victorian Britain: Essays in Memory of Colin Matthew. Oxford 2006.

Criss, Nur Bilge: Istanbul under Allied Occupation 1918–1923. Leiden, Boston, Köln 1999

Dabag, Mihran: Der Grenozid an den Armeniern im Osmanischen Reich. In: Knigge, Volkhard/Norbert Frei (Hg.): Verbrechen erinnern. Die Auseinandersetzung mit Holocaust und Völkermord. München 2002

Dadrian, Vahakn N./Taner Akçam: Judgement at Istanbul. The Armenian Genocide Trials. New York/Oxford 2011

Dadrian, Vahakn N.: German Responsibility in the Armenian Genocide: A Review of the Historical Evidence of German Complicity. Watertown 1996

Dadrian, Vahakn N.: The Armenian Genocide in Official Turkish Records. Collected Essays by Vahakn N. Dadrian. Journal of Political and Military Sociology, Volume 22, No. 1, Summer 1994

Dadrian Vahakn N.: The History of the Armenian Genocide. Ethnic Conflict from the Balkans to Anatolia and the Caucasus. New York, Oxford 2003

Dadrian Vahakn N.: The Complicity of the Party, the Government, and the Military. Select Parliamentary and Judicial Documents. In: International Journal of Middle East Studies, Volume 23, November 1991, No. 4

Dadrian, Vahakn N.: The Documentation of the World War I Armenian Massacres in the Proceedings of the Turkish Military Tribunal. In: International Journal of Middle East Studies, Volume 23, November 1991, No. 4

Dadrian, Vahram: To The Desert. Pages from My Diary. Translated by Agop J. Hacikyan. Princeton/London 2003

Davis, Leslie A.: The Slaughterhouse Province. New Rochelle, NY 1989

Derogy, Jacques: Resistance and Revenge. The Armenian Assassination of the Turkish Leaders Responsible for the 1915 Massacres and Deportations. New Brunswick and London 1990

Diner, Dan: Das Jahrhundert verstehen. Eine universalhistorische Deutung. Frankfurt am Main 2004

Dinkel, Christoph: German Officers and the Armenian Genocide. In: Armenian Review, 44,1, 1991/173

Djemal Pascha, Achmed: Erinnerungen eines türkischen Staatsmannes, München 1922

Dündar, Fuat: Crime of Numbers. The Role of Statistics in the Armenian Question (1878–1918). New Brunswick 2010

Dündar, Fuat: Pouring People into the Desert. The «Definitive Solution» of the Unionists to the Armenian Question. In: Suny/Göcek/Naimark (2011)

Dwight, H. G.: Constantinople Old and New. New York 1915

Einstein, Lewis: Inside Constantinople. A Diplomatist's Diary during the Dardanelles Expedition, April to September, 1915. London 1917

Erickson, Edward J.: Ordered to Die: A History of the Ottoman Army in the First World War. Westport, CT 2001

Feigel, Uwe: Das evangelische Deutschland und Armenien. Die Armenierhilfe deutscher evangelischer Christen seit dem Ende des 19. Jahrhunderts im Kontext der deutsch-türkischen Beziehungen. Göttingen 1989

Foucault, Michel: Sexualität und Wahrheit. Der Wille zum Wissen. Frankfurt am Main 1979

Gatrell, Peter: A Whole Empire Walking. Refugees in Russia during World War I. Bloomington 2005

Gaunt, David: Massacres, Resistance, Protectors. Muslim-Christian Relations in Eastern Anatolia during World War I. Piscataway, NJ 2006

Gaunt, David: The Ottoman Treatment of the Assyrians. In: Suny/Göcek/Naimark (2011)

Gencer, Mustafa: Bildungspolitik, Modernisierung und kulturelle Interaktion. Deutsch-türkische Beziehungen (1908–1918). Münster, Hamburg, London (LIT) o. J.

Gerlach, Christian: Extrem gewalttätige Gesellschaften. Massengewalt im 20. Jahrhundert. München 2011

Gerlach, Christian: Nationsbildung im Krieg. Wirtschaftliche Faktoren bei der Vernichtung der Armenier und beim Mord an den ungarischen Juden. In: Kieser/Schaller (2002)

Göcek, Fatma Müge: Rise of the Bourgeoisie, Demise of the Empire. Ottoman Westernization and Social Change. New York and Oxford 1996

Gökalp, Ziya: Türkish Nationalism and Western Civilisation. Selected Essays. Translated and Edited with an Introduction by Niyazi Berkes. London 1959

Goldschmidt, Arthur Jr.: A Concise History of the Middle East. Boulder 1999

Goltz, Hermann: Die «Armenischen Reformen» im Osmanischen Reich, Johannes Lepsius und die Gründung der Deutsch-Armenischen Gesellschaft. In: Fünfundsiebzig Jahre Deutsch-Armenische Gesellschaft. Mainz 1989

Gooch, G. P.: History of Modern Europe 1878–1919. New York 1923

Gooch, G. P.: Recent Relevations of European Diplomacy. London 1927

Gooch, G. P.: Under Six Reigns. London 1959

Gordon, Harold J. (Ed.): The Hitler Trial before the People's Court in Munich. Arlington 1976

Gottlieb, W. W.: Studies in Secret Diplomacy during the First World War. London 1957

Grey of Fallodon, Viscount: Twenty-Five Years, 1818–1916. New York 1925

Güven, Dilek: Nationalismus und Minderheiten. Die Ausschreitungen gegen Christen und Juden in der Türkei vom September 1955. München 2012

Halide Edib Hanum: Memories of Halide Edib. London 1926

Hanioglu, M. Sükrü: A Brief History of the Late Ottoman Empire. Princeton and Oxford 2008

Hanioglu, M. Sükrü: Atatürk. An Intellectual Biography. Princeton and Oxford 2011

Hanioglu, M. Sükrü: Preparation for a Revolution. The Young Turks 1902–1908. Oxford and New York 2001

Hanioglu, M. Sükrü: The Young Turks in Opposition. Oxford and New York 1995

Hartmann, Elke: The Central State in the Borderlands. Ottoman Eastern Anatolia in the Late Nineteenth Century. In: Bartov/Weitz (Ed.): Shatterzone of Empire. Bloomington and Indianapolis 2013

Hemingway, Ernest: Gesammelte Werke. Reinbek 1989

Heyd, Uriel: Foundations of Turkish Nationalism. The Life and Teachings of Ziya Gökalp. London 1950

Hofmann, Tessa (Hg.): Das Verbrechen des Schweigens. Die Verhandlungen des türkischen Völkermords an den Armeniern vor dem Ständigen Tribunal der Völker. Göttingen und Wien 1984

Hofmann, Tessa: New Aspects of the Talat Pasha Court Case. In: Armenian Review. Winter 1989, Volume 42, No. 4/168

Holquist, Peter: The Politics and Practice of the Russian Occupation of Armenia, 1915–February 1917. In: Suny/Göcek/Naimark (2011)

Horne, John/Alan Kramer: German Atrocities, 1914. A History of Denial. New Haven and London 2001

Hosfeld, Rolf (Hg.): Johannes Lepsius – Eine deutsche Ausnahme. Der Völkermord an den Armeniern, Humanitarismus und Menschenrechte. Göttingen 2013

Hosfeld, Rolf: Operation Nemesis. Die Türkei, Deutschland und der Völkermord an den Armeniern, Köln 2005

Hovannisian, Richard G. (Ed.): The Armenian Genocide in Perspective. New Brunswick and London 2003

Hovannisian, Richard G. (Ed.): Remembrance and Denial. The Case of the Armenian Genocide. Detroit 1999

Hull, Isabel: Absolute Destruction. Military Culture and the Practises of War in Imperial Germany. Ithaka and London 2005

Ihrig, Stefan: Atatürk in the Nazi Imagination. Cambridge, Mass./London 2014

Jacoby, Tim: Social Power and the Turkish State. London 2004

Jeackh, Ernest (Ernst Jäckh): The Rising Crescent. Turkey Yesterday, Today, and Tomorrow. New York, Toronto 1944

Jernazian, Ephraim K.: Judgement unto Truth, Witnessing the Armenian Genocide. New Brunswick and London 1990

Kaiser, Hilmar: A German Officer during the Armenian Genocide. A Biography of Max von Scheubner-Richter. London 2008

Kaiser, Hilmar: Armenian Property, Ottoman Law and Nationality Policies during the Armenian Genocide, 1915–1916. In: Olaf Farschid/Manfred Kropp/Stephan Dähne (Ed.): The First World War as Remembered in the Countries of the Eastern Mediterranean. Beirut 2006

Kaiser, Hilmar: «A Scene from the Inferno». The Armenians of Erzourum and the Genocide, 1915–1916. In: Kieser/Schaller (2002)

Kaiser, Hilmar: At the Crossroads of Der Zor. Death, Survival and Humanitarian Resistance in Aleppo, 1915–1917. Princeton 2001

Kaiser, Hilmar: Genocide at the Twilight of the Ottoman Empire. In: Bloxham/Moses (2010)

Kaiser, Hilmar: The Baghdad Railway and the Armenian Genocide, 1915–1916. In: Hovannisian (Ed.): Remembrance and Denial (1999)

Kaligian, Dikran Mesrob: Armenian Organization and Ideology under Ottoman Rule 1908–1914. New Brunswick and London 2011

Karpat, Kemal H.: The Politicization of Islam: Reconstructing Identity, State, Faith, and Community in the Late Ottoman State. New York 2000

Karpat, Kemal H.: Ottoman Past and Today's Turkey. Boston 2000

Keegan, John: Der Erste Weltkrieg. Eine europäische Tragödie. Reinbek 2001

Kempner, Robert M. W.: Vor sechzig Jahren vor einem deutschen Schwurgericht: Der Völkermord an den Armeniern. In: Recht und Politik Jg. 16/3(1980)

Kennan, George F.: The Balkan Crisis: 1913 and 1993. In: The Others Balkan Wars. A 1913 Carnegie Endowment Inquiry in Retrospect with a New Introduction and Reflections on the Present Conflict by George F. Kennan. Washington 1993

Kévorkian, Raymond: The Armenian Genocide. A Complete History. London/New York 2012

Kieser, Hans-Lukas: Der verpasste Friede. Mission, Ethnie und Staat in den Ostprovinzen der Türkei 1839–1938. Zürich 2000

Kieser, Hans-Lukas/Dominik W. Schaller (Hg.): Der Völkermord an den Armeniern und die Shoah/The Armenian Genocide and the Shoah. Zürich 2002

Kieser, Hans-Lukas/Elmar Plozza (Hg.)): Der Völkermord an den Armeniern, die Türkei und Europa. Zürich 2006

Kieser, Hans-Lukas: Dr Mehmed Reshid (1873–1919). A Political Doctor. In: Kieser/Schaller (2002)

Kieser, Hans-Lukas: Germany and the Armenian Genocide of 1915–1917. In: Jonathan Friedman (Ed.): The Routlegde History of the Holocaust. London 2011

Kieser, Hans-Lukas: Nearest East. American Millenialism and Mission to the Middle East. Philadelphia 2010

Kohn, Hans: A History of Nationalism in the East. London 1929

Kröger, Martin: Im wilden Kurdistan – Die militärische Expedition in der Osttürkei 1914–1916. In: Wilfried Loth/Marc Hanisch (Hg.): Erster Weltkrieg und Dschihad. Die Deutschen und die Revolutionierung des Ostens. München 2014

Künzler, Jakob: Im Land des Blutes und der Tränen. Erlebnisse in Mesopotamien während des Weltkrieges (1914–1918). Zürich 1999

Leonhard, Jörn: Die Büchse der Pandora. Geschichte des Ersten Weltkriegs. München 2014

Lepsius, Johannes: Armenien und Europa: Eine Anklageschrift. Berlin 1896

Lepsius, Johannes: Bericht über die Lage des Armenischen Volkes in der Türkei. Potsdam 1916

Lepsius, Johannes: Der Todesgang des Armenischen Volkes – Bericht über das Schicksal des Armenischen Volkes in der Türkei während des Weltkrieges. Potsdam 1919

Levene, Mark: The Crisis of Genocide. Devastation: The European Rimlands 1912–1938. Oxford 2013
Leverkühn, Paul: Posten auf ewiger Wache. Aus dem abenteuerlichen Leben des Max von Scheubner-Richter. Essen 1938
Lewis, Bernard: The Emergence of Modern Turkey, Third Edition. New York/Oxford 2002
Libaridian, Gerard J.: Modern Armenia. People, Nation, State. New Brunswick and London 2007
Libaridian, Gerard J.: What Was Revolutionary about Armenian Revolutionary Parties in the Ottoman Empire? In: Suny/Göcek/Naimark (2011)
Mann, Michael: Die dunkle Seite der Demokratie. Eine Theorie der ethnischen Säuberung. Hamburg 2007
Mazower, Mark: Der Balkan. Berlin 2003
Mazower, Mark: Der dunkle Kontinent. Europa im 20. Jahrhundert. Berlin 2000
Mazower, Mark: Salonica. City of Ghosts. Christians, Muslims and Jews 1430–1950. London/New York/Toronto/Sydney 2005
McClure, S. S.: Obstacles to Peace. Boston and New York 1917
Meißner, Axel: Martin Rades «Christliche Welt» und Armenien. Bausteine für eine internationale Ethik des Protestantismus. Berlin 2010
Meißner, Axel: Das Armenische Hilfswerk von Johannes Lepsius. Umfang und Bedeutung. In: Hosfeld (Hg.): Johannes Lepsius – Eine deutsche Ausnahme (2013)
Melson, Robert: Revolution and Genocide. On the Origins of the Armenian Genocide and the Holocaust. Chicago and London 1992
Mendelssohn, Peter de: The Age of Churchill. New York 1961
Miller, Donald E./Lorna Touryan Miller: Survivors. An Oral History of the Armenian Genocide. Berkeley and Los Angeles 1999
Mommsen, Wolfgang J.: Der «polnische Grenzstreifen». Anfänge der «völkischen Flurbereinigung» und der Umsiedlungspolitik. In: Ders.: Der Erste Weltkrieg. Anfang vom Ende des bürgerlichen Zeitalters. Frankfurt am Main 2004
Mommsen, Wolfgang J.: Großmachtstellung und Weltpolitik 1870–1914. Die Außenpolitik des Deutschen Reichs. Frankfurt am Main, Berlin 1993
Montgomery, George R.: Why Talaat's Assassin was Acquitted. In: New York Times Current History, July 1921
Morgenthau, Henry: Ambassador Morgenthau's Story. Garden City, NY 1918
Morgenthau, Henry: United States Diplomacy on the Bosporus. The Diaries of Ambassador Morgenthau 1913–1916. London 2004
Naimark, Norman M.: Flammender Hass. Ethnische Säuberungen im 20. Jahrhundert. München 2004
Naumann, Friedrich: Asia. Berlin-Schöneberg 1900
Nickisch, Reinhard M. G.: Armin T. Wegner. Ein Dichter gegen die Macht. Wuppertal 1982
Nogales y Mendes, Rafael de: Vier Jahre unter dem Halbmond. Berlin 1925
Nogales y Mendes, Rafael de: Memoirs of a Soldier of Fortune. New York 1932

Nolte, Ernst: Der Faschismus in seiner Epoche. Action Française. Italienischer Faschismus. Nationalsozialismus. München/Zürich 1995
Odian, Yervant: Accursed Years: My Exile and Return from Der Zor, 1914–1919. Translated by Ara Stepan Melkonian, Introduction by Krikor Beledian. London 2009
Osterhammel, Jürgen: Die Verwandlung der Welt. Eine Geschichte des 19. Jahrhunderts. München 2011
Paksoy, H. B. (Ed.): Central Asian Reader. A Rediscovery of History. London 1994
Parla, Taha: The Social and Political Thought of Ziya Gökalp: 1876–1924. Leiden 1985
Partridge, Michael: Gladstone. London 2002
Power, Samantha: A Problem from Hell. America and the Age of Genocide. New York 2007
Pschichholz, Christin: Zwischen Diaspora, Diakonie und deutscher Orientpolitik. Deutsche evangelische Gemeinden in Istanbul und Kleinasien in osmanischer Zeit. Stuttgart 2011
Rae, Heather: State Identities and the Homogenisation of Peoples. New York 2002
Riggs, Henry H.: Days of Tragedy in Armenia. Personal Experiences in Harpoot, 1915–1917. Ann Arbor 1997
Rodogno, Davide: Against Massacre: Humanitarian Intervention in the Ottoman Empire, 1815–1914. The Emergence of a European Concept and International Practice. Princeton 2012
Roshwald, Aviel: Ethnic Nationalism and the Fall of Empires. Central Europe, Russia and the Middle East, 1914–1923. London and New York 2001
Sanders, Liman von: Fünf Jahre Türkei. Berlin 1920
Sassounian, Harut: Lemkin Discusses Armenian Genocide in Newly-Found 1949 CBS Interview, The California Courier, 8. 12. 2005
Sazonov, Serge: Fateful Years 1909–1916. The Reminiscences of Serge Sazonov. New York 1928
Scheffler, Thomas: Political religion and autocracy: Wilhelm II's encounter with Ottoman Islam. In: Haldun Gülalp/Günter Seufert (Hg.): Religion, Identity and Politics: Germany and Turkey in Interaction. Abingdon/New York 2013
Schöllgen, Gregor: Imperialismus und Gleichgewicht. Deutschland, England und die orientalische Frage 1871–1914. München 2000
Schwartz, Michael: Ethnische «Säuberungen» in der Moderne. Globale Wechselwirkungen nationalistischer und rassistischer Gewaltpolitik im 19. und 20. Jahrhundert. München 2013
Seton-Watson, R. W.: Disraeli, Gladstone and the Eastern Question. London 1962
Sicker, Martin: The Islamic World in Decline. From the Treaty of Karlowitz to the Disintegration of the Ottoman Empire. Westport, CT 2001
Sieg, Ulrich: Deutsche Intellektuelle und ihre Haltung zu Armenien im Ersten Weltkrieg. In: Hosfeld, Rolf (Hg.): Johannes Lepsius – Eine deutsche Ausnahme (2013)

Steed, Henry Wickham: Through Thirty Years. A Personal Narrative. Garden City, NY 1924
Strachan, Hew: Der Erste Weltkrieg. München 2004
Strachan, Hew (Ed.): The Oxford Illustrated History of the First World War. Oxford 2000
Strachan, Hew: The First World War. Volume I: To Arms. Oxford 2003
Stürmer, Harry: Zwei Kriegsjahre in Konstantinopel. Skizzen deutsch-jungtürkischer Moral und Politik. Lausanne 1917
Suny, Ronald Grigor/Fatma Müge Göcek/Norman Naimark (Ed.): A Question of Genocide. Armenians and Turks at the End of the Ottoman Empire. Oxford, NY 2011
Suny, Ronald Grigor: Looking Towards Ararat. Armenia in Modern History. Bloomington and Indianapolis 1993
Suny, Ronald Grigor: «They Can Live in the Desert But Nowhere Else». A History of the Armenian Genocide. Princeton 2015
Ternon, Yves: Der verbrecherische Staat. Hamburg 1996
Thelen, Sibylle: Die Armenierfrage in der Türkei. Berlin 2010
Todorova, Maria: Imagining the Balkans. New York 1997
Toynbee, Arnold J.: A Summary of Armenian History up to and including the Year 1915. In: James Bryce/Arnold Toynbee: The Treatment of the Armenians in the Ottoman Empire (1916). Princeton 2000
Toynbee, Arnold J.: The Western Question in Greece and Turkey. A Study in the Contact of Civilisations. London/Bombay/Sydney 1922
Toynbee, Arnold J.: Turkey: A Past and a Future. Breinigsville, PA 2009
Troeltsch, Ernst: Die Fehlgeburt einer Republik. Spektator in Berlin 1918 bis 1922. Frankfurt am Main 1994
Trotzki, Leo: Die Balkankriege 1912–13. Essen 1995
Trumpener, Ulrich: Germany and the Ottoman Empire 1914–1918. Princeton 1968
Trumpener, Ulrich: Turkey's War. In: Hew Strachan (Ed.): The Oxford Illustrated History of the First World War. Oxford 1998
Tuchmann, Barbara: August 1914. Frankfurt/M. 1990
Üngör, Ugur Ümit/Mehmet Polatel: Confiscation and Destruction. The Young Turk Seizure of Armenian Property. London/New York 2013
Üngör, Ugur Ümit: The Making of Modern Turkey. Nation and State in Eastern Anatolia, 1913–1950. Oxford 2011
Üngör, Ugur Ümit: Center and Periphery in the Armenian Genocide: The Case of Diyrbekir Province. In: Kieser/Plozza (2006)
Üngör, Ugur Ümit: «Turkey for the Turks». Demographic Engineering in Eastern Anatolia, 1914–1945. In: Suny/Göcek/Naimark (2011)
Usher, Clarence D.: An American Physician in Turkey. London 2002
Verheij, Jelle: Die armenischen Massaker von 1894–1896. Anatomie und Hintergründe einer Krise. In: Hans-Lukas Kieser (Hg.): Die armenische Frage und die Schweiz (1896–1923). Zürich 1999

Walker, Christopher J.: Armenia. The Survival of a Nation. Revised Second Edition. New York 1990

Walker, Christopher J.: Britische Quellen über die Armenier-Massaker 1915/16. In: Tessa Hofmann (Hg.): Das Verbrechen des Schweigens. Die Verhandlung des türkischen Völkermords an den Armeniern vor dem Ständigen Tribunal der Völker. Göttingen und Wien 1984

Wegner, Armin T. (Hg.): Der Prozess Talaat Pascha. Stenographischer Bericht über die Verhandlung gegen den des Mordes an Talaat Pascha angeklagten armenischen Studenten Salomon Teilirian vor dem Schwurgericht des Landgerichts III zu Berlin, Aktenzeichen: C. J. 22/21, am 2. und 3. Juni 1921. Berlin 1921

Wegner, Armin T.: Das Zelt. Aufzeichnungen, Briefe, Erzählungen aus der Türkei. Berlin 1926

Wegner, Armin T.: Die Austreibung des armenischen Volkes in die Wüste. Ein Lichtbildvortrag. Hg. von Andreas Meier. Mit einem Essay von Wolfgang Gust. Göttingen 2011

Werfel, Franz: Die vierzig Tage des Musa Dagh. Frankfurt am Main 1988

Wernicke-Rothmayer, Johanna: Armin T. Wegner. Gesellschaftserfahrung und literarisches Werk. Frankfurt/M. 1982

Winkler, Heinrich August: Weimar 1918–1933. Die Geschichte der ersten deutschen Demokratie. München 1998

Witte, Sergei: The Memoirs of Count Witte. Armonk, NY 1990

Worringer, Renée: Conceptualizing modernity in late Ottoman times: Japan as a model nation, In: Camron Michael Amin, Benjamin C. Fortna, Elizabeth Frierson (Ed.): The Modern Middle East: A Sourcebook for History. New York 2006

Yale, William: The Near East. A Modern History. Ann Arbor 1958

Zürcher, Erik Jan: Turkey. A Modern History. London/New York 2009

Zürcher, Erik Jan: The Young Turk Legacy. From the Ottoman Empire to Atatürk's Turkey. London/New York 2012

Zürcher, Erik Jan: The Unionist Factor. The Role of the Committee of Union and Progress in the Turkish National Movement 1905–1926. Leiden 1984

Anmerkungen

1. Aghet

1 Morgenthau to Secretary of State, July 31, 1915. http://www.armenian-genocide.org/us-7–31–15
2 Aufzeichnung Mordtmann, 21. 7. 1915. Politisches Archiv des Auswärtigen Amts Berlin (im Folgenden PA-AA) BoKon/169
3 Notiz Mordtmann. Rößler an Botschaft Konstantinopel, 6. 6. 1915. PA-AA/BoKon/169
4 Wangenheim an Bethmann-Hollweg, 7. 7. 1915. PA-AA R 14086
5 Morgenthau: Diaries, July 7, 1915, S. 271
6 Kennan: The Balkan Crisis, S. 10
7 Horne/Kramer: German Atrocities, S. 74
8 Mommsen: Der «polnische Grenzstreifen», S. 118–136
9 Roshwald: Ethnic Nationalism, S. 126
10 Gatrell: A Whole Empire Walking, S. 3
11 Schwartz: Ethnische «Säuberungen» in der Moderne, S. 131 f.
12 Bloxham: The Final Solution, S. 75
13 Bloxham: The Final Solution, S. 76
14 «Mit der praktisch vollständigen Zerstörung einer ‹nationsfremden› Ethnie wurde in der Geschichte erstmalig ein radikal sozialdarwinistisch-nationalistisches Gedankengut realisiert.» Kieser: Der verpasste Friede, S. 16
15 Morgenthau to Secretary of State, July 16, 1915. http://www.armenian-genocide.org/us-7–16–15
16 Valentini an Bethmann-Hollweg, 10. 9. 1915, Anlage 2. PA-AA R 14093
17 Thora von Wedel-Jarlsberg an Neurath, 28. 7. 1915. PA-AA/BoKon/170
18 Valentini an Bethmann-Hollweg, 10. 9. 1915, Anlage 2. PA-AA R 14093
19 Lepsius: Deutschland und Armenien, Einleitung, S. XXIV
20 «Das armenische Schicksal setzte sich aus zwei Elementen zusammen: Ethnische Säuberung oder gewaltsame kollektive Vertreibung und direkte physische Vernichtung. Nur weil beide Elemente zusammen wirksam waren, kann man von Völkermord sprechen.» Bloxham: The Great Game of Genocide, S. 69

21 Kaiser: Genocide at the Twilight of the Ottoman Empire, S. 382
22 Rößler an Botschaft Konstantinopel, 12. 8. 1915. PA-AA/BoKon/170
23 Dündar: Pouring People into the Desert, S. 276–284
24 Trauttmansdorff an Baron Burián, 30. 9. 1015. Haus-, Hof- und Staatsarchiv Wien, Politisches Archiv (im Folgenden HHStA PA) XII 209
25 Office of the Supreme Commander of the Ottoman Army to the Ministry of Interior, Top Secret, 2. 5. 1915. DOA, Vol. 1, S. 89
26 Andonian: Exile, Trauma and Death, S. 160
27 The New York Times, 21. 8. 1915
28 Lepsius an Alice Lepsius, Anfang August 1915, Lepsius-Archiv Potsdam (im folgenden LAP) 118–1320
29 Wangenheim an AA, 9. 6. 1915. PA-AA R 14086
30 Wangenheim an AA, 31. 5. 1915. PA-AA R 14086
31 Wolff-Metternich an Bethmann-Hollweg 10. 7. 1916. PA-AA R 14092. A 18548
32 Ambassador Morgenthau's Story, S. 347
33 Lepsius: Mein Besuch in Konstantinopel, S. 8
34 Abels: Werfel, S. 13
35 Werfel: Die vierzig Tage des Musa Dagh, S. 24
36 Naimark: Flammender Hass, S. 58
37 Memories of Halide Edib, S. 387
38 Gooch: Recent Relevations, S. 130
39 Gooch: Under Six Reigns, S. 134
40 Werfel, Die vierzig Tage des Musa Dagh, S. 132
41 Werfel, ibid., S. 129
42 Werfel, ibid., S. 135
43 Werfel, ibid., S. 132
44 Werfel, ibid., S. 245
45 Gordon (Ed.): The Hitler Trial, vol. 1, S. 180
46 Über die weiteren Kontexte siehe Ihrig: Atatürk in the Nazi Imagination
47 Siehe Albrecht: «Wer redet heute noch von der Vernichtung der Armenier?» Adolf Hitlers Geheimrede am 22. August 1939
48 Über Lüttichau siehe Pschichholz: Zwischen Diaspora, Diakonie und deutscher Orientpolitik, S. 233–241
49 Axenfeld an AA, 18. 10. 1918. Anlage: Bericht des Pfarrers Grafen von Lüttichau. PA-AA R 14104
50 Lepsius an AA, 22. 6. 1915. PA-AA R14086
51 «Dr. Lepsius wünscht dorthin zu reisen nicht um auf Pforte Druck auszuüben, sondern um Armenier zur Vernunft zu bringen.» Zimmermann an Wangenheim, 6. 6. 1915. PA-AA R 14086. Das ist natürlich eine diplomatisch stark geglättete Sicht von Lepsius' Intentionen, an die Zimmermann möglicherweise selbst geglaubt hat.
52 Lepsius an Rosenberg, 11. 6. 1915. Anlage 1. PA-AA R 14086
53 Lepsius an Rosenberg, 22. 6. 1915. PA-AA R 14086

54 Lepsius an AA, 22.6.1915. PA-AA R 14086
55 Ewald Stier: Geschäftsbericht der Deutsch-Armenischen Gesellschaft, 21.5.1919. PA-AA R 14106
56 Zimmermann an Wangenheim, 13.6.1915. PA-AA R 14086
57 Germany and the Armenian Genocide. An Interview with Margaret Lavinia Anderson by Khatchig Mouradian, ZNet, November 14, 2006
58 Wangenheim an AA, 9.6.1915. PA-AA R 14287
59 Wangenheim an AA, 2.7.1915. PA-AA R14086
60 Anfrage des Reichstagsabgeordneten Karl Liebknecht in der 26. Sitzung des Reichstags, 11.1.1916. PA-AA R 14089
61 Anderson: Who Still Talked about the Extermination of the Armenians?, S. 199–217
62 Sieg: Deutsche Intellektuelle und ihre Haltung zu Armenien im Ersten Weltkrieg, S. 112
63 Trumpener: Germany and the Ottoman Empire, S. 223 f.
64 Deutsch-Armenische Korrespondenz, 25.11.1918: Die Deutsche Regierung und die armenische Frage. PA-AA R 14105
65 So insbesondere Vahakn N. Dadrian: German Responsibility in the Armenian Genocide: A Review of the Historical Evidence of German Complicity. Watertown 1996, und Vahakn N. Dadrian: The History of the Armenian Genocide. Ethnic Conflict from the Balkans to Anatolia and the Caucasus (1995). New York/Oxford 2003
66 Hull: Absolute Destruction, S. 723 f.
67 Trumpener: Germany and the Ottoman Empire, S. 204 f.
68 Wolff-Metternich an Bethmann-Hollweg, 7.12.1915. PA-AA R 1489
69 Notiz Bethmann-Hollweg: Wolff-Metternich an Bethmann-Hollweg, 7.12.1915. PA-AA R 1489
70 Hull: Absolute Destruction, S. 281
71 Wolff-Metternich an Bethmann-Hollweg, 9.12.1915. PA-AA R 14089
72 Axenfeld an AA, 18.10.1918. Anlage: Bericht des Pfarrers Grafen von Lüttichau. PA-AA R 14104
73 Dinkel: German Officers
74 Ausführlich in Hans-Lukas Kieser: Germany and the Armenian Genocide of 1915–1917
75 Hull: Absolute Destruction, S. 290
76 Anderson: Who Still Talked, S. 212
77 Lepsius: Armenien und Europa, S. 10
78 Rodogno: Against Massacre, S. 206
79 Lepsius: Bericht, S. 43
80 Mann: Die dunkle Seite der Demokratie, S. 224
81 Lepsius: Bericht, S. 133
82 Lepsius: Bericht, S. 152
83 Gerlach: Nationsbildung im Krieg, S. 368

84 Memoirs of Halide Edib, S. 386
85 Rößler an Wolff-Metternich, 34. 1. 1916. Anlage 1, 8. 11. 1915. PA-AA R 14090
86 Gerlach: Extrem gewalttätige Gesellschaften, S. 124–161
87 Aufzeichnung Göppert Botschaft Konstantinopel, 31. 8. 1915. PA-AA/BoKon/170
88 Rößler an Bethmann-Hollweg, 9. 2. 1916, Anlage; Bericht Wilhelm Litten 6. 2. 1915. PA-AA R 14090. Nach dem Krieg gedruckt unter dem Titel «Der Weg des Grauens». In: Der Orient, Jg. 1920, Nr. 10/12
89 Lepsius: Bericht, S. 158
90 Lepsius: Bericht, S. 191
91 Lepsius: Bericht, S. 217
92 Radowitz an Bethmann-Hollweg, 9. 10. 1916, Anlage Taswiri Efkiar, 7. 10. 1916. PA-AA R 14093
93 Stürmer: Zwei Kriegsjahre in Konstantinopel, S. 50
94 Fuat Dündar: Crime of Numbers. The Role of Statistics in the Armenian Question (1878–1918). New Brunswick 2010. Taner Akçam: The Young Turks' Crime against Humanity. The Armenian Genocide and Ethnic Cleansing in the Ottoman Empire. Princeton and Oxford 2012. Raymond Kévorkian: Le Génocide des Arméniens. Paris 2006
95 Levene: The Crisis of Genocide. Devastation, S. 45
96 Memoirs of Halide Edib, S. 387
97 Balakian: Armenian Golgatha, S. 220
98 Johannes Lepsius: Der Todesgang des Armenischen Volkes. Bericht über das Schicksal des Armenischen Volkes in der Türkei während des Weltkrieges. Potsdam 1919
99 Trumpener: Germany and the Ottoman Empire, S. 204
100 Johannes Lepsius: Deutschland und Armenien 1914–1918. Sammlung diplomatischer Aktenstücke. Herausgegeben und eingeleitet von Dr. Johannes Lepsius. Potsdam 1919
101 Wolfgang Gust (Hg.): Der Völkermord an den Armeniern 1915/16. Dokumente aus dem Politischen Archiv des Deutschen Auswärtigen Amts. Springe 2005. Ausführlicher im Internet unter www.armenocide.de
102 Bayraktar: Politik und Erinnerung, S. 147 ff.
103 Mehmet Ali Birand: We are surrendering ourselves to ‹genocide›. Hürriyet Daily News, 24. 4. 2012. Einen instruktiven Überblick über die innertürkische Diskussion gibt Sibylle Thelen: Die Armenierfrage in der Türkei. Berlin 2010
104 Taner Akçam: Armenien und der Völkermord. Die Istanbuler Prozesse und die türkische Nationalbewegung. Hamburg 1996
105 Zürcher: The Young Turk Legacy, S. 11
106 Akçam: From Empire to Republic, S. 24
107 Ugur Ümit Üngör: The Making of Modern Turkey. Nation and State in Eastern Anatolia, 1913–1950. Oxford 2011
108 Üngör: «Turkey for the Turks», S. 289 f.

109 Siehe unter anderem Güven: Nationalismus und Minderheiten
110 Akçam: The Young Turks' Crime against Humanity, S. 7
111 Foucault: Sexualität und Wahrheit. Der Wille zum Wissen, S. 164
112 Levene: The Crisis of Genocide. Devastation, S. 96

2.
Krise und Gewalt

1 Partridge: Gladstone, S. 235
2 Rodogno: Against Massacre, S. 191 ff.
3 http://archive.spectator.co.uk/article/10th-august-1895/1/on-tuesday-in-the-town-hall-chester-mr-gladstone-m
4 Rodogno: Against Massacre, S. 45
5 Seton-Watson: Disraeli, Gladstone, S. 55
6 Seton-Watson: Disraeli, Gladstone, S. 75
7 Ceadel: Gladstone and a Liberal Theory of International Relations, S. 79 ff.
8 Rodogno: Against Massacre, S. 205–213
9 Partridge: Gladstone, S. 235
10 Lepsius: Armenien und Europa, S. 247
11 William Ewart Gladstone an Johannes Lepsius, 25. 7. 1897. Lepsius-Archiv Potsdam (im Folgenden LAP) 157–1710
12 Harris war Anfang Mai in Urfa. Siehe J. Rendel Harris und Helen B. Harris: Briefe vom Schauplatz der letzten Massacres in Armenien. Urfa, 5. 5. 1896. CO Jg. 1897, S. 556 ff.
13 Lepsius: 30 Jahre Deutscher Orient-Mission (II), In: Der Orient, Jg. 1925, H. 11/12, S. 130
14 Lepsius: Armenien und Europa. Eine Anklageschrift wider die christlichen Großmächte und ein Aufruf an das christliche Deutschland. Berlin 1896
15 Gladstone an Duke of Westminster, 13. 3. 1897. CO Jg. 1897, S. 194, S. 201
16 Hartmann: The Central State in the Borderlands, S. 184
17 Cambon an Hanotaux, 4. 2. 1895. CO, Jg. 1897, S. 262
18 Cambon an Hanotaux, 12. 6. 1895. CO, Jg. 1897, S. 262
19 Lewis: The Emergence of Modern Turkey, S. 342
20 Lepsius: Die armenischen Reformen. CO, 14. Jg. (1913), S. 181
21 Verheij: Die armenischen Massaker von 1894–1896, S. 84
22 Cambon an Hanotaux, 2. 10. 1895. CO, Jg. 1897, S. 265
23 Siehe auch Hartmann: The Central State in the Borderlands, S. 182
24 Kieser: Nearest East, S. 51
25 Cambon an Hanotaux, 31. 10. 1895. CO, Jg. 1897, S. 320
26 Lepsius, Die armenischen Reformen, CO, 14. Jg. (1913), S. 214
27 Cambon an Hanotaux, 31. 10. 1895. CO, Jg. 1897, S. 319
28 Das Blutbad von Arabkir. Briefe von Augenzeugen. CO, Jg. 1897, S. 7

29 Bericht der Botschafter der sechs Großmächte über das Blutbad von Arabkir. CO, Jg. 1897, S. 17
30 Das Blutbad von Arabkir, 29. 12. 1895. CO, Jg. 1897, S. 9
31 Das Blutbad in Urfa. CO, Jg. 1897, S. 248
32 Kieser: Der verpasste Friede, S. 233
33 Das Autodafe in der Kathedrale zu Urfa. In: Jahrbuch der Deutschen Orient-Mission, Jg. 1903, S. 157
34 Das Autodafe in der Kathedrale zu Urfa, S. 159
35 Das Blutbad in Urfa, S. 249
36 Lepsius: Armenien und Europa, S. 24
37 Dadrian: History of the Armenian Genocide, S. 159
38 Lepsius: Armenien und Europa, S. 63
39 Dadrian: History of the Armenian Genocide, S. 173
40 Lepsius: Orient-Chronik, Konstantinopel. CO, Jg. 1897, S. 95
41 Witte: The Memoirs of Count Witte, S. 250
42 Lepsius: Armenien und Europa, S. 33
43 Lepsius: Armenien und Europa, S. 41
44 Heinrich Gelzer: Geistliches und Weltliches aus dem türkisch-griechischen Orient (Leipzig 1900). Siehe Feigel: Das evangelische Deutschland und Armenien, S. 93
45 Lepsius: Armenien und Europa, S. 68
46 Melson: Revolution and Genocide, S. 69
47 Seton-Watson: Disraeli, Gladstone, S. 354
48 Todorova: Imagining the Balkans, S. 101
49 Verhej: Die armenischen Massaker, S. 78 f.
50 Dündar: Crime of Numbers, S. 26 f.
51 Kieser: Nearest East, S. 55
52 Suny: Looking Towards Ararat, S. 67, S. 72 f.
53 Libaridian: What Was Revolutionary, S. 95
54 Kieser: Der verpasste Friede, S. 127 ff.
55 Kieser: Der verpasste Friede, S. 144 ff.
56 Suny: Looking Towards Ararat, S. 105
57 Frankfurter Zeitung, 27. 11. 1895, 2. Morgenblatt
58 Das Blutbad in Arabkir, S. 8
59 Cambon an Berthelot, 18. 1. 1896. CO Jg. 1897, S. 361
60 Dadrian: History of the Armenian Genocide, S. 139
61 Saurma an Hohenlohe, 1. 9. 1896. DGP, Bd. 12/1, S. 23
62 Diplomatische Aktenstücke zur armenischen Frage. CO, Jg. 1897, S. 67
63 Saurma an Hohenlohe, 29. 7. 1896, Randbemerkung Kaiser Wilhelms II.: «Jetzt muss Effendimis klar gemacht werden, dass er gerade so verschwinden werde wie (sein Vorgänger) Abdul Aziz.» DGP, Bd. 12/1, S. 18
64 Lepsius: Der Sultan und Herr von Nelidow. CO, Jg. 1897, S. 45
65 James Bryce. CO, Jg. 1897, S. 550

66 Anderson: The Eastern Question, S. 259
67 Dadrian: History of the Armenian Genocide, S. 163
68 Zürcher: Turkey. A Modern History, S. 83
69 Lepsius: Orient-Chronik, Konstantinopel. CO, Jg. 1897, S. 479
70 Gooch: Modern Europe, S. 262
71 Mommsen: Großmachtstellung und Weltpolitik, S. 194
72 Scheffler: Political religion and autocracy, S. 25–29
73 Naumann: «Asia», S. 145, S. 141

3. Revolution

1 Martin Rade: Die Kaiserreise nach Jerusalem. In: Christliche Welt 12 (1898), Sp. 852. Nach Meißner: Martin Rades «Christliche Welt» und Armenien, S. 141
2 Hanioglu: The Young Turks in Opposition, S. 112
3 Hanioglu: Opposition, S. 76, S. 92, S. 128 f.
4 Akçam: A Shameful Act, S. 61
5 Hanioglu: Opposition, S. 209 ff.
6 Hanioglu: Atatürk, S. 34
7 Hanioglu: Opposition, S. 205
8 Nolte: Der Faschismus in seiner Epoche, S. 102 f.
9 Jacoby: Social Power and the Turkish State, S. 67 f.
10 Rae: State Identities and the Homogenisation of Peoples, S. 146
11 Hanioglu: Preparation for a Revolution, S. 93
12 Libaridian: Modern Armenia. People, Nation, State, S. 20
13 Libaridian: Modern Armenia, S. 103
14 Libaridian: Modern Armenia, S. 110
15 Şerif Mardin, Jörn Türklerin Siyasi Fikirleri. Nach Hanioglu: Preparation, S. 140
16 Hanioglu: Preparation, S. 143
17 Hanioglu: Preparation, S. 148
18 Yahya Kemal, Siyasi ve Edebi Portreler. Nach Haniogulu: Preparation, S. 404
19 Yusuf Akchura: Three Types of Policies. In: H. B. Paksoy (Ed.): Central Asian Reader: The Rediscovery of History, S. 106 f.
20 Karpat: Ottoman Past, S. 174
21 Bedri (Diran Kelekian) an Schakir, Kairo 9. 4. 1906. Nach Hanioglu: Preparation, S. 135
22 Nordau an Wolffsohn, Paris, 25. 11. 1908. Nach Hanioglu: Preparation, S. 260
23 Hanioglu: Preparation, S. 91
24 Ahmad: The Young Turks, S. 152
25 Karpat: The Politization of Islam, S. 351

26 Hanioglu: Preparation, S. 158 ff.
27 Hanioglu: Preparation, S. 214
28 Zürcher: The Unionist Factor, S. 37
29 Hanioglu: Preparation, S. 214
30 Zürcher: The Unionist Factor, S. 40
31 Lewis: Emergence, S. 199
32 Ahmad: Turkey, S. 47
33 Anderson: The Eastern Question, S. 270
34 Hanioglu: Preparation, S. 223
35 Zürcher: The Unionist Factor, S. 39
36 Yale: The Near East, S. 162
37 Gooch: Under Six Reigns, S. 133
38 Hanioglu: Preparation, S. 234
39 Hanioglu: Preparation, S. 236
40 Jäckh: Rising Crescent, S. 90
41 Gooch: Under Six Reigns, S. 134
42 Jäckh: Rising Crescent, S. 93
43 Dwight: Constantinople Old and New, S. 407
44 Dwight: Constantinople, S. 408 ff.
45 Karpat: The Politization of Islam, S. 351
46 Zürcher: The Young Turk Legacy, S. 26
47 Frankfurter Zeitung, 31. 7. 1908, 2. Morgenblatt
48 Jakob Künzler: Die Morgenröte einer neuen Zeit. CO, 9. Jg. (1908), S. 173 f.
49 Kieser: Friede, S. 281
50 Hanioglu, Preparation, S. 193
51 Arnold J. Toynbee: A Summary of Armenian History up to and including the Year 1915. In: Bryce/Toynbee: The Treatment of the Armenians in the Ottoman Empire, S. 619 f.
52 Hanioglu: Preparation, S. 207
53 Yale: The Near East, S. 164
54 Kaligian: Armenian Organization, S. 16
55 Kaligian: Armenian Organization, S. 14
56 Kaligian: Armenian Organization, S. 17
57 Kévorkian: The Armenian Genocide, S. 52, S. 56
58 Lepsius: Bericht, S. 158
59 Yale: Near East, S. 165
60 Djemal Pascha: Erinnerungen, S. 328
61 Zürcher: The Young Turk Legacy, S. 103
62 Zürcher: The Young Turk Legacy, S. 116
63 Hanioglu: Opposition, S. 18
64 Hanioglu: Preparation, S. 279
65 Hanioglu, ibd.
66 Hanioglu, ibd.

67 Sir G. Lowther an Foreign Office, 22. 2. 1909. Nach Yale: The Near East, S. 165
68 Hanioglu: Preparation, S. 280
69 Zürcher: The Young Turk Legacy, S. 81
70 Dwight: Constantinople, S. 425
71 Zürcher: Turkey, S. 97
72 Lewis: Emergence, S. 215
73 Christmann an Marschall von Bieberstein, 13. 5. 1909. LAP 1367–13812
74 Kieser: Friede, S. 414
75 Kieser: Friede, S. 438
76 Kieser: Friede, S. 455
77 Djemal Pascha: Erinnerungen, S. 333
78 Aram Arkun: Into the Modern Age, 1800–1913. In: Herzig/Kurkchiyan: The Armenians: Past and Present in the Making of National Identity, S. 86 f.
79 Astourian: The Silence of the Land, S. 77 f.
80 Yale: The Near East, S. 170
81 Dwight: Constantinople, S. 427
82 Zürcher: Turkey, S. 100
83 Christmann an Marschall von Bieberstein, 14. 5. 1909. LAP 1389–13813
84 Jakob Künzler: Die Märtyrer von Osmanie. CO, 12. Jg. (1911), S. 101
85 Braude/Lewis (Ed.): Christians and Jews in the Ottoman Empire, S. 421
86 Christmann an Marschall von Bieberstein, 14. 5. 1909. LAP 1369–13813
87 Christmann, ibid.
88 Hanioglu: A Brief History of the Late Ottoman Empire, S. 160
89 Gooch: Under Six Reigns, S. 134
90 de Mendelssohn: The Age of Churchill, S. 562
91 Dwight: Constantinople, S. 446 f.
92 Toynbee: Turkey, S. 9
93 Adanir: Non-Muslims in the Ottoman Army, S. 116
94 Kaligian: Armenian Organization, S. 35
95 Kévorkian: The Armenian Genocide, S. 73
96 Kévorkian: The Armenian Genocide, S. 119
97 Dadrian: History of the Armenian Genocide, S. 182
98 Ahmad: Turkey, S. 53
99 Lewis: Emergence, S. 215 f.
100 Sicker: The Islamic World in Decline, S. 199 f.
101 Zürcher: Turkey, S. 100
102 Johannes Awetaranian: Die muhammedanische Presse und die Propaganda des Islam. CO, 11. Jg. (1910), S. 60 f.
103 The New York Times, 11. 4. 1907
104 Cleveland: A History of the Modern Middle East, S. 130
105 Renée Worringer: Conceptualizing modernity in late Ottoman times: Japan as a model nation. In: Amin/Fortna/Frierson (Ed.): The Modern Middle East: A Sourcebook for History, S. 433

106 Hanioglu: Preparation, S. 210
107 Ahmad: The Young Turks, S. 21
108 Lewis: Emergence, S. 343
109 Kohn: Nationalism, S. 238
110 Kohn: Nationalism, S. 239
111 Heyd: Foundations of Turkish Nationalism, S. 111
112 Heyd: Foundations, S. 114
113 Heyd: Foundations, S. 79
114 Heyd: Foundations, S. 21
115 Heyd: Foundations, S. 28
116 Parla: The Social and Political Thought of Ziya Gökalp, S. 22
117 Astourian: Modern Turkish Identity and the Armenian Genocide, S. 33
118 Toynbee: Turkey, S. 9 f.
119 Gökalp: The Ideal of Nationalism. In: Berkes (Ed.): Turkish Nationalism and Western Civilisation. Selected Essays of Ziya Gökalp, S. 81
120 Gökalp: What is a Nation? In: Berkes: Turkish Nationalism, S. 136
121 Lewis: Emergence, S. 219
122 Kohn: Nationalism, S. 239
123 Dadrian: History of the Armenian Genocide, S. 189
124 Heyd: Foundations, S. 79
125 Dwight: Constantinople, S. 469
126 Levene: The Crisis of Genocide. Devastation, S. 99
127 Schwartz: Ethnische «Säuberungen» in der Moderne, S. 302
128 Bloxham: The Final Solution, S. 66. Arnold Toynbee nennt die Zahl von 177 352 Flüchtlingen, vermutlich waren es aber deutlich mehr. Toynbee: The Western Question in Greece and Turkey, S. 138
129 Trotzki: Die Balkankriege, S. 147 ff., S. 428, S. 315
130 Mazower: Salonica. City of Ghosts, S. 297 f.
131 Toynbee: The Western Question in Greece and Turkey, S. 139
132 Kévorkian: The Armenian Genocide, S. 136 f.
133 Zürcher: The Young Turk Legacy, S. 196
134 Üngör: The Making of Modern Turkey, S. 46
135 Nach Göcek: Rise of the Bourgeoisie, S. 117
136 Trotzki: Die Balkankriege, S. 267

4. Zwielicht

1 Zürcher: The Young Turk Legacy, S. 70
2 Kohn: A History of Nationalism in the East, S. 234
3 Lepsius: Die armenischen Reformen. CO, 14. Jg. (1913), S. 215
4 Wangenheim an Bethmann-Hollweg, 24. 2. 1913. PA-AA R 14078

5 Kévorkian: The Armenian Genocide, S. 13
6 Toynbee: The Western Question, S. 121
7 Zürcher: Turkey, S. 103
8 Lewis: Emergence, S. 225
9 Djemal Pascha: Erinnerungen, S. 8
10 Hanioglu: A Brief History of the Late Ottoman Empire, S. 151
11 Djemal Pascha: Erinnerungen, S. 16
12 Ahmad: Turkey, S. 58
13 Djemal Pascha: Erinnerungen, S. 34–38
14 Yale: The Near East, S. 180
15 Lepsius: Briefe aus der Türkei. CO, 14. Jg. (1913), S. 114
16 Kévorkian: The Armenian Genocide, S. 142 ff.
17 Zürcher: The Unionist Factor, S. 59
18 Zürcher: Turkey, S. 109
19 Hanioglu: Preparation, S. 213
20 Zürcher: Turkey, S. 109
21 von Sanders: Fünf Jahre Türkei, S. 17
22 Ahmad: The Young Turks, S. 135
23 Ambassador Morgenthau's Story, S. 23
24 McClure: Obstacles to Peace, S. 443
25 Troeltsch: Die Fehlgeburt einer Republik, S. 128
26 Stürmer: Zwei Kriegsjahre, S. 225
27 Steed: Through Thirty Years 1892–1922, S. 377
28 Einer der verhängnisvollsten Sätze der Neuzeit lautet: «Die Revolution ist der Krieg der Freiheit gegen ihre Feinde.» Robespierre am 25. 12. 1793. In: Fischer (Hg.): Reden der Französischen Revolution, S. 331
29 Andonian: Exile, Trauma and Death, S. 41
30 Kaligian: Armenian Organization, S. 229 f.
31 Toynbee: The Western Question, S. 136
32 Kaligian: Armenian Organization, S. 44–51
33 Einstein: Inside Constantinople, S. 345
34 Kévorkian: The Armenian Genocide, S. 536
35 Kaligian: Armenian Organization, S. 63
36 Kaligian: Armenian Organization, S. 65 f.
37 Vice-Consul Matthews to Sir Gerard Lowther, December 31, 1910. Nach Kaligian: Armenian Organization, S. 82
38 Zürcher: Turkey, S. 93 f.
39 Libaridian: What Was Revolutionary, S. 109
40 Astourian: The Silence of the Land, S. 58
41 Kaligian: Armenian Organization, S. 72
42 Kaligian: Armenian Organization, S. 84 f.
43 Kévorkian: The Armenian Genocide, S. 115
44 Lepsius: Die Zukunft der Türkei. CO, 14. Jg. (1913), S. 78

45 Lepsius: Die armenischen Reformen. CO, 14. Jg. (1913), S. 177
46 Buxton: Travel and Politics in Armenia (1914). Nach Christopher Walker: Armenia. The Survival of a Nation, S. 193
47 Mutius an Bethmann-Hollweg, 10. 7. 1914, Anlage 8. PA-AA R 14084
48 Bergfeld an Bethmann-Hollweg, 15. 5. 1913. PA-AA R 14079
49 Kaligian: Armenian Organization, S. 140, S. 184
50 Dwight: Constantinople, S. 534
51 Dwight: Constantinople, S. 522
52 Djemal Pascha: Erinnerungen, S. 103
53 Cashmore: Encyclopedia of Race and Ethnic Studies, S. 137
54 Trotzki: Die Balkankriege, S. 277
55 Lepsius: Briefe aus der Türkei. CO, 14. Jg. (1913), S. 114
56 Adanir: Non-Muslims in the Ottoman Army, S. 113
57 Kévorkian: The Armenian Genocide, S. 147
58 Graf Thurn an K. u. K. Ministerium des Äußeren, 11. 1. 1913. HHStA PA XII 462
59 Sazonov: Fatfeful Years, S. 141
60 Pallavicini an K. u. K. Ministerium des Äußeren. HHStA PA XII 463
61 Sazonov, ibid.
62 Mórisz an Berchtold, 30. 1. 1913. HHStA PAXII 462
63 Lepsius an Jagow, 10. 5. 1913, Anlage. PA-AA R 14078
64 Stumvoll an Berchtold, 16. 8. 1913. HHStA PA 462
65 Lepsius: Die Zukunft der Türkei, CO, 14. Jg. (1913), S. 84 f.
66 Lepsius: Die armenischen Reformen, CO, 14. Jg. (1913), S. 217
67 Pallavicini an Berchtold, 15. 4. 1913 HHStA PA XI 462
68 Wangenheim an Bethmann-Hollweg, 24. 2. 1913. PA-AA R 14078
69 Aufzeichnung Zimmermann, 5. 3. 1913. PA-AA R 14078
70 Pallavicini an Berchtold, 10. 6. 1913. HHStA PA XII 463
71 Móricz an Berchtold, 25. 5. 1913. HHStA PA XXXVIII 361
72 Boghos Nubar an Johannes Lepsius, 22. 8. 1913, LAP 1719(2)
73 Prinz Max von Baden: Erinnerungen und Dokumente, S. 77
74 Mensdorff an Berchtold, 30. 5. 1913. HHStA PA XI 462
75 Suny: Looking Towards Ararat, S. 48 ff.
76 Schöllgen: Imperialismus und Gleichgewicht, S. 359
77 Pallavicini an Berchtold, 12. 8. 1913. HHStA PA 463
78 Kaligian: Armenian Organization, S. 174 f.
79 Wangenheim an Bethmann-Hollweg, 24. 2. 1913. PA-AA R 14078
80 Kévorkian: The Armenian Genocide, S. 162
81 Ahmad: The Young Turks, S. 146
82 Kévorkian: The Armenian Genocide, S. 163 ff.
83 Anders an Mutius, 16. 2. 1914. PA-AA R 14083
84 Anders an Mutius, ibid.
85 Kaligian: Armenian Organization, S. 215
86 Jagow an Botschaft Konstantinopel, 15. 1. 1914. PA-AA R 14083

87 Wangenheim an Bethmann-Hollweg, 27. 11. 1913. PA-AA R 14082
88 Ibid.
89 Kaligian: Armenian Organization, S. 179
90 Dadrian: Armenian Genocide, S. 236
91 Ibid.
92 Ambassador Morgenthau's Story, S. 51
93 Zürcher: The Young Turk Legacy, S. 219
94 Bloxham: The Great Game, S. 59
95 Lewis: Emergence, S. 459
96 Ambassador Morgenthau's Story, S. 50
97 Aksakal: The Ottoman Road to War, S. 53 f.
98 Toynbee: The Western Question, S. 140
99 Diner: Das Jahrhundert verstehen, S. 200
100 Kieser/Schaller: Der Völkermord an den Armeniern und die Shoah, Einleitung, S. 20
101 Hanioglu: Preparation, S. 226
102 Akçam: The Young Turks' Crime, S. 94
103 Gencer: Bildungspolitik, S. 100
104 Extracts from a Letter, dated Athens, 8th/25st July, 1915. In: Bryce-Report, Doc.8, S. 58
105 Horton to Secretary of State, 4. 2. 1915. USOD, Vol. II, S. 103
106 Akçam: Armenien, S. 42
107 Kieser/Schaller: Einleitung, S. 20
108 Akçam: Armenien, S. 40
109 Akçam: Armenien, S. 40–41
110 Horton to Secretary of State, 4. 2. 1915. USOD,Vol II. S. 103
111 Gencer: Bildungspolitik, S. 74
112 Akçam: Armenien, S. 42
113 Ambassador Morgenthau's Story, S. 323
114 Schwartz: Ethnische «Säuberungen» in der Moderne, S. 314 f.
115 Bloxham: The First World War and the Development of the Armenian Genocide, S. 274
116 Akçam: The Young Turks' Crime, S. 31
117 Morgenthau: Diaries 4. 5. 1914, S. 55
118 Levene: The Crisis of Genocide. Devastation, S. 44, S. 121
119 Aydin:The Politics of Anti-Westernism, S. 104
120 Üngör: The Making of Modern Turkey, S. 36 ff.
121 Dündar: Crime of Numbers, S. 47
122 Gencer: Bildungspolitik, S. 245
123 Akçam: The Young Turks' Crime, S. 33 f.
124 Dündar: Crime of Numbers, S. 54
125 Akçam: The Young Turks' Crime, S. XIII

5. Radikalisierung

1 Ahmad: The Young Turks, S. 140
2 Trumpener: Germany and the Ottoman Empire, S. 19 f.
3 Strachan: Der Erste Weltkrieg, S. 133
4 Wedel an AA, 24. 7. 1914. PA-AA R 1913
5 Strachan: Der Erste Weltkrieg, S, 134
6 Hull: Absolute Destruction, S. 267 f.
7 Aksakal: The Ottoman Road to War, S. 93
8 Djemal Pascha: Erinnerungen, S. 114
9 Sicker: The Islamic World, S. 55 ff.
10 Trumpener: Turkey's War, S. 80
11 Morgenthau: Diaries, 3. 8. 1914, S. 83
12 Tuchman: August 1914, S. 151
13 Yale: Near East, S. 213
14 Djemal Pascha: Erinnerungen, S. 126
15 Djemal Pascha: Erinnerungen, S. 128
16 Ambassador Morgenthaus Story, S. 77
17 Ambassador Morgenthaus Story, S. 80
18 Leonhard: Die Büchse der Pandora, S. 161
19 Kaligian: Armenian Organization, S. 220
20 Wangenheim an Bethmann-Hollweg, 16. 4. 1915, Anlage 2, Aufzeichnung Liparit Nasariantz, 6. 2. 1915. PA-AA R 14085
21 Hanioglu: Preparation, S. 208
22 The North-Eastern Vilayets: Statement Communicated by the Refugee Roupen, of Sassoun, 13th February, 1916. In: Bryce-Report, Doc. 21, S. 116 ff.
23 Wangenheim an Bethmann-Hollweg, 16. 4. 1915, Anlage 2, Aufzeichnung Liparit Nasariantz, 6. 2. 1915. PA-AA R 14085
24 The North-Eastern Vilayets: Statement Communicated by the Refugee Roupen, of Sassoun. In: Bryce-Report, Doc. 21, S. 116
25 Erickson: Ordered to Die. S. 97
26 Kriegsgerichtshof Istanbul, 12. 5. 1919. In: Akçam, Armenien, S. 297
27 Kaiser: A German Officer during the Armenian Genocide, S. XXXIII
28 Vahakn N. Dadrian, The Secret Young Turk Ittihadist Conference and the Decision for the World War I Genocide of the Armenians. Journal of Political and Military Sociology, Vol. 22, No. 1, Summer 1995, S. 172
29 Kriegsgerichtshof Istanbul, 12. 5. 1919. In: Akçam, Armenien, S. 297
30 Kaiser: A German Officer, S. XXXIII
31 Office of the Acting Supreme Command, Ottoman Army. DOA Vol. II, Doc 1903 (99), S. 44
32 Dündar: Crime of Numbers, S. 69 f.
33 Akçam: Armenien, S. 54

34 Criss: Istanbul under Allied Occupation, S. 96
35 Kaiser: A German Officer, S. XXX f.
36 Kriegsgerichtshof Istanbul, 4. 5. 1919. In: Akçam, Armenien, S. 245
37 Kriegsgerichtshof Istanbul, 14. 5. 1919. In: Akçam, Armeien, S. 329
38 Pallavicini an k. u. k. Ministerium des Äußeren, 20. 7. 1914. HHStA PA I 522
39 Kaiser: A German Officer, S. XXXIV
40 Kieser: Friede, S. 445
41 Fritz Eckart; Aus Urfa. CO, 16. Jg. (1915), S. 49
42 Bericht über Türkisch-Armenien von Dr. Victor Pietschmann, 19. 10. 1914. LAP 90–1049
43 3rd Army, Secret, To All Units, 19. 9. 1914. DOA, Vol. 1, S. 19
44 3rd Army, Secret, To Provincial Authorities, 14. 9. 1914. Ibid., S. 20
45 3rd Army, Secret, To All Units, 19. 9. 1914, a. a. O.
46 Identifications of non-moslem cadets graduated from First Senior Class as Third Lieutenant, 1. 8. 1914. DOA, Vol. 1, S. 23
47 3rd Army, Secret, To All Units, 19. 9. 1914, a. a. O.
48 Sicker: The Islamic World, S., 56 ff.
49 Aksakal: «Holy War Made in Germany»? S. 34
50 Keegan: Der Erste Weltkrieg, S. 309
51 Enver Pascha an Cavid Pascha, 7. 8. 1914. Nach Aksakal: «Holy War ...», S. 42
52 Ambassador Morgenthau's Story, S. 170
53 Buchan: Great War, Vol 1, S. 501
54 Konfidenten-Bericht k. u. k. Botschaft Konstantinopel an k. u. k. Ministerium des Äußeren, 18. 1. 1915. HHStA PA XL 272
55 Buchan: Great War, Vol. 1, S. 511
56 Kévorkian: The Armenian Genocide, S. 240
57 Yale: Near East, S. 219
58 Leverkühn: Posten auf ewiger Wache, S. 28
59 Erickson: Ordered to Die, S. 51 ff.
60 Erzeroum: Record of an Interview between the Rev. H. J. Buxton and the Rev. Robert Stapleton. Bryce-Report, Doc. 53, S. 254
61 Erzeroum: Abstract of a Report by Mr. B. H, Khounountz. Bryce-Report, Doc. 55, S. 263
62 Sivas: Record of an Interview Given by the Refugee Murad to Mr. A. S. Safrastian at Tiflis. In. Bryce-Report, Doc. 82, S. 345
63 Bergfeld an Bethmann-Hollweg, 18. 11. 1914. PA-AA R 14085
64 Kriegsgerichtshof Istanbul, 12. 5. 1919. In: Akçam, Armenien, S. 293
65 Strachan: The First World War. To Arms, S. 705
66 Schwarz an Botschaft Konstantinopel, 5. 12. 1914. PA-AA/BoKon/168
67 Wangenheim an Bethmann-Hollweg, 30. 12. 1914. PA-AA R 14085
68 Wangenheim an Bethmann-Hollweg, 15. 4. 1915. PA-AA R 14085
69 Wangenheim an Bethmann-Hollweg, 30. 12. 1914. PA-AA R 14085
70 Trotzki beschreibt diese Einheiten unter dem Kommando des Partisanenfüh-

rers Andranik Ozanian in seinen Korrespondenzen über die Balkankriege. Trotzki: Die Balkankriege, S. 277–286

71 Künzler: Im Lande des Blutes und der Tränen, S. 34

72 Kévorkian: The Armenian Genocide, S. 220

73 Leverkühn: Posten auf ewiger Wache, S. 24, S. 33

74 Erzeroum: Abstract of a Report by Dr. Y. Minassian. Bryce-Report, Doc. 56, S. 264

75 Third Regional Commander to Third Army Command Erzurum, 7/8..10.1914. DOA, Vol. II, S. 7 f.

76 Levene: The Crisis of Genocide. Devastation, S. 131

77 Aufzeichnung Mordtmann, Kaiserlich Deutsche Botschaft, über eine Unterredung mit General Posseldt am 26. 4. 1915. PA-AA/BoKon/168

78 Erzeroum: Abstract of a Report by Mr B. H. Khounountz. Bryce-Report, Doc. 55, S. 263

79 Deutsch-Armenische Gesellschaft an Botschaft Konstantinopel, 20. 4. 1915. PA-AA/BoKon/168

80 Aufzeichnung Mordtmann, 26. 4. 1915. PA-AA/BoKon/168

81 Kévorkian: The Armenian Genocide, S. 222

82 Liparit Nasariantz an Botschaft Konstantinopel, 2. 4. 1915. PA-AA/BoKon/168

83 Wangenheim an Bethmann-Hollweg, 2. 2. 1915. PA-AA R 14085

84 Wangenheim an Bethmann-Hollweg, 22. 2. 1915. PA-AA R14085

85 Zürcher: The Young Turk Legacy, S. 171 f.

86 Kévorkian: The Armenian Genocide, S. 461 f.

87 The New York Times, 2. 1. 1915

88 Keegan: Der Erste Weltkrieg, S. 332

89 Yale: Near East, S. 219 f.

90 Yale: Near East, S. 223

91 Pallavicini an Burian, 28. 1. 1915. HHStA PA XII 209

92 Ambassador Morgenthau's Story, S. 187

93 Ambassador Morgenthau's Story, S. 228

94 Bloxham: The Beginning of the Armenian Catastrophe, S. 106

95 Johannes Awetaranian: Die muhammedanischen Weissagungen vom Fall Konstantinopels, vom Mahdi und vom Antichrist. In: CO, 14. Jg. (1914), S. 34

96 Awetaranian, S. 33

97 Ambassador Morgenthau's Story, S. 184

98 Ambassador Morgenthau's Story, S. 196

99 Ahmad: Turkey, S. 66

100 Ambassador Morgenthau's Story, S. 198

101 Gottlieb: Studies in Secret Diplomacy during the First World War, S. 109

102 Ambassador Morgenthau's Story, S. 198 f.

103 Ambassador Morgenthau's Story, S. 144

104 Künzler: Im Lande des Blutes und der Tränen, S. 38

105 Akçam: The Young Turks' Crime, S. 179 f.
106 Arkun: Zeytun and the Commencement of the Armenian Genocide, S. 223
107 Hoffmann an Wangenheim, 7. 3. 1915. PA-AA/BoKon/168
108 Dündar: Crime of Numbers, S. 72
109 Büge an Wangenheim, 13. 3. 1915. PA-AA/BoKon/168
110 Buchan: Great War, Vol. 2, S. 26 ff.
111 Einstein: Inside Constantinople, S. 11
112 Zürcher: The Young Turk Legacy, S. 111
113 (Aintab): Statement by Miss (Frearson), A Foreign Resident at (Aintab), September 1915. Bryce-Report, Doc. 137. S. 547

6.
Repression und Widerstand

1 Johannes Ehmann, Die Stellung des Valis und der türkischen Regierung in El-Aziz (Mesereh) zu den armenischen Ereignissen während des Weltkrieges. In: Kieser, Friede, S. 425
2 Statement Made by Miss (Hansina Marcher), A Danish Lady in the Service of the German Red Cross at (Harpout). Bryce-Report, Doc. 64, S. 286
3 Ehmann: Die Stellung des Valis, S. 423
4 Davis: The Slaughterhouse Province, S. 48
5 Schakir an Innenministerium, 24. 1. 1915. Nach Akçam: The Young Turks' Crime, S. 183
6 Akçam: Armenien, S. 64
7 Zürcher: The Unionist Factor, S. 104
8 Kriegsgerichtshof Istanbul, 8. 3. 1919. Akçam, S. 238 f.
9 Akçam: Armenien, S. 59
10 Akçam, ibid.
11 Ambassador Morgenthau's Story, S. 333
12 Levene: The Crisis of Genocide. Devastation, S. 143
13 Rößler an AA, 12. 4. 1915. PA-AA R 14085
14 Rößler an AA, 12. 4. 1915. PA-AA R 14085
15 Konsulat Adana an Botschaft Konstantinopel, 26. 4. 1915, Anlage. PA-AA/BoKon/168
16 Rößler an AA, 12. 4. 1915. PA-AA R 14085
17 Libaridian: Modern Armenia, S. 74
18 Wangenheim an AA, 27. 3. 1915, Aufzeichnung Mordtmann. PA-AA R 14085
19 Rößler an AA, 12. 4. 1915. PA-AA R 14085
20 Rößler an AA, 12. 4. 1915, Anlage 2, Shepard an Jackson, 24. 3. 1915. PA-AA R 14085
21 Rößler an Botschaft Konstantinopel, 1. 4. 1915. PA-AA/BoKon/168
22 Rößler an Botschaft Konstantinopel, 20. 4. 1915. PA-AA/BoKon/168

23 Dr Hamilton and Mr Ranney: Regarding Zeitoun and Other Villages. USOD, Vol. 1, S. 6
24 Dündar: Crime of Numbers, S. 85
25 (Aintab): Statement by Miss (Frearson), A Foreign Resident at (Aintab), September 1915. In: Bryce-Report; Doc. 137, S. 541
26 Dündar: Crime of Numbers, S. 76–79
27 Bloxham: The Beginning of the Armenian Catastrophe, S. 109
28 Einstein: Inside Constantinople, S. 48
29 Wangenheim an Bethmann-Hollweg, 30. 4. 1915. PA-AA R 14085
30 Konfidenten-Bericht k. u. k. Botschaft Konstantinopel an k. u. k. Ministerium des Äußeren, 5. 5. 1915. HHStA PA XL 272
31 K. u. k. Korrespondenzbüro Konstantinopel an k. u. k. Ministerium des Äußeren, 29. 4. 1915. HHStA PA PL 245
32 The American Mission at Van: Narrative Printed Privately in the United States by Miss Grace Highley Knapp (1915). Bryce-Report, Doc. 15, S. 74
33 Liparit Nasariantz an Botschaft Konstantinopel, 2. 4. 1915, Anmerkung Mordtmann. PA-AA/BoKon/168
34 Decoded Message by Mobile Division Commander at Saray Kazim (Ozkalp) to 3rd Army Command, 29. 11. 1914. DOA, Vol. I, Doc. 9, S. 41
35 Kieser: Friede, S. 446
36 Kaiser: A German Officer, S. XLIV
37 Djevdet an Innenministerium, 30.11/1. 12. 1914. Nach Gaunt: Massacres, Resistance, Protectors, S. 57
38 Kévorkian: The Armenian Genocide, S. 230
39 Ambassador Morgenthau's Story, S. 294
40 Outline of the Events in the District of Urumia. USOD, Vol. II, S. 143
41 Holquist: The Politics and Practice of the Russian Occupation of Armenia, S. 151
42 Gaunt: The Ottoman Treatment of the Assyrians, S. 247
43 Outline of the Events in the District of Urumia. USOD, Vol. II, S. 144
44 Kévorkian: The Armenian Genocide, S. 226
45 Gaunt: Massacres, Resistance, Protectors, S. 61
46 Van: Letter, Dated Van 7th June, 1915, from Mr. Y. K. Rushdouni. Bryce-Report, Doc. 16, S. 88
47 Ambassador Morgenthau's Story, S. 297
48 Zimmermann an Wangenheim, 28. 6. 1915, Notiz Mordtmann, 5. 7. 1915. PA-AA R 14086
49 Office of the Acting Supreme Command, Ottoman Army. DOA, Vol. II, Doc. 1903 (99), S. 44 ff.
50 de Nogales: Memoirs of a Soldier of Fortune, S. 271 ff.
51 Zimmermann an Wangenheim, 26. 3. 1915, Anlage. PA-AA/BoKon/168
52 DOA, Vol. I, Doc. 12, 13; Vol. II, Doc. 1904 (100)
53 Kaligian, S. 65 f.

54 Ussher: An American Physician in Turkey, S. 241
55 Djevdet to Fourth Army Command, 20. 4. 1915. DOA, Vol. 1, Doc. 23, S. 81
56 Walker: Britische Quellen, S. 89
57 Einstein: Inside Constantinople, S. 44
58 Nogales: Memoirs, S. 271
59 Nogales: Memoirs S. 270
60 Van:Narrative by Y. K. Rushdouni. Bryce-Report, Doc. 17, S. 102 ff.
61 Ibid., S. 104
62 Levene: The Crisis of Genocide. Devastation, S. 147
63 Nogales: Memoirs, S. 271
64 Lepsius: Deutschland und Armenien, Einleitung, S. XVII f.
65 Coded Message Received from Governor of Sivas, Muammer Bey, 21. 4. 1915. DOA, Vol. II, Doc. 1911 (107), S. 80
66 Bloxham:The Great Game, S. 94
67 Kévorkian: The Armenian Genocide, S. 234
68 Einstein: Inside Constantinople, S. 4
69 Erickson: Ordered to Die, S. 97 f.
70 Krikoris Balakian. In: Der Prozess Talaat Pascha, S. 63
71 Tyszka an AA, 5. 9. 1915. PA-AA R 14087
72 Odian: Accursed Years, S. 14 f.
73 Aufzeichnung Weber Botschaft Konstantinopel, 28. 4. 1915. PA-AA/BoKon/168
74 Balakian: Armenian Golgatha, S. 57
75 Balakian: Armenian Golgatha, S. 59
76 Krikoris Balakian. In: Der Prozess Talaat Pascha, S. 63
77 Andonian: Exile, Trauma and Death, S. 40 f.
78 Agnouni, Zartarian, Paschjan an Talaat aus Ayasch. Nach Lepsius: Bericht, S. 196
79 Aufzeichnung Mordtmann, 27. 4. 1915. PA-AA/BoKon/168
80 Erickson: Ordered to Die, S. 97 ff.
81 Office of the Supreme Commander of the Ottoman Army to the Ministery of Interior, Top Secret, 2. 5. 1915. DOA, Vol. 1, Doc. 26, S. 89
82 Dündar: Crime of Numbers, S. 78
83 Dündar: Crime of Numbers, S. 82
84 Hoffmann an Wangenheim, 30. 4. 1915. PA-AA/BoKon/168
85 Ibid.
86 Coded Message from Reshid Bey, Governor of Diyarbakir, 27. 4. 1915. DOA, Vol. II, Doc. 1912 (108). S. 83
87 Hanioglu: Opposition, S. 71
88 Kieser: Dr. Mehmed Reshid, S. 262
89 Kieser, Reshid, S. 265
90 Coded Message from Reshid Bey, a. a. O.
91 Scheubner-Richter an Botschaft Konstantinopel, 30. 4. 1915. PA-AA/BoKon/168

92 Rößler an Botschaft Konstantinopel, 3. 5. 1915. PA-AA/BoKon/168
93 Johannes Ehmann an Wangenheim, 5. 5. 1915. PA-AA/BoKon/168
94 Wangenheim an Bethmann-Hollweg, 18. 6. 1915. PA-AA R 14086
95 Tyszka an AA, 5. 9. 1915. PA-AA R 14087
96 Kévorkian: The Armenian Genocide, S. 255 ff.
97 Steed: Through Thirty Years, S. 378
98 Scheubner-Richter an Wangenheim, 22. 5. 1915, Antwort Wangenheim. PA-AA/BoKon/169
99 Lepsius: Bericht, S. 195 f.
100 Tyska an Zimmermann, 1. 10. 1915. Anlage 1. PA-AA R 14088
101 Memoirs of Halide Edib, S. 388
102 Miller/Touryan Miller: Survivors. An Oral History of the Armenian Genocide, S. 61
103 Riggs: Days of Tragedy in Armenia, S. 15
104 Lewis: Emergence, S. 329
105 Memoirs of Halide Edib, S. 386
106 Jernazian: Truth, S. 65
107 Riggs: Days of Tragedy, S. 46
108 Sivas:Record of an Interview given by the Refugee Murad. Bryce-Report, Doc. 82, S. 344
109 Konsulat Adana an Botschaft Konstantinopel, 26. 4. 1915, Aufzeichnung Mordtmann, 7.5. PA-AA/BoKon/168
110 «Wolff's Telegraphisches Büro», Konstantinopel 4. 6. 1915. PA-AA R 14086
111 Dadrian: History of the Armenian Genocide, S. 220
112 Memorandum dated 15/28th October, 1915. Bryce-Report, Doc. 11, S. 64
113 Faiz El-Ghusein: Armenisches Märtyrertum. Der Orient, Jg. 1922, S. 26
114 Wangenheim an Bethmann-Hollweg, 15. 4. 1915. PA-AA R 14085
115 Scheubner-Richter an Hohenlohe-Langenburg, 5. 8. 1914. PA-AA R 14088
116 Konfidenten-Bericht an k. u. k. Ministerium des Äußeren, 10. 6. 1915. HHStA PA XL 272
117 Riggs: Days of Tragedy, S. 63
118 Wangenheim an AA, 31. 5. 1915. PA-AA R 14086
119 Rößler an AA, 12. 4. 1915. PA-AA R 14085
120 Riggs: Days of Tragedy, S. 47
121 Jernazian: Truth, S. 56 f.
122 Ibid.; Kieser, Friede, S. 425
123 Friedrich Schuchardt an Rosenberg, 22. 11. 1915, Anlage 2, Bericht Magdalena Didszun. PA-AA R 14089
124 Friedrich Schuchardt an Rosenberg, 22. 11. 1915, Anlage 1, Bericht Alma Johansson. PA-AA R 14089
125 Nadamlenzki an Pallavicini, 2. 11. 1915. HHStA PA XII 463
126 Riggs: Days of Tragedy, S. 49
127 Hohenlohe-Langenburg an Bethmann-Hollweg, 12. 8. 1915. PA-AA R 14087

7.
«Ära der Säuberungen»

1 Aufzeichnung Mordtmann, 29. 5. 1915. PA-AA/BoKon/168
2 Erickson: Ordered to Die, S. 97 ff.
3 Bloxham: The First World War and the Development of the Armenian Genocide, S. 262
4 Lepsius: Bericht, S. 43
5 Zürcher: The Young Turk Legacy, S. 197
6 Dadrian: The Complicity, S. 60
7 Miller/Touryan Miller, S. 81
8 Mackensen an Hertling, 20. 61918. Anlage. PA-AA R 14102
9 Radowitz an Bethmann-Hollweg, 9. 10. 1916, Anlage Taswiri Efkiar, 7. 10. 1916. PA-AA R 14093
10 Scheubner-Richter an Wangenheim, 15. 5. 1915. PA-AA/BoKon/168
11 Dadrian: The Complicity, S. 63
12 Martin Kröger: Im wilden Kurdistan – Die militärische Expedition in der Osttürkei 1914–1916. In: Loth/Hanisch (Hg.): Erster Weltkrieg und Dschihad. Die Deutschen und die Revolutionierung des Ostens, S. 148
13 Scheubner-Richter an Wangenheim, 15. 4. 1915. PA-AA/BoKon/168
14 Scheubner-Richter an Botschaft Konstantinopel, 15. 5. 1915 PA-AA/BoKon/168
15 Scheubner-Richter an Botschaft Konstantinopel, 16. 5. 1915 PA-AA/BoKon/168
16 Scheubner-Richter an Wangenheim, 22. 5. 1915, Anlage. PA-AA/BoKon/169
17 Scheubner-Richter an Wangenheim, 20. 5. 1915. PA-AA/BoKon/169
18 Scheubner-Richter an Wangenheim, 22. 5. 1915. PA-AA/BoKon/169
19 Dündar: Crime of Numbers, S. 85 f.
20 To the Office of the Prime Minister, 4. 12. 1916. DOA, Vol. I., Doc. 41, S. 136
21 Scheubner Richter an Wangenheim, 22. 5. 1915. PA-AA/BoKon/169
22 Scheubner-Richter an Botschaft Konstantinopel, 2. 6. 1915. PA-AA/BoKon/ 169
23 Scheubner-Richter an Botschaft Konstantinopel, 2. 6. 1915. PA-AA/BoKon/169
24 Bericht eine Arztes des deutschen Rot-Kreuz-Lazaretts in Erzincan, 29. 6. 1915. PA-AA/BoKon/96
25 Valentini an Bethmann-Hollweg, 10. 9. 1915, Anlage 2, Bericht Thora von Wedel und Eva Elvers. PA-AA R 14093
26 Der Prozess Talaat Pascha, S. 54
27 Scheubner-Richter an Botschaft Konstantinopel, 26. 6. 1915. PA-AA/BoKon/169
28 Ali Münif an die Provinzen Adana, Aleppo, Erzurum, Bitlis, Van und Diarbekr, 14. 6. 1915. Nach: Kaiser, «A Scene from the Inferno», S. 151
29 Ali Münif, 22. und 24. 6. 1915, Kaiser, a. a. O.

30 Das Innenministerium an alle Provinzen und Bezirke, 20. 7. 1915. Kaiser, a. a. O.

31 Das Innenministerium an die Provinzen Adana, Aleppo, Bitlis, Diarbekr, Erzurum, Harput, Sivas, Trapezunt, Van, und an die Bezirke Djanik, Marasch und Urfa, 24. 7. 1915. Kaiser, a. a. O.

32 Ambassador Morgenthau's Story, S. 333

33 Miller/Touryan Miller, S. 68, S. 79

34 Official Proclamation, Trebizond, June 26, 1915. USOD, Vol. II, S. 15

35 Official Proclamation, Trebizond, June 26, 1915. USOD, Vol. II, S. 16

36 Oscar S. Heizer to Ambassador Morgenthau, 28. 7. 1915. USOD, Vol. II, S. 24

37 Captanian: 1915, S. 20

38 Kuckhoff an Botschaft Konstantinopel, 27. 6. 1915. PA-AA/BoKon/169

39 Captanian: 1915, S. 26

40 American Consular Service, Samsoun, 10. 7. 1915. USOD, Vol. II, S. 56

41 Scheubner-Richter an Botschaft Konstantinopel, 1. 7. 1915. PAAA/BoKon/96

42 Oberstleutnant Stange an deutsche Militärmission Konstantinopel, 23. 8. 1915. PAAA/BoKon/170

43 Rößler an Bethmann-Hollweg, 30. 11. 1915, Anlage 2, Sarkis Manukian. PAAA R 14089

44 Zeugenaussage Tersibaschian. In: Der Prozess Talaat Pascha, S. 54

45 Schuchardt an AA, 20. 8. 1915, Anlage 5, Bericht B. von Dobbeler, 18. 7. 1915. PAAA R 14087

46 Rößler an Bethmann-Hollweg, 27. 7. 1915. PAAA R 14087

47 Reschid an Cemal Pascha, 16. 7. 1915. Nach Üngör: Center and Periphery in the Armenian Genocide, S. 78

48 Aleppo:Memorandum, Dated Aleppo 18th June/1stfl/Afi July. Bryce-Report, Doc. 140, S. 558

49 Jernazian: Judgment, S. 55

50 Lepsius an AA, 22. 6. 1915. PA-AA R 14086

51 Tyszka an Zimmermann, 1. 10. 1915, Anlage 2. PA-AA R 14088

52 Bitlis, Moush and Sassoun: Record of an Interview with Roupen. Bryce-Report, Doc. 22, S. 120 ff.

53 Bruno Eckart, Meine Erlebnisse in Urfa. Der Orient, Jg. 1921, S. 56

54 Aufzeichnung Humann über ein Gespräch mit Enver, 6. 8. 1915. PA-AA/BoKon/170

55 Kommunique der Osmanischen Regierung, 29. 7. 1915. Lepsius, DA, Einleitung, S. LXXXIII

56 Lepsius, DA, Einleitung, S. LXXII ff.

57 Bitlis, Moush and Sassoun, a. a. O.

58 Neurath an Bethmann-Hollweg, 9. 11. 1915. PA-AA/BoKon/171

59 Aufzeichnung Mordtmann, 6. 11. 1915. PA-AA/BoKon/171

60 Schuchardt an Rosenberg, 22. 11. 1915, Anlage 1, Bericht Alma Johansson. PA-AA R 14089

61 Ibid.
62 Schuchardt an Rosenberg, 22.11.1915, Anlage 1, Bericht Alma Johansson. PA-AA R 14089
63 Moush District: Narrative of a Deported Woman. Bryce-Report, 25th July 1915. Doc. 24, S. 129
64 Schuchardt an Rosenberg, 22.11.1915, Anlage 1, Bericht Alma Johansson. PA-AA R 14089
65 Schuchardt an Rosenberg, 22.11.1915, Anlage 1, Bericht Alma Johansson. PA-AA R 14089
66 Walker: Britische Quellen, S. 89
67 Schuchardt an Rosenberg, 22.11.1915, Anlage 1, Bericht Alma Johansson. PA-AA R 14089
68 Lepsius an Rosenberg, 15.6.1915. PA-AA R 14086
69 Zürcher: Unionist Factor, S. 104
70 Davis: Slaughterhouse Province, S. 49
71 Holstein an Botschaft Konstantinopel, 14.8.1915. PA-AA/BoKon/170, Holstein an Kaiserlich Deutsche Botschaft, 16.7.1915. PA-AA/BoKon/169, Holstein an Botschaft Konstantinopel, 13.6.1915. PA-AA/BoKon/169
72 Faiz El-Ghusein: Armenisches Märtyrertum. In: Der Orient, Jg. 1921, Nr. 3
73 Kieser; Reshid, S. 261
74 Riggs: Days of Tragedy, S. 52
75 Schuchardt an AA, 20.8.1915, Anlage 6. PA-AA R 14087
76 Kieser: Reshid, S. 264
77 Dadrian: Documentation of the Armenian Genocide in Turkish Sources, S. 118 ff.
78 Rößler an Botschaft Konstantinopel, 21.6.1915. PA-AA/BoKon/169
79 Rößler an Bethmann-Hollweg, 29.6.1915. PA-AA R 14086
80 Schuchardt an AA, 20.8.1915, Anlage 6. PA-AA R 14087
81 Riggs: Tragedy, S. 53 f.
82 Schuchardt an AA, 20.8.1915, Anlage 6. PA-AA R 14087
83 Kieser: Reshid, S. 246
84 Kieser: Reshid, S. 250
85 Kieser: Reshid, S. 258
86 Bauman: Moderne und Ambivalenz, S. 52
87 Salahattin Güngör, Bir Canli Tarih Konusuyor, Resimli Tarih, 5.7.1953. Nach Kieser: Reshid, S. 262
88 Holstein an Botschaft Konstantinopel, 16.7.1915. PA-AA/BoKon/169
89 Akçam: The Young Turks' Crime, S. 212
90 Üngör: Center and Periphery, S. 72
91 Wangenheim an Bethmann-Hollweg, 9.5.1915. PA-AA R 14086
92 Rößler an Wolff-Metternich, 3.1.1916, Anlage 1. PA-AA R 14090
93 Hohenlohe-Langenburg an Bethmann-Hollweg, 31.7.1915. PA-AA R 14086
94 Talaat an Reschid, 12.7.1915. Nach Üngör: Center and Periphery, S. 78

95 Holstein an Botschaft Konstantinopel, 14. 8. 1915. PA-AA/BoKon/170
96 Üngör: Center and Periphery, S. 80
97 Kieser: Reshid, S. 265 f.
98 Akçam: The Young Turks' Crime, S. 211 f. Kieser: Reshid, S. 269
99 Levene: The Crisis of Genocide. Devastation, S. 156

8.
Der Weg in die Wüste

1 Miller/Touryan Miller, S. 72
2 Captanian: 1915, S. 28
3 Captanian: 1915, S. 86
4 Davis to Morgenthau, 30. 12. 1915. USOD, Vol. III, S. 28
5 Hohenlohe an Bethmann-Hollweg, 4. 9. 1915. PA-AA R 14087
6 Rößler an Botschaft Konstantinopel, 12. 8. 1915. PA-AA/BoKon/170
7 Captanian: 1915, S. 43, 52, 57, 88
8 Kaiser: Inferno, S. 156 ff.; Jakob Künzler: Deportierte aus dem Norden. Der Orient, Jg. 1921, Nr. 7, S. 87
9 Rößler an Bethmann-Hollweg, 29. 11. 1915, Anlage 2. PA-AA R 14089
10 Kaiser: Inferno, S. 164
11 Davis: The Slaughterhouse Province, S. 82
12 Captanian:1915, S. 66
13 Der Prozess Talaat Pascha, S. 54
14 Künzler: Deportierte aus dem Norden, a. a. O., S. 87
15 Rößler an Bethmann-Hollweg, 29. 11. 1915, Anlage 2. PA-AA R 14089
16 Kaiser: Inferno, S. 161
17 Rößler an Bethmann-Hollweg, 29. 11. 1915, Anlage 2. PA-AA R 14089
18 Captanian: 1915, S. 67
19 Miller/Touryan Miller, S. 82 ff.
20 Riggs: Tragedy, S. 146
21 Davis: Slaughterhouse Province, S. 75
22 Riggs: Tragedy, S. 148
23 Riggs: Tragedy, S. 149
24 Davis: Slaughterhouse, S. 79
25 Riggs: Tragedy, S. 152
26 Davis: Slaughterhouse, S. 80
27 Davis: Slaughterhouse, S. 79 ff.
28 Davis: Slaughterhouse, S. 86
29 Davis: Slaughterhouse, S. 77
30 Davis: Slaughterhouse, S. 85
31 Kriegsgerichtshof Istanbul, 28. 4. 1919. Akçam, Armenien, S. 199
32 Riggs: Tragedy, S. 138 f.

33 The Anatolian Railway: Narrative of a Journey (Dr. Hoover). Bryce-Report, Doc. 104, S. 427
34 Aufzeichnung Mordtmann, 30. 6. 1915. PA-AA/BoKon/169
35 Günther an Neurath, 21. 8. 1915, Anlage 2. PA-AA/BoKon/170
36 The Anatolian Railway: Narrative of a Journey. Bryce-Report, Doc. 104, S. 426
37 Ibid.
38 Ibid.
39 Bericht der k. u. k. Konsular-Agentie in Bursa, 19. 8. 1915. HHStA PA XII 209
40 Despatch from Mr. Henry Wood. Bryce-Report, Doc. 1
41 Pallavicini an Burian, 27. 8. 1915. HHStA PA XI 209
42 The Metropolitan Districts. Bryce-Report, Doc. 98, S. 409
43 Westernhagen an Botschaft Konstantinopel, 1915. PA-AA/BoKon/97
44 Nadamlenzki an Pallavicini, 29. 10. 1915. HHStA PA XII 463
45 Adazapar: Statement, Dated 24th September 1915. Bryce-Report, Doc. 102, S. 417
46 Westernhagen an Botschaft Konstantinopel, 2. 10. 1915. PA-AA/BoKon/97
47 Afiun Kara Hissar: Letter, Dated Massachusetts, 22nd November 1915. Bryce-Report, Doc. 108, S. 434
48 Günther an Neurath, 1. 11. 1915, Anlage. PA-AA/BoKon/97
49 (Konia): Report from Dr. E., Dated (Konia)., 3rd September, 1915. Bryce-Report, Doc. 110, S. 441
50 (Konia): Report from Dr. (Dodd), Dated (Konia)., 8th September, 1915. Bryce-Report, Doc. 109, S. 439
51 Günther an Neurath, 21. 8. 1915, Anlage 2. PA-AA/BoKon/170
52 Eingabe eines Armeniers an Deutsche Botschaft Konstantinopel, 19. 8. 1915. PA-AA/BoKon/170
53 Günther an Neurath, 1. 11. 1915, Anlage. PA-AA/BoKon/97
54 Günther an Neurath, 21. 8. 1915, Anlage 2. PA-AA/BoKon/170
55 Günther an Neurath, 21. 8. 1915, Anlage 1. PA-AA/BoKon/170
56 Günther an Neurath, 1. 11. 1915, Anlage. PA-AA/BoKon/97
57 Smyrna-Aleppo-Damascus-Aleppo-Smyrna: Itinerary of a Foreign Traveller in Asiatic Turkey. Bryce-Report, Doc. 118, S. 475
58 (Konia): Letter, Dated (Konia), 25th November, 1915, from Dr. (Post) to Mr. (Peet). Bryce-Report, Doc. 112, S. 449
59 Kaiser: The Baghdad Railway and the Armenian Genocide, S. 67–112
60 Zimmermann an Wolff-Metternich, 18. 11. 1915 PA-AA/BoKon/171
61 Tyszka an AA, 5. 9. 1915. PA-AA R 14087
62 Kriegsgerichtshof Istanbul, 28. April 1919. Akçam, Armenien, S. 192, 195
63 Tyszka an AA, a. a. O.
64 Büge an Bethmann-Hollweg, 1. 10. 1915, Anlage 7. PA-AA R 14088
65 Akçam: Armenien, S. 169
66 Der Prozess Talaat Pascha, S. 64
67 Kriegsgerichtshof Istanbul, 8. 5. 1919. Akçam, Armenien, S. 263

68 Günther an Neurath, 21. 8. 1915, Anlage 2. PA-AA/BoKon/170
69 Büge an Botschaft Konstantinopel, 10. 9. 1915. PA-AA/BoKon/170
70 Büge an Botschaft Konstantinopel, 13. 9. 1915. PA-AA/BoKon/170
71 Günther an Neurath, 1. 11. 1915, Anlage. PA-AA/BoKon/97
72 Künzler: Im Lande des Blutes und der Tränen, S. 45
73 Rößler an Bethmann-Hollweg, 3. 9. 1915. PA-AA R 14087
74 Hoffmann an Botschaft Konstantinopel, 9. 10. 1915. PA-AA/BoKon/1170
75 Künzler, a. a. O., S. 89
76 Bruno Eckart: Meine Erlebnisse in Urfa. Der Orient, Jg. 1922, S. 20
77 Eckart: Urfa. Der Orient, Jg. 1921, S. 146
78 Üngör/Polatel: Confiscation und Destruction, S. 67
79 Üngör/Polatel: Confiscation und Destruction, S. 66
80 Kaiser: Armenian Property, Ottoman Law and Nationality Policies, S. 56 ff.
81 Göcek: Rise of the Bourgeoisie, S. 109
82 Göcek: Rise of the Bourgeoisie, S. 114
83 Pallavicini an Burian, 31. 8. 1915. HHStA PA XII 209
84 Oberstleutnant Stange an Deutsche Militärmission Konstantinopel, 23. 8. 1915. PA-AA/BoKon/170
85 Konfidentenbericht an k. u. k. Ministerium des Äußeren, 27. 2. 1917. HHStA PA XL 275
86 Smyrna-Aleppo-Damascus-Aleppo-Smyrna: Itinerary of a Foreign Traveller (Walter M. Geddes) in Asiatic Turkey. Bryce-Report, Doc. 118, S. 474
87 Schuchardt an AA, Anlage 1, Bericht Paula Schäfer, 16. 11. 1915. PA-AA/BoKon/98
88 Rößler an Bethmann-Hollweg, 31. 7. 1915. PA-AA R14087
89 Kévorkian: The Armenian Genocide, S. 641
90 Kaiser: At the Crossroads of Der Zor, S. 38 ff.
91 Kaiser: Crossroads, S. 36 f.
92 Zimmermann an Romberg, 8. 10. 1916. PA-AA R 14093
93 Schuchardt an AA, 26. 1. 1916. Anlage 4. PA-AA R 14090
94 Rößler an Bethmann-Hollweg, 17. 7. 1916. Anlage Beatrice Rohner: Bericht über die Notstandsarbeit in Aleppo 1. Januar bis 1. Juni 1916. PA-AA R 14092
95 Im November 1916 kam er auf 106 420 Personen. Rößler an Bethmann-Hollweg, 5. 11. 1916. PA-AA R 14091
96 Meißner: Das Armenische Hilfswerk von Johannes Lepsius, S. 190 f.
97 Peet an Mordtmann, 10. 2. 1916. Anlage Rohner an Peet, 17. 1. 1916. PA. AA/BoKon/100
98 Rößler an Bethmann-Hollweg, 20. 9. 1916. PA-AA R 14094
99 Rößler an Bethmann-Hollweg, 3. 1. 1916. Anlage 1. PA-AA R 14090

9.
«Endlösungen»

1 Kévorkian: The Armenian Genocide, S, 625 f.
2 Rößler an Wolff-Metternich, 3. 1. 1916. Anlage Bericht Hoffmann 8. 11. 1915. PA-AA R 14090
3 Rößler an Hohenlohe-Langenburg, 27. 9. 1915. PA-AA/BoKon/170
4 Rosen an Bethmann-Hollweg, 7. 2. 1917, Anlage I, Bericht Huber, Niepage, Graeter, Spieker, 8. 10. 1915. PA-AA R 14095
5 Günther an Neurath, 1. 11. 1915, Anlage. PA-AA/BoKon/97
6 Zimmermann an Neurath, 9. 11. 1915, Anlage. PA-AA/BoKon/171, R 14088
7 Armin T. Wegner: Der Weg ohne Heimkehr. In: Wegner, Das Zelt., S. 83 f.
8 Wegner: Weg ohne Heimkehr, S. 84 ff.
9 Wernicke-Rothmayer: Armin T. Wegner, S. 32
10 Nikisch: Armin T. Wegner, S. 51
11 Rößler an Hohenlohe-Langenburg, 27. 9. 1915. PA-AA/BoKon/170
12 Odian: Accursed Years, S. 106
13 Rößler an Bethmann-Hollweg, 16. 11. 1915, Anlage, 11.11. PA-AA R 14089
14 Rößler an Bethmann-Hollweg, 9. 2. 1916, Anlage: Bericht Wilhelm Litten, 6. 2. 1916. PA-AA R 14090
15 Dündar: Crime of Numbers, S. 115
16 Akçam: The Young Turks' Crime, S. 242, S. 258
17 Rößler an Bethmann-Hollweg, 9. 2. 1916. PA-AA R 14090
18 Rößler an Bethmann-Hollweg, 3. 1. 1916. Anlage 1. PA-AA R 14090
19 Dadrian: To The Desert, 6 September 1915, S. 51
20 Kévorkian: The Armenian Genocide, S. 633
21 Aufzeichnung Göppert Botschaft Konstantinopel, 31. 8. 1915. PA-AA/BoKon/170
22 Aufzeichnung Mordtmann, 30. 6. 1915. PA-AA/BoKon/169
23 Dadrian: To The Desert, 6 September 1915, S. 51
24 Dündar: Crime of Numbers, S. 119
25 Kévorkian: The Armenian Genocide, S. 691
26 Dündar: Crime of Numbers, S. 103 ff.
27 Odian: Accursed Years, S. 113
28 Memoirs of Halide Edib, S. 431–471
29 Holquist: The Politics and Practise of the Russian Occupation of Armenia, S. 159
30 Kévorkian: The Armenian Genocide, S. 625 ff., S. 693
31 Akçam: The Young Turks' Crime, S. 277
32 Dündar: Crime of Numbers, S. 76–79
33 Akçam: The Young Turks' Crime, S. 280 ff.
34 Wegner: Der Weg ohne Heimkehr, S. 133 f.
35 Wegner: Der Weg ohne Heimkehr, S. 137

36 Rößler an Bethmann-Hollweg, 9. 2. 1916. PA-AA R 14090
37 Wolff-Metternich an Bethmann-Hollweg, 27. 3. 1916. PA-AA R 14090
38 Neurath an AA, 23. 6. 1916, Anlage Bericht Holstein 4.5. PA-AA R 14092
39 Rößler an Bethmann-Hollweg, 29. 6. 1916, Anlage, Bericht unseres Vertrauensmannes. PA-AA R 14092
40 Rößler an Bethmann-Hollweg, 29. 6. 1916, Anlage, Bericht unseres Vertrauensmannes. PA-AA R 14092
41 Mrs Jesse B. Jackson to Department of State, 13. 10. 1916. USOD,Vol. I, S. 119
42 Rößler an Bethmann-Hollweg, 3. 1. 1916, Anlage 2. PA-AA R 14090
43 Rößler an Botschaft Konstantinopel, 6. 4. 1916. PA-AA/BoKon/172
44 Rößler an Bethmann-Hollweg, 27. 4. 1916. PA-AA R 14091
45 Wolff-Metternich an Bethmann-Hollweg, 110. 7. 1916. PA-AA R 14092
46 Rößler an Bethmann-Hollweg, 27. 4. 1916. PA-AA R 14091
47 Rößler an Bethmann-Hollweg, 29. 6. 1916, Anlage, Bericht unseres Vertrauensmannes. PA-AA R 14092
48 Hoffmann an Botschaft Konstantinopel, 5. 9. 1916. PA-AA R 14093
49 Rößler an Bethmann-Hollweg, 29. 7. 1916. PA-AA R 14093
50 Hoffmann an Botschaft Konstantinopel, 29. 8. 1916. PA-AA R 14093
51 Rößler an Bethmann-Hollweg, 20. 9. 1916. PA-AA R 14094
52 Rößler an Bethmann-Hollweg, 14. 5. 1917, Anlage Bericht Bünte 11.5. DA 345
53 Rößler an Bethmann-Hollweg, 5. 11. 1916, Anlage 1, Bericht Hosep Sarkissian, 23. 10. 1916. PA-AA R 14094
54 Rößler an Bethmann-Hollweg, 5. 11. 1916, Anlage 2, Bericht Manuk Kyrmenikian, 29. 10. 1916. PA-AA R 14094
55 Rößler an Bethmann-Hollweg 5. 11. 1916, Anlage 3, Bericht Nazareth Muradian, 30. 10. 1916. A-AA R 14094
56 Rößler an Bethmann-Hollweg, 5. 11. 1916. PA-AA R 14094
57 Kriegsgerichtshof Istanbul, 28. 4. 1919. Akçam, Armenien, S. 201
58 Levene: The Crisis of Genocide. Devastation, S. 163
59 Kévorkian: The Armenian Genocide, S. 661
60 Radowitz an Bethmann-Hollweg, 9. 10. 1916, Anlage Taswiri Efkiar, 7. 10. 1916. PA-AA R 14093
61 Bernstorff an AA, 11. 12. 1917. PA-AA R 14098
62 Bernstorff an AA, 11. 2. 1918. PA-AA R 14098
63 Wheeler-Bennett: The Forgotten Peace. Brest-Litowsk, March 1918, S. 155 ff.
64 Pallavicini an Graf Czernin, 24. 3. 1917. HHStA PPA XXII 211
65 Trauttmansdorff an Graf Czernin, 15. 9. 1917. HHStA PA XII 463
66 Rößler an Bethmann-Hollweg, 16. 3. 1917. PA-AA R 14096
67 Kühlmann an AA, 25. 3. 1917. PA-AA R 14095
68 Captanian: 1915, S. 128
69 Akçam: The Young Turks' Crime, S. 291
70 K. u. k. Militärbevollmächtigter in Konstantinopel an k. u. k. Chef des Generalstabs, 28. 3. 1918. Kriegsarchiv Wien, KM AOK, NA. 8168

71 K. u. k. Korrespondenzbüro Konstantinopel an k. u. k. Ministerium des Äusseren, 16. 3. 1918. HHStA PL 192
72 K. u. k Korrespondenzbüro Konstantinopel an k. u. k. Ministerium des Äusseren, 23..3.1918. HHStA PL 192
73 v. d. Bussche an Bernstorff, 17. 3. 1918, Anlage 2. PA-AA R 14099
74 Bernstorff an AA, 16. 3. 1918. PA-AA R 14099
75 v. d. Bussche an AA, 22. 3. 1918. PA-AA R 14099
76 Buchan: Great War, Vol. 4, S. 298
77 Bernstorff an Hertling, 30. 7. 1918, Anlage 2. PA-AA R 11054
78 Bernstorff an AA, 23. 5. 1918. PA-AA R 14100
79 Bernstorff an AA, 15. 5. 1918, Telegramm Lossow. PA-AA R 14100
80 Bernstorff an AA, 6. 8. 1918. PA-AA R 14103
81 Bernstorff an AA, 3. 8. 1918, Telegramm Enver Pascha an Hindenburg. PA-AA R 14103
82 Kress von Kressenstein an AA, 10. 7. 1916. PA-AA R 14103
83 Kress von Kressenstein an Hertling, 5. 8. 1918. PA-AA R 14104
84 Kress von Kressenstein an Hertling, 5. 8. 1918. PA-AA 14104
85 Buchan: Great War, Vol. 4, S. 239
86 Kress von Kressenstein an Prinz Max von Baden, 30. 10. 1918, Anlage 1, Bericht Oberstleutnant Paraquin an Generalleutnant von Seeckt, 26. 9. 1918. PA-AA R 11058
87 Criss: Istanbul under Allied Occupation 1918–1923, S. 42
88 Ahmad: Turkey, S. 71
89 Zürcher: Unionist Factor, S. 88
90 Criss: Istanbul Under Allied Occupation, S. 4
91 Zürcher: Unionist Factor, S. 70
92 Zürcher: Unionist Factor, S. 81

10.
Anfänge des internationalen Rechts

1 Gr. Hauptquartier an AA, 8. 11. 1918. PA-AA R 13804
2 Buchan: Great War, Vol. 4, S. 360
3 Criss: Istanbul Under Allied Occupation, S. 1
4 Arthur Goldschmidt Jr.: A Concise History of the Middle East, S. 192
5 Criss, S. 35 f.
6 Criss, S. 30 ff.
7 Hemingway: Schnee auf dem Kilimandscharo. Ders., Gesammelte Werke, Bd. 6, S. 61 f.
8 Criss, S. 61
9 Criss, S. 5 ff.
10 Sabah, 28. 1. 1919. Dadrian: Turkish Sources, S. 109

11 Alemdar, 18. 7. 1919. Dadrian: Turkish Sources, S. 109 f.
12 James Bryce to Theodore Roosevelt, 30. 10. 1918. In: Bryce: Viscount Bryce of Dechmont, O. M. Vol. 2, S. 196
13 Akçam: Armenien, S. 88; Dadrian: Genocide, S. 319
14 Akçam: Armenien, S. 88
15 Akçam: Armenien, S. 89 f.
16 Dadrian: Genocide, S. 319
17 Ibid.
18 Kaiserlich Deutsche Botschaft an Max von Baden, 22. 10. 1918, PA-AA 13805
19 Osmanischer Senat, 19. 10. 1919. Vahakn N. Dadrian: The Complicity, S. 92
20
21 Kaiserlich Deutsche Botschaft an Max von Baden, 22. 10. 1918, PA-AA 13805
22 Hanioglu: Preparation, S. 174
23 Konfidenten-Bericht der k. u. k. Botschaft an k. u. k. Ministerium des Äußeren, 26. 9. 1915. HHStA PA XL 272
24 Dadrian: Genocide, S. 320 f.
25 Akçam: Armenien, S. 153 ff.
26 Kriegsgerichtshof Istanbul, 27. 4. 1919. Akçam, Armenien, S. 211
27 Akçam: Armenien, S. 168
28 Kriegsgerichtshof Istanbul, 8. 4. 1919. Akçam, Armenien, S. 172
29 Kriegsgerichtshof Istanbul, 5. 7. 1919. Akçam, Armenien, S. 360
30 Kriegsgerichtshof Istanbul, 27. 4. 1919. Akçam, Armenien, S. 193
31 Kriegsgerichtshof Istanbul, 27. 4. 1919. Akçam, Armenien, S. 194
32 Kriegsgerichtshof Istanbul, 27. 4. 1919. Akçam, Armenien, S. 205
33 Kriegsgerichtshof Istanbul, 27. 4. 1919. Akçam, Armenien, S. 195
34 Kriegsgerichtshof Istanbul, 14. 5. 1919. Akçam, Armenien, S. 313
35 Kriegsgerichtshof Istanbul, 27. 4. 1919. Akçam, Armenien, S. 195
36 Kriegsgerichtshof Istanbul, 27. 4. 1919. Akçam, Armenien, S. 204
37 Kriegsgerichtshof Istanbul, 27. 4. 1919. Akçam, Armenien, S. 200
38 Kriegsgerichtshof Istanbul, 5. 7. 1919. Akçam, Armenien, S. 355
39 Sabah, 19. 4. 1919. Akçam: Armenien, S. 104
40 Alemdar, 13. 3. 1919; Vakit, Ikdam, 15. 3. 1919. Dadrian: Turkish Sources, S. 110
41 Dadrian: The Documentation of the World War I Armenian Massacres, S. 95
42 Dadrian, ibid.., S. 96
43 Takvimi Vekayi, No. 3909, 21. 7. 1920. Dadrian, Turkish Sources, S. 110
44 Kriegsgerichtshof Istanbul, 28. 4. 1919. Akçam, Armenien, S. 211, 209
45 Blücher: Rapallo, S. 130
46 Criss: Istanbul, S. 108
47 Lewis: Emergence, S. 242
48 Akçam: Armenien, S. 106–107
49 Criss: Istanbul; passim; Zürcher: Unionist Factor, passim
50 Criss: Istanbul, S. 94
51 Zürcher: Unionist Factor, passim

52 Criss: Istanbul, S. 106
53 Akçam: Armenien, S. 115
54 Bloxham: The Great Game, S. 102
55 Alemdar, 24. 4. 1921, LAP 92–1064.
56 Berliner Tageblatt, 28. 7. 1919.
57 Berliner Lokalanzeiger, 16. 3. 1921.
58 Talaat Pascha in Berlin ermordet. Deutsche Allgemeine Zeitung, 15. 3. 1921
59 Die Ermordung Talaat Paschas. Deutsche Allgemeine Zeitung, 16. 3. 1921
60 Troeltsch: Die Fehlgeburt einer Republik, S. 188.
61 Wegner (Hg.): Der Prozess Talaat Pascha. Stenographischer Bericht über die Verhandlung gegen den des Mordes an Talaat Pascha angeklagten armenischen Studenten Salomon Teilirian vor dem Schwurgericht des Landgerichts III zu Berlin. Aktenzeichen: C. J. 22/21, am 2. und 3. Juni 1921, S. 115, S. 123.
62 8 Uhr Abendblatt, 3. 6. 1921.
63 George R. Montgomery: Why Talaat's Assassin was Acquitted, in: The New York Times Current History, July 1921.
64 Robert M. W. Kempner: Vor sechzig Jahren vor einem deutschen Schwurgericht. Der Völkermord an den Armeniern, in: Recht und Politik, 3 (1980), S. 167–169, S. 167.
65 Der Prozess Talaat Pascha, S. 120 ff.
66 Ebd., S. 124.
67 Ahrens an AA (vertraulich), 26. 3. 1921. PA-AA R 78551.
68 Montgomery 1921, a. a. O. Lepsius präsentierte in seinem Gutachten zugängliche Veröffentlichungen aus dem osmanischen *Journal Officiel* über die Kriegsgerichtsprozesse in Istanbul. Ursprünglich beabsichtigte er, auch Vernichtungs-Depeschen von Talaat Pascha vorzulegen, die der ArmenierAram Andonian kurz zuvor in Paris unter dem Titel *Documents officiels concernant les massacres arméniens* veröffentlicht hatte. Die Authentizität dieser Depeschen gilt jedoch seit langem unter Historikern als ausgesprochen zweifelhaft. Sie spielten im Prozess faktisch keine Rolle. Siehe: Rolf Hosfeld, Operation Nemesis. Die Türkei, Deutschland und der Völkermord an den Armeniern, Köln 2005, S. 26 ff.
69 Der Prozess Talaat Pascha, 1921, a. a. O., S. 127.
70 Ibid, S. 78.
71 Derogy: Resistance and Revenge, S. 65.
72 Ibid., S. 72 ff.
73 Raphael Lemkin: Totally Unofficial. The Flight. Unveröffentlichte autobiographische Fragmente, S. 18 f. New York Public Library, Rare Books Division: Raphael Lemkin Papers, Reel 2.
74 Zitiert bei Harut Sassounian: Lemkin Discusses Armenian Genocide in Newly-Found 1949 CBS Interview, The California Courier, 8. 12. 2005.
75 Ternon: Der verbrecherische Staat, S. 35.
76 Power: A Problem from Hell, S. 22.

ÖSTERREICH-UNGARN
Siebenbürgen
Kroatien-Slawonien
Bosnien-Herzegowina
1908
RUMÄNIEN
1881 Kgr.
SERBIEN
1882 Kgr.
BULGARIEN
1908 unabh. Kgr.
MONTENEGRO
1910 Kg.
Sandschak Nowipasar
Ostrumelien
1885
Makedonien
Albanien
1914 Fsm.
Epirus
Thessalien
1881
1913
1915
GRIECHENLAND
Peleponnes
Kykladen
Ägäis
Lesbos
Chios
Dodekanes
1912 von Italien besetzt
Rhodos
Kreta (Krit)
1898 auton. unter türk. Herrschaft, 1908/12 an Griechenland
Zypern
1878 an Groß-britannien verpachtet, 1914 annektiert
RUSSISCHES REICH
Kaukasus
Kaspisches Meer
PERSIEN
Urmiasee
Vansee
Schwarzes Meer
Mittelmeer
Ionisches Meer
OSMANISCHES REICH
Euphrat
Tigris
Bessarabien
Dobrudscha
Donau
CYRENAIKA
ital.
ÄGYPTEN
Tablus-i. Garb
Vizekgr. Misr
Sandschak Küdüs-i Sherif
Hiyaz
Emirat Kuwait
Lahsa
Budapest
Hermannstadt
Kronstadt
Braila
Bukarest
Konstanza
Odessa
Belgrad
Sarajevo
Mostar
Ragusa
Cattaro
Dulcigno
1880 mont.
Durazzo
Tirana
Tarent
Nisch
Sofia
Prisren
Skopje
Bitola
Saloniki
Ioannina
Larissa
Athen
Korinth
Kandia
Warna
Burgas
Edirne (Adrianopel)
Istanbul (Konstantinopel)
Gallipoli
Bursa (Brussa)
Izmir (Smyrna)
Eskishehir
Ankara (Angora)
Kastamonu
Sinop
Samsun
Amasya
Tokat
Sivas
Trabzon (Trapezunt)
Erzurum
Van
Bitlis
Diyarbakir
Malatya
Kayseri
Konya
Adana
Iskenderun (Alexandrette)
Aleppo
Urfa
Deir ez-Zor
Mossul
Bagdad
Basra
Beirut
Damaskus
Jerusalem
Alexandria
Adrianopel
Hüdavendigâr
Aydın
Kastamonu
Ankara
Konya
Trabzon
Sivas
Erzurum
Mamuretül-Aziz
Diyarbakir
Van
Musul
Adana
Halab
Sandschak Zor
Bagdad
Basra
Beyrut
Dimashk
Basra Osmanische Provinzen
Verluste des Osmanischen Reiches 1878–1912
Verluste des Osmanischen Reiches 1912–1915
Osmanisches Reich 1915
0 150 km

Bildnachweis

Seite 19	© Lepsiushaus Potsdam
Seite 31	ullstein bild, Berlin
Seite 34	© Lepsiushaus Potsdam
Seite 43	Informations- und Dokumentationszentrum Armenien, Berlin
Seite 60	AKG/ullstein bild, Berlin
Seite 64	dpa/ullstein bild, Berlin
Seite 71	Roger-Viollet/ullstein bild, Berlin
Seite 87	Imagno/Archiv Jontes/ullstein bild, Berlin
Seite 95	Public Domain
Seite 120	Bayerische Staatsbibliothek München/Bildarchiv
Seite 144	Informations- und Dokumentationszentrum Armenien, Berlin
Seite 152	The Armenian Genocide Museum-Institute, Armenia Yerevan
Seite 165	Informations- und Dokumentationszentrum Armenien, Berlin
Seite 181	Informations- und Dokumentationszentrum Armenien, Berlin
Seite 192	The Armenian Genocide Museum-Institute, Armenia Yerevan
Seite 207	Informations- und Dokumentationszentrum Armenien, Berlin/ Foto: Armin T. Wegner
Seite 231	Informations- und Dokumentationszentrum Armenien, Berlin
Seite 235	© Bettmann/CORBIS

Leider war es nicht in allen Fällen möglich, die Inhaber der Rechte zu ermitteln. Wir bitten deshalb gegebenenfalls um Mitteilung. Der Verlag ist bereit, berechtigte Ansprüche abzugelten.

Personenregister